POLÍTICA SOCIAL, FAMÍLIA E JUVENTUDE
Uma questão de direitos

Dados Internacionais de Catalogação na Publicação (CIP)
(Câmara Brasileira do Livro, SP, Brasil)

Política social, família e juventude : uma questão de direitos / Mione
Apolinario Sales, Maurílio Castro de Matos, Maria Cristina Leal,
(organizadores). — 6. ed. — São Paulo : Cortez, 2010.

Vários autores.
Bibliografia
ISBN 978-85-249-1029-6

1. Cidadania – Brasil   2. Direitos civis – Brasil   3. Política social
4. Serviço social familiar   5. Serviço social junto a juventude   I. Sales,
Mione Apolinario.   II. Matos, Maurílio Castro.   III. Leal, Maria Cristina.

04-2118

CDD-361.6140981

Índices para catálogo sistemático:

1. Brasil : Família e juventude : Política social e direitos humanos :
   Bem-estar social   361.6140981

**MIONE APOLINARIO SALES
MAURÍLIO CASTRO DE MATOS
MARIA CRISTINA LEAL**
(organizadores)

POLÍTICA SOCIAL, FAMÍLIA E JUVENTUDE
Uma questão de direitos

6ª edição
4ª reimpressão

POLÍTICA SOCIAL, FAMÍLIA E JUVENTUDE: Uma questão de direitos
Mione Apolinario Sales; Maurílio Castro de Matos; Maria Cristina Leal (orgs.)

Conselho editorial: Ademir Alves da Silva, Dilséa Adeodata Bonetti, Maria Lúcia Carvalho da
Silva, Maria Lúcia Silva Barroco e Maria Rosângela Batistoni

Capa: Cristina Naumovs sobre foto de João Roberto Ripper (gentilmente cedida pelo CRESS
7ª Região/RJ)
Preparação de originais: Carmen Teresa da Costa
Revisão: Irene Hikichi
Composição: Linea Editora Ltda.
Assessoria editorial: Elisabete Borgianni
Secretaria editorial: Flor Mercedes Arriagada
Coordenação editorial: Danilo A. Q. Morales

Nenhuma parte desta obra pode ser reproduzida ou duplicada sem autorização expressa dos
autores e do editor.

© 2004 by Organizadores

Direitos para esta edição
CORTEZ EDITORA
Rua Monte Alegre, 1074 — Perdizes
05014-001 — São Paulo-SP
Tel.: (11) 3864-0111 Fax: (11) 3864-4290
E-mail: cortez@cortezeditora.com.br
www.cortezeditora.com.br

Impresso no Brasil — janeiro de 2016

"Muitas pequenas coisas feitas em muitos pequenos lugares por muitas pessoas miúdas podem mudar a face do mundo."

Provérbio chinês

A Nina, Théo,
Bella, Júlia, Julieta, Luísa e Yan,
que nasceram no percurso de gestação deste livro.
Meninas e meninos do Brasil.
Crianças do mundo.
Seu futuro depende do agora.

Universidade do Estado do Rio de Janeiro

Reitor
Nival Nunes de Almeida

Vice-Reitor
Ronaldo Lauria

Centro de Ciências Sociais
Rosangela Zagaglia

Faculdade de Serviço Social
Elaine Rossetti Behring
Alba Tereza Barroso de Castro

Departamento de Fundamentos Teórico-Práticos do Serviço Social
Marco José de Oliveira Duarte

Departamento de Política Social
Andréa de Sousa Gama

Coordenação do Curso de Mestrado em Serviço Social
Maria Inês Souza Bravo
Lúcia Maria de Barros Freire

Coordenação de Curso de Graduação em Serviço Social
Alany Pinto Caldeira

Coordenação de Estágio
Maria Luiza Testa Tambellini

Coordenação de Extensão
Mary Jane de Oliveira Teixeira

Coordenação do Programa de Estudos e Pesquisas sobre a Infância e Adolescência no Rio de Janeiro
Maria Cristina Leal

Agradecimentos

Esta coletânea foi produzida com a colaboração de estudiosos de temáticas voltadas para as políticas da infância e adolescência no Brasil e no Rio de Janeiro, e contou com o apoio de instituições comprometidas com a socialização da produção em políticas sociais.

Registramos aqui nossos agradecimentos especiais:

- Ao Programa de Pós-Graduação da Faculdade de Serviço Social da Universidade do Estado do Rio de Janeiro (UERJ), pelo empenho em garantir a sua publicação;

- À Fundação Coordenação de Aperfeiçoamento de Pessoal de Nível Superior (CAPES), por meio de seu Programa de Apoio à Pós-Graduação (PROAP);

- Aos professores e alunos do Programa de Estudos e Pesquisas sobre a Infância e Adolescência no Rio de Janeiro (PIARJ), que se empenharam para dar materialidade a este livro;

- Ao Conselho Regional de Serviço Social da 7ª Região/RJ, pela cessão da imagem da capa, apenas uma dentre muitas parcerias com o PIARJ e a FSS/UERJ;

- A todas as pessoas que contribuíram com depoimentos e informações, imprescindíveis às pesquisas que estão reproduzidas em muitos dos artigos que compõem esta coletânea.

Sumário

Prefácio
Maria Inês Souza Bravo 13

Apresentação 17

PARTE I — Família na contemporaneidade

Capítulo 1 — Mudanças estruturais, política social e papel da família: crítica ao pluralismo de bem-estar
Potyara Amazoneida Pereira-Pereira 25

Capítulo 2 — Novas propostas e velhos princípios: a assistência às famílias no contexto de programas de orientação e apoio sociofamiliar
Regina Célia Tamaso Mioto 43

Capítulo 3 — Transformações econômicas e sociais no Brasil dos anos 1990 e seu impacto no âmbito da família
Mônica Maria Torres de Alencar 61

PARTE II — Políticas e cidadania da infância e juventude

Capítulo 1 — Política, isolamento e solidão: práticas sociais na produção de violência contra jovens
Paulo César Pontes Fraga 81

Capítulo 2 — Trabalho sujo e mediação em instituições para adolescentes em conflito com a lei
Belmiro Freitas de Salles Filho 105

Capítulo 3 — O jovem trabalhador brasileiro e qualificação profissional: a ilusão do primeiro emprego
Tatiane Alves Baptista 131

Capítulo 4 — O Estatuto da Criança e do Adolescente e a Lei de Diretrizes e Bases da Educação como marcos inovadores de políticas sociais
Maria Cristina Leal 147

PARTE III — Conselhos e democracia

Capítulo 1 — Participação e controle social
Rodriane de Oliveira Souza 167

Capítulo 2 — Conselhos de direitos: democracia e participação popular
Aline de Carvalho Martins 189

Capítulo 3 — Política e direitos de crianças e adolescentes: entre o *litígio* e a tentação do consenso
Mione Apolinario Sales 207

Capítulo 4 — Uma agenda para os conselhos tutelares
Alessandra Gomes Mendes
Maurílio Castro de Matos 243

Posfácio — Questão social, família e juventude: desafios do trabalho do assistente social na área sociojurídica
Marilda Vilella Iamamoto 261

Prefácio

Um dos maiores avanços da Constituição Federal de 1988 foi a incorporação das políticas sociais como responsabilidade do Estado, atendendo às históricas reivindicações das classes trabalhadoras. Nessa direção, a Constituição cidadã enfatiza a seguridade social, retira a família do espaço privado, colocando-a como alvo de políticas públicas e afirma direitos da população infanto-juvenil, compreendendoo-os como sujeitos de direitos, em condição peculiar de desenvolvimento e, por isso, possuindo absoluta prioridade. O Estatuto da Criança e do Adolescente, aprovado em 1990, vai detalhar essa questão, defendendo a concepção de proteção integral às crianças e aos adolescentes.

As classes trabalhadoras, nos anos 1980, apesar de terem obtido significativas vitórias no âmbito social e político, não conseguiram interferir significativamente na ordem econômica. O que se verificou no final dessa década, para os trabalhadores, foi uma conquista no campo da ação política organizada e a derrota no campo econômico. A partir do exposto, evidencia-se que o movimento dos trabalhadores, apesar dos avanços obtidos, realizou uma transição com marcas subalternizadas, ou seja, operou uma ruptura com a ditadura, mas não alterou substantivamente o peso político do latifúndio e do grande capital, sobretudo do capital bancário.[1]

Em 1989, nas eleições presidenciais, há disputa entre dois projetos societários: Democracia de Massas X Democracia Restrita,[2] construídos na

---

1. COUTINHO, Carlos Nelson. *Gramsci: um estudo sobre seu pensamento político*. Rio de Janeiro: Campus, 1992.

2. NETTO, José Paulo. *Democracia e transição socialista: escritos de teoria e política*. Belo Horizonte: Oficina de Livros, 1990.

dinâmica da relação Estado—Sociedade. O projeto Democracia de Massas prevê a ampla participação social, conjugando as instituições parlamentares e os sistemas partidários com uma rede de organizações de base: sindicatos, comissões de empresas, organizações de profissionais e de bairros, movimentos sociais urbanos, rurais e democráticos. Esse projeto propõe articular a democracia representativa com a democracia direta e adota como concepção o Estado democrático e de direito responsável pelas questões sociais.

O projeto Democracia Restrita restringe os direitos sociais e políticos com a concepção de Estado mínimo, ou seja, máximo para o capital e mínimo para as questões sociais. O enxugamento do Estado é a grande meta, como também a substituição das lutas coletivas por lutas corporativas.

Com a derrota do Projeto Democracia de Massas, nos anos 1990, consolida-se uma direção política das classes dominantes no processo de enfrentamento da crise brasileira.

As estratégias do grande capital passam a ser uma acirrada crítica às conquistas sociais da Constituição de 1988 — com destaque para a concepção de seguridade social — e a construção de uma cultura persuasiva para difundir e tornar seu projeto consensual e compartilhado. Segundo Mota,[3] esse processo consiste em gestar uma cultura política da crise, movimento formador de ideologia, valores e representações que naturalizam a objetividade da ordem burguesa, visando ao consentimento das classes subalternas. O que se identifica é a posição do capital, disseminando que a crise afeta toda a sociedade e procurando desqualificar as posições antagônicas das classes, com a intenção de construir um modo de integração passiva à ordem do capital.

Verifica-se portanto, nessa década, a entrada em cena da agenda das reformas de cunho neoliberal, defendida pelas agências internacionais. O projeto do grande capital tem como vetores privilegiados, segundo Mota,[4] a defesa do processo de privatização e a constituição do cidadão consumidor.

A defesa do processo de privatização vai rebater na seguridade social e, por conseguinte, nas políticas referentes à infância, juventude e família através da mercantilização da saúde e da previdência, dificultando o aces-

---

3. MOTA, Ana Elizabete. *Cultura da crise e seguridade social*. São Paulo: Cortez, 1995.
4. Ibidem.

so universal a esses sujeitos sociais e a proteção de direitos do adolescente trabalhador. Na assistência social, verifica-se a ampliação do assistencialismo, programas focalizados, ênfase nas parcerias, sendo repassadas para a sociedade civil e para a família ações de responsabilidade do Estado; como, também, a não consideração da assistência social como política pública.

As políticas sociais, a partir de seu caráter contraditório, devem ser defendidas como instrumento estratégico das classes subalternas em duas direções: como garantia de condições sociais de vida aos trabalhadores para sua auto-reprodução e como campo de acúmulo de forças para a conquista de poder político por parte dos trabalhadores organizados.[5] Torna-se necessário, portanto, na atual conjuntura reafirmar a bandeira dos direitos das crianças e dos adolescentes e o debate sobre políticas públicas para a família, articulada à defesa da seguridade social pública. Este livro faz parte dessa luta.

O conjunto de seus autores, estudiosos do tema, abordam questões fundamentais para o debate e a intervenção nas políticas sociais — com ênfase na família, na infância e na juventude —, ressaltando a necessidade da garantia dos direitos sociais pelo Estado.

Na primeira parte, os artigos centram-se na discussão da família e suas transformações contemporâneas, avaliando o impacto das alterações no mundo do trabalho e das políticas neoliberais na família.

Os artigos expostos na segunda parte vão fazer análises sobre os diferentes desafios vividos por crianças e adolescentes no país, ressaltando a violência, a questão do trabalho, a educação, os adolescentes em conflito com a lei e a importância de políticas públicas para o atendimento a essa população.

Na terceira parte, os artigos vão destacar o movimento de ampliação da democracia representativa para a democracia de base. Os conselhos são concebidos como um dos espaços para esta mudança, na direção de uma esfera pública democrática.

Mesmo o livro sendo destinado a todos aqueles que buscam a democratização do Estado e da sociedade brasileiros, notadamente no que tange

---

5. REIS, Marcelo Braz Moraes. "Seguridade Social Pública: Reafirmação do seu Valor Estratégico". *Caderno de Comunicações do II Encontro Nacional de Serviço Social e Seguridade*. Porto Alegre, CFESS/CRESS/ ABEPSS/ ENESSO, 2000.

aos direitos da população infanto-juvenil, não poderia faltar uma reflexão sobre os desafios postos ao trabalho do Assistente Social em face da questão social hoje, já que o PIARJ tem sua origem dentro de uma unidade de ensino de Serviço Social. Assim, no posfácio é realizada uma relevante abordagem sobre o exercício profissional na área sociojurídica, ressaltando que as conquistas legais se refletem no espaço ocupacional e inscrevendo o trabalho do Assistente Social na órbita da defesa e garantia de direitos

A coletânea expressa também a preocupação com a articulação indissociável entre o ensino, a pesquisa e a extensão, em defesa de uma Universidade pública a serviço dos interesses da maioria da sociedade. O conjunto de seus artigos relembra que a história não é linear e que o passado tem nos mostrado para onde não se pode voltar. O desafio é grande, mas coletivo. A construção de uma sociabilidade que, de fato, referende os valores humanos universais e aprofunde a democracia de massas é a que se propõem os autores deste livro. A sua leitura, portanto, é mais do que relevante, é uma necessidade.

Maria Inês Souza Bravo

Apresentação

Com a redemocratização do Estado brasileiro, após duas décadas de ditadura militar, o país pôde — e se devia isso — reconstruir os seus instrumentos legais. É assim que em 1988 foi aprovada a Constituição Federal em vigor, que afirmou em seu bojo os direitos de cidadania da população e a defesa do Estado como gestor das políticas públicas. Uma novidade histórica, não somente neste país, mas também nos quadrantes aqui próximos.

Em que pese o discurso neoliberal, que ganha fôlego no Brasil a partir dos anos 1990, que aponta para o inexorável fracasso de um Estado responsável pelas políticas sociais, a formulação da "Ordem Social" presente na Constituição de 1988 já deixou significativas marcas na vida da maioria da população brasileira.

O aumento da pauperização e a progressiva entrada da chamada classe média na disputa pelo uso dos serviços públicos, em que a educação é um caso patente, mostram a importância — e, sobretudo, a necessidade — da defesa de políticas públicas como responsabilidade do Estado, e o fato de que é impossível equilibrar *universalidade* com acesso regulado pelo mercado.

Largas parcelas da população infanto-juvenil deste país, sabe-se, vivem na berlinda, sendo exemplo cabal os dados mais recentes de mortalidade por causas externas e violência, o recrutamento de segmentos infantis para o narcotráfico e a prevalência ainda da lógica punitiva e criminalizadora — em detrimento da dimensão socioeducativa — no atendimento ao adolescente autor de ato infracional. Assim, infância e adolescência vêm historicamente rimando com desesperança e é necessário mudar esse enredo. A família, entendida no singular e como aquele espaço impermeável e auto-suficiente, foi contradito pela realidade e por isso vem exigindo novos e arejados estudos que afirmem a cidadania de seus integrantes. Este livro acena, portanto, para o caráter indispensável de políticas e de direitos, e seus artigos são reflexões que partem da identificação das necessidades requeridas na atualidade pela juventude e família brasileiras. Esses são os eixos do livro, não por acaso intitulado *Política social, família e juventude: uma questão de direitos*, estando seus artigos organizados em três partes.

A primeira parte, "Família na contemporaneidade", é composta por três artigos de especialistas no tema das políticas sociais e da família. Potyara Pereira analisa o problema da participação da família nos esquemas de proteção social, de corte neoliberal. Enfoca a problemática da redescoberta da família como substitutivo privado do Estado na provisão de bens e serviços sociais básicos; o contexto de mudanças estruturais que serve de justificativa para formação do modelo misto ou plural de proteção social (pluralismo de bem-estar); e a especificação do lugar da família no modelo de pluralismo de bem-estar. A autora entende que o pluralismo de bem-estar deve contribuir para estender a cidadania social, no qual o Estado deve ser o agente da garantia de direitos.

Regina Mioto discute as diferentes propostas dos programas de apoio sociofamiliares, relacionando a visão e participação da sociedade civil, do Estado e dos organismos internacionais. Privilegia, em sua análise, as relações Família—Estado, como, ao longo da história, essa relação foi marcada por estratégias de controle e elaboração de normas familiares, e por uma parceria contraditória. Ressalta também a importância de se apreender as concepções de assistência às famílias como parte do processo de garantia da proteção integral à infância e juventude. Há, segundo ela, por exemplo, uma estreita conexão entre proteção das famílias e proteção aos direitos individuais e sociais de crianças e adolescentes. É preciso, portanto, assegurar um novo olhar sobre a família, de forma a estabelecer relações mais dinâmicas e profícuas entre ela e os profissionais que atuam na área.

O artigo de Mônica Alencar, que conclui a primeira parte do livro, tem como ponto de partida os processos de mudanças econômicas e sociais no Brasil dos anos 1990, expressos, sobretudo, na redefinição dos padrões de inserção no mundo do trabalho. Com base nisso problematiza a sua repercussão nas formas de reprodução social das famílias das classes trabalhadoras pobres. Segundo a autora, a inserção no mercado de trabalho constitui um elemento central para a sobrevivência material das famílias, bem

POLÍTICA SOCIAL, FAMÍLIA E JUVENTUDE

como para a estruturação de seu modo de vida. Busca, em sua análise, evidenciar de que maneira o aumento do desemprego e as mais diferentes formas de precarização do trabalho compõem um quadro adverso para as condições de vida das famílias, e alteram padrões de sociabilidade, identidade e representações sociais, aprofundando, ainda mais, a destituição social.

Na segunda parte, "Políticas e Cidadania da Infância e Juventude", são abordados importantes temas, indicadores e políticas sociais em torno da criança e do adolescente, como desafios à sociedade e ao poder público, a saber: violência, atendimento socioeducativo, primeiro emprego e experiências de trabalho social, com recorte na educação. Assim, Paulo Fraga abre essa parte com o propósito de refletir sobre a produção do isolamento e da solidão, e o conseqüente esvaziamento do significado da esfera pública, em decorrência da violência, em cidades como o Rio de Janeiro, combinada aos demais processos de exclusão na sociedade brasileira. Para isso, analisa a produção de subjetividades e seus nexos com a violência, especialmente a que se volta contra os jovens.

De forma inovadora, Belmiro Salles emprega a categoria "trabalho sujo" no seu estudo sobre os agentes educacionais das escolas de internação de adolescentes infratores no Rio de Janeiro. Segundo ele, essa categoria possibilita a crítica do modelo de "escolas-presídios", consideradas instituições produtoras de delinqüentes. Em contrapartida, o autor defende a custódia comunitária ou programas não custodiais, que propiciem assistência para jovens em situação de risco e seus familiares.

Tatiane Baptista refere-se ao processo de (des)institucionalização do sistema de educação profissional para formação de jovens trabalhadores em nível técnico, em função das novas exigências do mercado. Parte da hipótese de que o agravamento do desemprego é fenômeno que compõe a atual etapa de acumulação capitalista e a nova concepção de qualificação corresponde a esta etapa. Trata-se de uma crítica da nova institucionalidade da educação profissional no Brasil, engendrada pelo projeto neoliberal, que reedita a teoria do capital humano, na qual a educação é entendida como capital adstrito a cada sujeito. Enfatiza o tom retórico da premissa de que a qualificação/requalificação do trabalhador é condição de empregabilidade.

O artigo de Maria Cristina Leal parte do pressuposto de que o ECA e a LDB constituem parâmetros de avaliação de políticas sociais para a juventude, centradas na educação e no trabalho educativo. Após caracterizar no ECA e na LDB diretrizes para a formulação de políticas educacionais, com recorte no trabalho educativo, relata e analisa uma experiência de educação escolar e uma experiência de trabalho educativo desenvolvidas no Estado do Rio de Janeiro.

A terceira parte, "Conselhos e Democracia", promove a discussão de experiências de controle social e de participação popular na área da infância e da juventude, tendo como pano de fundo a problematização desses novos instrumentos da democracia participativa. O artigo de Rodriane Souza propõe discutir a participação, a descentralização e o controle social, a partir do resgate dos variados significados da categoria "controle social". Analisa desde o seu emprego pela sociologia clássica — enquanto controle do Estado ou do empresariado sobre as massas — até o seu sentido largamente utilizado na atualidade, que concebe o controle social por meio da participação da sociedade na elaboração de políticas públicas e fiscalização da sua implementação.

Espaços privilegiados de controle social — embora não sejam os únicos –, os conselhos de direitos e de políticas merecem reflexões efetivas. Partindo do concreto e permanente diálogo com sólida referência teórica, Aline Martins e Mione Sales se propõem a analisar os conselhos de direitos de crianças e adolescentes.

Aline Martins enfatiza as reais possibilidades de ação dos conselhos de direitos, como instrumentos de redemocratização do Estado. Segundo a autora, os conselhos são revestidos do papel de controle social e operam no sentido de assegurar a intervenção do conjunto da sociedade nas decisões acerca das políticas sociais. Analisa a figura do Conselho de Direitos da Criança e do Adolescente, para mostrar que, a partir do ECA e com a criação desses conselhos, criou-se uma nova estrutura de política social para infância e adolescência.

A partir de uma ampla reflexão sobre *práxis política* e *democracia*, tendo como objeto os conselhos de direitos, Mione Sales aponta a situação da infância e da adolescência como expressão da questão social, destacando a sua centralidade no debate dos Direitos Humanos e da cidadania no Brasil hoje. Procede a uma crítica da ideologia do consenso no contexto da era FHC, como elemento que visa tolher a autonomia dos sujeitos políticos e a sua capacidade de reivindicar as partes mal divididas da riqueza social, no caso o Fundo Público, e sua aplicação em direitos e políticas sociais. Analisa a experiência do CONANDA e as múltiplas estratégias de resistência política da sociedade civil organizada, no sentido de assegurar o papel efetivo de controle social dos conselhos.

Alessandra Mendes e Maurílio Matos discutem as trajetórias dos conselhos tutelares no Brasil, tendo por base as conjunturas das décadas de 1980, de 90 e a atual. Ao identificar as polêmicas em torno desse órgão e notadamente da função do conselheiro tutelar, encaminham ao debate uma *agenda* para esses conselhos. Segundo os autores, o conselho tutelar é um espaço de controle social e, por isso, argumentam que investir no seu fortalecimento é estratégico para a democratização do Estado e da sociedade brasileiros.

Encerrando o livro, Marilda Iamamoto desenvolve, no posfácio, uma inovadora reflexão sobre o trabalho do assistente social na área sociojurídica, com foco nas particularidades da questão social e suas refrações no modo de vida de crianças e adolescentes. Dentre as expressões da questão social que constituem demandas mais recorrentes ao trabalho do assistente social nas Varas de Infância e Juventude, a autora ressalta: o trabalho precoce, a delinqüência juvenil, o abuso sexual, entre outros. O trato de tais questões, segundo ela, requer capacitação contínua e formação profissional especializada.

Este livro, seguindo os propósitos do PIARJ, visa não apenas à socialização do conhecimento produzido pelos seus autores. Espera-se, sobretudo, que ele possa constituir um instrumento de potencialização do debate e do (re)desenho de políticas sociais públicas, de fato, dirigidas à infância, à juventude e à família, tendo como referência a construção de uma sociedade justa, fraterna e igualitária. Esse é o desafio!

Os Organizadores
Rio de Janeiro, setembro de 2003.

Parte I

FAMÍLIA NA CONTEMPORANEIDADE

*"Todas as famílias felizes se parecem entre si;
as infelizes são infelizes cada uma à sua maneira."*

L. Tolstoi

Capítulo 1

Mudanças estruturais, política social e papel da família: crítica ao pluralismo de bem-estar

Potyara Amazoneida Pereira-Pereira

Apresentação

Este ensaio é um intento de analisar os problemas da participação da família nos esquemas de proteção social, de corte neoliberal. Entretanto, a fim de contextualizar esses problemas, far-se-á uma discussão referenciada nas mudanças sociais ocorridas nos últimos vinte anos, cuja repercussão na esfera familiar produziram significativas alterações. Assim, para não se proceder a uma análise das funções sociais da família de forma isolada — o que obscureceria o conhecimento conjunto das condições contemporâneas de funcionamento da sociedade e do Estado —, dividiu-se o trabalho em três seções.

Na primeira, introduz-se a problemática da redescoberta da família como importante substitutivo privado do Estado na provisão de bens e serviços sociais básicos, bem como os perigos e falácias dessa redescoberta.

Na segunda, apresenta-se o contexto de mudanças estruturais, que serviu de justificação para a formação de um modelo misto ou plural de proteção social, denominado pluralismo de bem-estar, o qual, paulatinamente, foi colocando a família na "berlinda".

Por fim, na terceira seção, especifica-se o lugar da família nesse modelo misto ou plural de bem-estar, retomando-se as considerações críticas parciais contidas nas seções anteriores e indicando as suas dificuldades conceituais e políticas.

A análise privilegia o contexto internacional, especialmente a Europa, onde o pluralismo de bem-estar foi concebido em reuniões de cúpula, promovidas por organismos supranacionais, como a Organização das Nações Unidas (ONU), e onde se produziram análises mais alentadas a seu respeito. Contudo, dada a expansão silenciosa desse modelo para o resto do mundo, tanto a sua presença como os seus impactos podem ser identificados e aferidos nas recentes experiências de política social em contextos nacionais particulares. É por isso que, no bojo da discussão das tendências atuais da situação da família no contexto internacional, far-se-á comentários pertinentes sobre situações similares referentes à realidade da família no Brasil.

A redescoberta da família como fonte privada de bem-estar social

Desde a crise econômica mundial dos fins dos anos 1970, a família vem sendo redescoberta como um importante agente privado de proteção social. Em vista disso, quase todas as agendas governamentais prevêem, de uma forma ou de outra, medidas de apoio familiar, particularmente as dirigidas às crianças, como: aconselhamentos e auxílios, incluindo novas modalidades de ajuda material aos pais e ampliação de visitas domiciliares por agentes oficiais; programas de redução da pobreza infantil; políticas de valorização da vida doméstica, tentando conciliar o trabalho remunerado dos pais com as atividades do lar; tentativas de redução dos riscos de desagregação familiar, por meio de campanhas de publicidade e de conscientização, que abarcam desde orientações pré-nupciais até o combate à violência doméstica, à vadiagem, à gravidez na adolescência, à drogadição e aos abusos sexuais. Alguns países dão especial suporte material às famílias monoparentais com crianças e dependentes adultos. Outros incentivam a reinserção da mãe trabalhadora no tradicional papel de "dona-de-casa", com o chamativo apelo da importância do cuidado direto materno na criação saudável dos filhos.

Há, portanto, na atualidade, um amplo arco de políticas, articuladoras de um expressivo contingente de atores e recursos, contemplando a família. Essas políticas, por sua vez, assumem não só a forma de provisão de benefícios e serviços, mas também de tributos, seja para arrecadar recursos, e criar fundos públicos, seja para promover subsídios e isenções fiscais; de leis ou normas referentes ao casamento, divórcio, comportamento sexual, controle da natalidade, aborto; e de segurança social, relacionadas à saúde, à educação, à habitação e ao emprego (Pahl, 1999).

De par com a sua redescoberta política, a família também se tornou importante objeto de interesse acadêmico-científico, especialmente pelo ângulo da sua relação com o Estado em ação, isto é, com o Estado promotor de políticas públicas. É por esse prisma que se observa, nos últimos anos, uma crescente valorização da entidade familiar como tema de pesquisas subsidiadoras de políticas voltadas para essa entidade.

Entretanto, apesar dessas tendências, pode-se dizer que não há propriamente uma política de família em muitos países capitalistas centrais — e muito menos nos periféricos, como o Brasil —, se por política entender-se um conjunto de ações deliberadas, coerentes e confiáveis, assumidas pelos poderes públicos como dever de cidadania, para produzirem impactos positivos sobre os recursos e a estrutura da família (Hantrais e Letablier apud Pahl, 1999:160).

Está certo que definições de política de família tendem a estar impregnadas de particularismos culturais. Assim, da mesma forma que não existe um padrão homogêneo de política social, e mesmo de *Welfare State*, não há também um único padrão de política familiar. Na verdade, os Estados nacionais variam muito nas suas intervenções sociais. No tocante à família, a Inglaterra, por exemplo, nunca teve uma explícita política (Millar, 1998). Em compensação, segundo Pahl, na Finlândia, França, Alemanha, Grécia, Irlanda, Itália, Luxemburgo, Portugal e Espanha, há essa explicitação. Alguns desses países, como a Alemanha e a França, têm, inclusive, um Ministério da Família. Isso não quer dizer que, na Inglaterra, nunca tenha havido uma preocupação do Estado com essa instituição. Tal preocupação sempre existiu e foi reafirmada durante as eleições de 1997, nas quais o Partido Conservador explicitou uma concepção que já vinha sendo o carro-chefe das políticas sociais neoliberais, a saber: "A família é a mais importante instituição de nossas vidas. Ela oferece segurança e estabilidade num mundo em rápida transformação. Porém, a família será prejudicada se os governantes tomarem decisões que não as comprometam. Os conservadores acreditam que uma sociedade saudável deve encorajar as pessoas a assumirem responsabilidades que digam respeito às suas próprias vidas" (1999). Estava posta, nessa concepção, a reiteração de uma guinada da política social de pós-guerra para o conservadorismo, a qual realmente se deu no início dos anos 1980, mas não foi uniformemente adotada por todos os países do chamado Primeiro Mundo.

Isso explica, em boa parte, a existência de contradições e desconexões das políticas de família nos países capitalistas industrializados, bem como a falta de convergência e concordâncias em relação aos seus objetivos (Millar, 1998).

Além disso, é fato empírico que a redescoberta da família não propiciou a produção de conhecimentos e de métodos de captação da realidade, capazes de descartar falsas visões ainda existentes nas chamadas políticas de família (Kaufmann, 1991). Por exemplo, segundo Johnson (1990), ainda prevalece uma "visão idílica" da família, das comunidades locais e de grupos informais, que deverão funcionar como fontes privadas de proteção social, tais como as que existiam há cinqüenta anos. Para Kaufmann, essa visão prejudica a obtenção de um conhecimento mais realista da possibilidade de a família vir a assumir um decisivo papel de apoio aos indivíduos numa sociedade em rápida mutação. É que esse papel, prossegue ele, só poderá ser satisfatoriamente aquilatado se a evolução da família for considerada no contexto de sua recente reestruturação, o que para muitos significa "crise", "desorganização" ou "patologia". Sendo assim, a família deverá ser considerada não como um nirvana recuperado pelos conservadores, mas como uma instituição contraditória que, a par de suas características positivas, poderá funcionar como um fator de reprodução de desigualdades e perpetuação de culturas arcaicas. Isso sem falar do equívoco da recuperação de antigos encargos domésticos, incluídos nos planos governamentais sob o nome de solidariedade informal, os quais, por recaírem mais pesadamente sobre as mulheres, incompatibilizam-se com o atual *status* de cidadã autônoma e de trabalhadora conquistado por esse segmento.

No Brasil, país onde se costuma dizer que nunca existiu um Estado de Bem-Estar, por comparação a um suposto esquema coerente, consistente e generoso de bem-estar primeiro-mundista, a afirmação de que não há política de família "cai como uma luva". Mas tal afirmação só teria cabimento se, de fato, houvesse uma verdadeira política de família nos países desenvolvidos. Como tal política está impregnada de particularidades culturais, é lícito falar de uma "política de família à brasileira" e identificar os seus traços principais — até porque a não-ação governamental não deixa de ser uma atitude política.

POLÍTICA SOCIAL, FAMÍLIA E JUVENTUDE

Sabe-se que a instituição familiar sempre fez parte integral dos arranjos de proteção social brasileiros. Isso, à primeira vista, poderia não caracterizar um traço nacional, já que, como diz Saraceno (1995), todos os Estados de Bem-Estar estiveram baseados em um modelo familiar, no qual as formas de proteção eram asseguradas por duas vias: uma, mediante a participação (principalmente masculina) do chefe da família no mercado de trabalho e a sua inserção no sistema previdenciário; outra, pela participação (em sua maioria feminina) dos membros da unidade familiar nas tarefas de apoio aos dependentes e na reprodução de atividades domésticas não remuneradas. Mas, tal como aconteceu com os países que, a exemplo da Itália, fazem parte, segundo a classificação de Esping-Andersen (1991), do regime conservador de bem-estar social, ou do modelo latino, na classificação de Abrahamson (1992), os governos brasileiros sempre se beneficiaram da participação autonomizada e voluntarista da família na provisão do bem-estar de seus membros. Sendo assim, fica difícil falar da existência de uma política de família no Brasil, assumida pelos poderes públicos, para, como sugere a definição antes apresentada, produzir impactos positivos no seu âmbito. E isso, não porque os poderes públicos tivessem, historicamente, desconsiderado a família, as crianças, os jovens, na sua agenda social, mas porque o desenho das políticas sociais brasileiras sempre foi profundamente influenciado por uma tradição de relacionamento do Estado com a sociedade, que exige desta autoproteção.[1]

Esta tendência tornou-se mais pronunciada e legitimada com a extensão para o Brasil da concepção conservadora, encampada pelo ideário neoliberal hegemônico na Europa e nos Estados Unidos, desde os anos 1980, de que a sociedade e a família deveriam partilhar com o Estado responsabi-

---

1. Exceções a essa regra existem. As mais recentes são os avanços no campo dos direitos da família, da mulher e da criança inscritos na Constituição da República vigente, dentre os quais se destacam: a) art. 226, § 5º e art. 5º, inciso I, que preceituam a igualdade de direitos e obrigações entre homens e mulheres; b) art. 7º, inciso XXVIII, que amplia para cento e vinte dias a licença à gestante, sem prejuízo do emprego ou salário, e incisos XIX e XX, que prevêem, respectivamente, licença-paternidade e a proteção do mercado de trabalho da mulher; c) art. 208, que inclui, no dever do Estado com a educação, a garantia do direito à creche e à pré-escola às crianças até seis anos de idade; d) art. 226, §§ 7º e 8º, que se referem, respectivamente, ao planejamento familiar e à coibição da violência doméstica; e) art. 10, inciso II, alínea b, das Disposições Transitórias, que trata da estabilidade do emprego da gestante. No entanto, vale registrar que muitos desses dispositivos precisam ser regulamentados e a própria Constituição vem, desde sua promulgação, em 1988, sendo restringida e rejeitada por parte dos governos centrais.

lidades antes da alçada dos poderes públicos. Assim, o que era uma tradição corriqueira na experiência brasileira de proteção social assumiu laivos de modernidade.

Feitas essas considerações introdutórias, veja-se, na próxima seção, as tendências atuais da relação entre política social e família, especialmente após a apreciável valorização do pluralismo de bem-estar, no qual a família assumiu particular destaque.

É sobre esse modelo que recairão, neste ensaio, maiores reflexões, dada a ampla difusão de seus mandamentos e a importância de que vem se revestindo como resposta possível à crise das políticas sociais de pós-guerra.

Mas, antes, convém traçar os contornos do contexto histórico que propiciou o surgimento desse modelo, ou "doutrina", como prefere chamar Johnson (1990).

O contexto histórico do surgimento do pluralismo de bem-estar

A partir dos anos 80 do século recém-findo, uma nova realidade se impôs, em escala planetária, dado o impacto de sensíveis mudanças histórico-estruturais e o aproveitamento utilitário dessas mudanças pelo neoliberalismo.

Dentre as repercussões mais incisivas, produzidas por esse fato, ressaltam as incidentes nos âmbitos da produção e do trabalho capitalistas e, conseqüentemente, no sistema de proteção social gestado a partir do final do século XIX, em grande parte conquistado pela classe trabalhadora, desde a emergência da chamada questão social.

Como é sabido, a antiga conjunção de circunstâncias favoráveis às conquistas sociais pelas classes não possuidoras, especialmente após a Segunda Grande Guerra, deixou de existir desde meados dos anos 1970. A expansão do consumo de massa — com a ajuda da industrialização, do crescimento das atividades produtivas e da distribuição de bens e serviços, realizada por um Estado garantidor de direitos sociais e trabalhistas — entrou em declínio. Da mesma forma, o compromisso estatal com o pleno emprego (fortalecedor dos sindicatos), com a segurança no trabalho, com a oferta de políticas sociais universais e com a garantia geral de estabelecimento de um patamar mínimo de bem-estar, vem se desfazendo a passos largos.

Na base dessas novas tendências estão, na opinião de vários analistas, a emergência de "novas forças econômicas globais, mudanças demográficas e transformações da família" (Esping-Andersen, 1996b:349) que, como impactos exógenos, são, na opinião neoliberal, incompatíveis com as políticas sociais de pós-guerra. Ou, em outros termos, para os ideólogos do neoliberalismo, tais fenômenos desencadearam nos países industrializados, a partir dos anos 1980, uma "crise" do Estado de Bem-Estar pós-bélico. E essa crise, caracterizada pelo arrefecimento do crescimento econômico, pelo desequilíbrio fiscal e pela perda de legitimidade das políticas sociais públicas, revelou-se um atestado inconteste da incompatibilidade da estrutura daquele Estado com a ordem socioeconômica emergente.

Dessa feita, não é de admirar que as propostas de intervenção social, apresentadas pelos neoliberais, tivessem sido aquelas que pregavam a reestruturação das políticas sociais de pós-guerra, sob a justificativa de melhorar a eficácia dessas políticas num contexto de crise diversificada. Para tanto, recomendavam uma participação mais ativa da iniciativa privada — mercantil e não mercantil — na provisão social, em substituição ao modelo "rígido" de proteção anterior, em que o Estado reinava como principal agente regulador. Vale dizer: diante do inevitável temor das conseqüências de se deixar no abandono uma extensa classe de "perdedores sempiternos", ou um expressivo "lumpemproletariado atualizado", como produto da sociedade pós-industrial desregulada (Esping-Andersen, 1996a:9), os neoliberais pregavam, como alternativa à ingerência primaz do Estado, maior privatização (mercantil e não mercantil) da prestação de bens e serviços sociais.

Assim, mesmo sem se ter claro "quem" na sociedade deveria assumir responsabilidades antes pertencentes ao Estado, "quem" e "com que meios" financiaria a provisão social, e "que formas" de articulação seriam estabelecidas entre Estado e sociedade no processo de satisfação de necessidades sociais, foram concebidas fórmulas que exigiam da sociedade e da família considerável comprometimento.

"Formulada simplesmente, a proposta básica subjacente a esta abordagem é que a 'providência' — bens e serviços que satisfaçam as necessidades básicas e proporcionem proteção social — deriva de uma multitude de fontes: o Estado, o mercado (incluindo a empresa), as organizações voluntárias e caritativas e a rede familiar" (Mishra, 1995:103). E cada uma dessas fontes ou agentes compareceria, conforme Abrahamson (1992), com os recursos que lhes são peculiares: o Estado, com o recurso do poder e, portanto, da autoridade coativa, que só ele possui; o mercado, com o recurso do capital; e a sociedade, da qual a família faz parte, com o recurso da solidariedade. Concebeu-se, dessa forma, um agregado de instâncias provedoras e gestoras no campo do bem-estar, formado em torno de objetivos comuns, composto por quatro "setores" principais: o setor *oficial*, identificado com o governo; o setor *comercial*, identificado com o mercado; o setor *voluntário*, identificado com as organizações sociais não governamentais e sem fins lucrativos; e o setor *informal*, identificado com as redes primárias e informais de apoio desinteressado e espontâneo, constituído da família, da vizinhança e dos grupos de amigos próximos (Johnson, 1990).

Como pode ser inferido, deriva dessa mistura assistencial, para usar a expressão de Mishra (1995), o conceito de sociedade providência ou de bem-estar (em oposição ao conceito de Estado Providência, Estado Social ou de Bem-Estar), adornado por um discurso aparentemente convincente, porque assemelhado à retórica socialista de emancipação social, e apoiado em premissas morais. Assim, o termo sociedade de bem-estar, implícito originalmente na previsão de Marx do surgimento futuro de uma sociedade comunista, livre do domínio estatal, é apropriado por teóricos do pluralismo de bem-estar para indicar uma sociedade que, em vez de emancipada, mostra-se sobrecarregada com tarefas e responsabilidades que, por dever de cidadania, pertencem ao Estado. Além disso, o discurso moralizador da minimização da ingerência de um Estado concentrador, burocratizado, perdulário e corrupto nos assuntos públicos, calou fundo na opinião pública de uma época acossada por distúrbios socioeconômicos provocados por uma crise do próprio sistema e não propriamente do Estado.

Na esteira desses argumentos, grande parte da opinião pública deixou-se também impressionar pelo que dois importantes teóricos do pluralismo de bem-estar (Rein e Rainwater) designaram de "desvanecimento das fronteiras entre as esferas pública e privada", para defenderem uma abordagem holística que "examinasse todas as formas de proteção, independentemente da esfera que as administra, financia ou controla" (apud Mishra, 1995:103). Tem-se, assim, com esse consentimento, a legitimação de um modelo que, apesar de não ser completamente novo, distancia sobremaneira da análise pioneira de Titmuss,[2] datada dos anos 1960, sobre a divisão social do *welfare*, como uma crítica contundente à mistura assistencial — já presente em sua época — e às avaliações positivas a respeito da mesma.

Contudo, não reside aí o distanciamento do modelo plural em voga dos marcos conceituais de autores que, como Titmuss, associavam a política social à cidadania. Diferentemente do que pode parecer à primeira vista, agora não se trata de uma distinção de forma, como fazem crer os seus defensores, mas de uma mudança de princípios e critérios no próprio processamento da política. Como diz Mishra (1995:104), o pluralismo de bem-estar contemporâneo "é muito mais do que uma simples questão de decidir quem pode fazer o melhor [Estado ou sociedade] em termos de vantagens comparativas na produção de serviços de bem-estar". É também, e principalmente, uma estratégia de esvaziamento da política social como direito de cidadania, já que, com o "desvanecimento das fronteiras entre as esferas pública e privada", se alarga a possibilidade de privatização das responsabilidades públicas, com a conseqüente quebra da garantia de direitos.

É possível ilustrar essa tendência com um pouco de história, pois, como se viu, o bem-estar misto é uma modalidade de provisão social que foi se desenvolvendo no tempo em resposta a desafios sociais emergentes. Tal ilustração também pode servir de alerta para o risco de se confundir as teses e argumentos veiculados por seus adeptos com as teses progressistas de política social, uma vez que ambos trabalham com os mesmos temas-chave.

---

2. Para Titmuss, no estudo da política social é essencial considerar a divisão social do bem-estar em três categorias principais: o bem-estar social, o bem-estar fiscal e o bem-estar ocupacional. O bem-estar social compreende o que tradicionalmente era qualificado na Grã-Bretanha [país de Titmuss] como serviços sociais: transferências de renda, cuidados de saúde, serviços sociais pessoais, trabalho, emprego, serviços de educação. O bem-estar fiscal compreende uma ampla gama de subsídios e isenções de impostos sobre a renda. E o bem-estar ocupacional inclui benefícios e serviços sociais derivados do trabalho, como: pensões, pecúlios, aposentadorias. A importância dessa categorização é que, sem ela, ter-se-á uma idéia falsa da política social pública, se os serviços sociais tradicionais e os gastos com os mesmos constituírem as únicas medidas a serem consideradas. Há países, como os Estados Unidos e o Japão, que investem pouco em serviços sociais, mas privilegiam o bem-estar ocupacional. Portanto, para se poder conhecer o perfil da política de bem-estar adotada por diferentes países, ou grupos de países, é necessário ter em mente a "divisão social do bem-estar" realmente existente (Johnson, 1990).

Efetivamente, confirma Johnson (1990), o pluralismo de bem-estar "tem sido um dos temas principais do debate sobre política social, desde finais dos anos 70". Muitos dos conceitos atuais — descentralização, participação, controle social, parceria ou co-responsabilidade, solidariedade, relação das esferas pública e privada, sociedade providência, auto-sustentabilidade, para citar os mais veiculados — foram preponderantemente introduzidos no debate público atual por essa "doutrina".

A despeito de tal doutrina não ser nova, porque sempre houve uma pluralidade de atores e ações em torno de questões postas na agenda pública, ela apresenta uma particularidade. É que, em lugar da antiga disputa pela hegemonia entre os atores que formam o triângulo do compromisso pelo bem-estar social (Estado, mercado e sociedade), sugere-se, agora, uma relação flexível entre essas três instâncias, caracterizada como uma "co-responsabilidade variável" (Abrahamson, 1995). Portanto, hoje, o Estado não mais reivindica o posto de condutor-mor da política social; pelo contrário, dele se afasta. O mercado, por sua vez, nunca teve vocação social e, por isso, a despeito de praticar a filantropia como estratégia de marketing, prefere aprimorar-se na sua especialidade, que é a de satisfazer preferências, visando ao lucro, e não necessidades sociais. Ambos — Estado e mercado —, denominados por Habermas de "reino do sistema" (1981), cedem cada vez mais espaço à sociedade (o "reino da vida", segundo o mesmo autor) para que esta exercite a sua "vocação solidária" e emancipe-se da tradicional colonização do Estado. Em vista disso, está-se diante da construção de uma fórmula pragmática e asséptica de solução dos problemas sociais, que não prevê responsabilidades cativas ou obrigações exclusivas e, muito menos, adesões ideológicas. Seu grande intento declarado consiste em incrementar índices de emprego, reduzir a pobreza e a exclusão social e promover a coesão social com imaginação e conjunção de atores e recursos. Com isso, inaugura-se um "novo pacto social" em que as classes sociais, subsumidas que estão nos conceitos amorfos de Estado, mercado e sociedade, perdem a identidade ou a razão de ser. O importante é que os seguintes eixos estratégicos sejam levados em conta:

a) *Descentralização*: no sentido de flexibilizar e desregular a administração e a execução da prestação de bens e serviços sociais via repartição de responsabilidades entre os governos central e local e entre as esferas pública e privada. No primeiro caso, desponta uma novidade, isto é, a descentralização secundária. Esta deve ser viabilizada por meio da criação de um sistema de "pequenas áreas (patch system), nas quais pequenas equipes de trabalhadores sociais atuam em localidades de aproximadamente 10.000 habitantes. Com isso, espera-se que os trabalhadores sociais possam conhecer mais de perto a população com a qual trabalham e fiquem mais informados a respeito das fontes de ajuda informal ou voluntária" (Johnson, 1990:89). No segundo caso, a descentralização implica redução do poder do governo central e um maior comprometimento do mercado e da sociedade com a provisão social, oportunizando a conseqüente privatização (mercantil e não mercantil) do bem-estar público. No vocabulário do pluralismo de bem-estar, essas duas modalidades de privatização constituem um pré-requisito à participação;

b) *Participação*: designa o envolvimento direto dos atores sociais na política, especialmente na provisão de benefícios e serviços. Embora nesse processo estivesse prevista a participação de consumidores e empregados de agências públicas nas tomadas de decisões, isso, na verdade, não vem ocorrendo. É que o poder, como bem avalia Johnson (1990:91), "tem uma base classista e está edificado sobre as estruturas econômica e social". Tanto é assim que, até nas organizações voluntárias, que deveriam funcionar de forma não burocratizada e hierarquizada —, já que se apresentam como uma contraposição ao estatismo de bem-estar — o poder está concentrado nas suas lideranças, que geralmente representam a classe média. Em suma, para o pluralismo de bem-estar os temas da descentralização têm conotações antiburocráticas, antiinstitucionais e antiprofissionais, pois, a seu ver, isso era uma caraterística perversa do Estado de Bem-Estar;

c) *Co-responsabilidade ou parceria e solidariedade*: indica a aglutinação de forças e de recursos públicos e privados, com expressivo reconhecimento do trabalho voluntário e doméstico. Trata-se, mais exatamente, da criação de redes informais e comunitárias para a prestação de uma assistência social não institucionalizada. Diferentemente, pois, da tradicional assistência comunitária, desenvolvida por profissionais remunerados, as atuais redes assistenciais são, no dizer de Abrams (apud Johnson, 1990:94), "uma provisão de ajuda, apoio e proteção aos demais por parte de membros laicos das sociedades, que atuam no ambiente doméstico ou ocupações cotidianas". Com isso, ao mesmo tempo que se incentiva a desinstitucionalização e a desprofissionalização no campo das políticas sociais, está se legitimando a diminuição da participação governamental no enfrentamento dos problemas sociais. Daí a atual valorização do papel voluntarista da família como fonte privada de proteção social.

A proteção familiar sob a ótica do pluralismo de bem-estar: arremates críticos

Identificada como um dos mais antigos e autônomos provedores informais de bem-estar — ao lado da vizinhança e dos grupos de amigos próximos —, a família vem sendo pensada pelos mentores das políticas públicas contemporâneas como um dos recursos privilegiados, apesar da sua pouca visibilidade como tal.

Tradicionalmente considerada a célula *mater* da sociedade ou a base sobre a qual outras atividades de bem-estar se apóiam, a família ganhou relevância atual justamente pelo seu caráter informal, livre de constrangimentos burocráticos e de controles externos. Como diz Alcock (1996:102), tratando-se da família não há, aparentemente, regras ou regulamentos evidentes ditando "o que" deve ser feito ou "como" deve ser feito. Também não há contratos impositivos e acordos formais regulando as relações interpessoais. Há, preponderantemente, o desejo espontâneo de cuidar e a predisposição para proteger, educar e até para fazer sacrifícios. Isso não poderia parecer mais favorável a um esquema de bem-estar que, como o pluralismo, valoriza e explora a flexibilidade provedora, as relações de boa vontade e o engajamento altruísta. Mas isso também encerra muitas ilusões a respeito da família, como as já citadas na segunda seção deste ensaio, além das dificuldades conceituais e políticas que o pluralismo de bem-estar, com o seu pragmatismo, recusa-se a perceber.

Em primeiro lugar, vale ressaltar o caráter contraditório da família, como um chamamento para o fato de que o núcleo familiar não é uma ilha de virtudes e de consensos num mar conturbado de permanentes tensões e dissensões. Afinal, a família, como toda e qualquer instituição social, deve ser encarada como uma unidade simultaneamente forte e fraca. Forte, porque ela é de fato um *locus* privilegiado de solidariedades, no qual os indivíduos podem encontrar refúgio contra o desamparo e a insegurança da existência. Forte, ainda, porque é nela que se dá, de regra, a reprodução humana, a socialização das crianças e a transmissão de ensinamentos que perduram pela vida inteira das pessoas. Mas ela também é frágil, "pelo fato de não estar livre de despotismos, violências, confinamentos, desencontros e rupturas. Tais rupturas, por sua vez, podem gerar inseguranças, mas também podem abrir portas para a emancipação e bem-estar de indivíduos historicamente oprimidos no seio da família, como mulheres, crianças, jovens, idosos" (Pereira-Pereira, 1995:109).

Pesquisas realizadas no Brasil atestam a prevalência dessa fragilidade da família sobre os seus aspectos fortes, especialmente nas camadas mais pobres da população, em que as privações são maiores e os maus-tratos de crianças, cometidos pelos próprios genitores (pai e mãe), assumem foros de calamidade. Para ilustrar essa afirmação, registra-se aqui uma recente manchete de jornal, cuja matéria expõe um drama que vem se tornando corriqueiro no país: "AMOR CEGO: o sofrimento de crianças vítimas de abuso sexual em casa vai muito além da violência praticada por pais e padrastos. Muitas vezes elas são traídas pela mãe, que prefere deixá-las a ter que se separar do marido" (Campbell, 2002).

Em segundo lugar, é difícil definir o "setor informal" do qual faz parte a família, em relação aos demais "setores" — oficial, comercial e voluntário —, pois, no debate sobre a política social, a provisão pública é freqüentemente contrastada com a provisão privada de maneira genérica. Ao se dividir a provisão privada em três setores, fica difícil estabelecer as fronteiras entre essas fontes privadas de provisão. O mercado pode exercer atividade filantrópica, como já vem exercendo no bojo de suas estratégias de *marketing*, assim como as organizações voluntárias sem fins lucrativos podem praticar atividades comerciais, como já praticam, cobrando de seus beneficiários contrapartidas financeiras.

Além disso, é complicado perceber o setor informal como um *locus* puro e simples de bem-estar privado, como se ele não fosse objeto de regulação legal ou de políticas públicas. A esse respeito, grupos feministas têm criticado a tendência de se restringir as relações familiares à esfera privada ou pessoal e lembrado, com veemência, que tais relações não estão separadas das estruturas socioeconômicas mais amplas. Para esses grupos, o pessoal também é político, assim como a recíproca é verdadeira: a política também é pessoal (apud Alcock, 1996).

Em terceiro lugar, e relacionado com os argumentos precedentes, não é apropriado dizer que os cuidados e atenções realizados informalmente estejam isentos de regulações externas e internas. Na verdade, eles geralmente têm em vista obrigações previstas em ordenamentos jurídicos, bem como limitações de liberdade contidas nesses ordenamentos. Nem mesmo a disposição para ajudar, assinala Alcock (1996:103), está livre de condicionalidades, pois cada ajuda traz em si embutida a expectativa do doador de também ser apoiado, quando for necessário. Na prática, diz Alcock, essa reciprocidade assegura a solidariedade explorada pelas políticas sociais neoliberais. Sendo assim, as relações recíprocas, ditas informais, têm conexão com fatores estruturais e com a esfera pública.

Por fim, uma outra dificuldade, ao se eleger a família como fonte privilegiada de proteção social, é quanto às mudanças verificadas na sua organização, gestão e estrutura.

Diretamente associada a essa dificuldade está a constatação de que há vários tipos de família. Essa variedade tem que ser considerada na análise da transformação dessa instituição em uma festejada fonte privada de proteção social. Isto porque a tradicional família nuclear — composta de um casal legalmente unido, com dois ou três filhos, na qual o homem assumia os encargos de provisão e a mulher, as tarefas do lar —, que ainda hoje serve de referência para os formuladores de política social, está em extinção. E um importante fator responsável pelo seu esgotamento foi a ampla participação da mulher no mercado de trabalho e na chefia da casa. Atualmente, muitos domicílios não contam sequer com a presença do homem como fonte de sustento ou de apoio moral. Hoje, no Brasil, segundo o Censo 2000, as mães solteiras chefiam uma de cada três casas em cidades como Brasília e Rio de Janeiro.

Mas a amplitude da participação feminina no mercado de trabalho varia de país para país. Nos países escandinavos, como a Dinamarca e a Suécia, registra-se elevada participação, enquanto outros países europeus, como a Itália e a Irlanda, ostentam participações mais baixas (Johnson, 1990). Esse fato põe em xeque a factibilidade de a família vir a constituir-se num agente tranqüilo de proteção social, tal como previsto pelo pluralismo de bem-estar.

Considerando que a família não é um bloco monolítico, e que, devido a sua reestruturação, ela passou a ser preponderantemente gerida e sustentada pelas mulheres, pergunta-se (fazendo coro com amplas vozes feministas): quem, na família contemporânea, arcará com o encargo de cuidar cotidianamente de crianças, enfermos, idosos debilitados, além de assumir as responsabilidades de provisão e gestão do lar? Tudo leva a crer que se está pensando na mulher, quando se requisita a participação da família no esquema misto de bem-estar, pois era ela quem tradicionalmente arcava com esse ônus. Ora, como a visão tradicional continua em pauta, é das mulheres que se espera a renúncia das conquistas no campo do trabalho e da cidadania social, pois se presume que o foco central de suas preocupações continua sendo a casa, enquanto o do homem ainda é o local de trabalho.

Entretanto, acontece que, mesmo apostando-se na vocação doméstica da mulher, as atuais condições objetivas e subjetivas para o exercício dessa vocação são outras. Além das mudanças na estrutura familiar, os divórcios e os novos casamentos tornam muito mais complexas e intrincadas as redes de parentesco e de solidariedade. As famílias, a partir dos anos 1990, tornaram-se mais efêmeras e heterogêneas. Assumiram uma variedade de formas e arranjos, e exigiram revolucionárias mudanças conceituais e jurídicas. Veja-se, no Brasil, a mudança do conceito de família na Constituição Federal de 1988 e as alterações legais contidas no novo Código Civil, aprovado em agosto de 2001 para entrar em vigor em janeiro de 2002, com vista a: acompanhar a revolução nos costumes; padronizar leis recentes, como a do divórcio, e dispositivos constitucionais referentes à família; e regulamentar jurisprudências que, nos tempos atuais, não mais poderiam pautar-se pelo Código Civil vigente, escrito em 1916. Assim, tanto na Constituição quanto no novo Código Civil, a família não é mais aquela que, com a qualificação de "legítima", era formada pelo casamento e constituía o eixo central do direito de família. Agora, o conceito de família abrange diversos arranjos: a união formada por casamento; a união estável entre o homem e a mulher e a comunidade de qualquer dos genitores (inclusive da mãe solteira) com seus dependentes (a chamada família monoparental) (Constituição Federal, 1988, §§ 4º e 5º). Relacionada a essa mudança conceitual, ocorreram revisões significativas no tratamento legal de temas-chave como: virgindade, adultério, casamento, sobrenome e regime de bens. Em síntese, ao contrário do que acontecia antes, a perda da virgindade da mulher deixou de ser assunto do Código Civil, dando-se, nesse particular, um tratamento equivalente ao do homem; o adultério, embora continue sendo motivo para a dissolução do casamento, não impede que o(a) adúltero(a) case com o(a) amante; o casamento não tem mais por objetivo constituir a família ou a reprodução da espécie, mas a "comunhão plena da vida"; o marido e a mulher podem adotar o nome um do outro depois do casamento ou da união estável; e, com autorização judicial, os cônjuges podem alterar o regime de bens. Além disso, em consonância com os artigos constitucionais 226, § 5°, e 5°, inciso I, que preceituam a igualdade de direitos e obrigações entre o homem e a mulher, o novo Código Civil não tem mais como referência mestra o "homem", mas sim a "pessoa". Se se acrescentar a essas mudanças a variação dos padrões familiares "por classe social, por região, por grupos étnicos, por nível de renda" (Millar, 1998:122), deduz-se que o que pode ser pensado para um padrão de família em termos de política social, ou exigido desse padrão como co-responsabilidade, pode não servir para outros padrões.

Tal diversidade, associada às significativas mudanças demográficas — que requerem maior volume de assistência a grupos específicos, especialmente o de idosos —, cria sérios problemas para uma definição clara do papel da família do século XXI nos arranjos plurais de bem-estar em voga. Cria também dificuldades para a formulação coerente e consistente de uma política social voltada para essa instituição, pois, mais do que a política, é a família que vem se caracterizando como fenômeno plural.

É por isso que, como diz Johnson (1990), o objetivo da política social em relação à família, ou ao chamado setor informal, não deve ser o de pressionar as pessoas para que elas assumam responsabilidades além de suas forças e de sua alçada, mas o de oferecer-lhes alternativas realistas de participação cidadã. Assim, se o pluralismo de bem-estar quiser fazer jus ao próprio nome e angariar algum mérito no campo democrático, ele deverá ajudar a estender, em vez de restringir, a cidadania social. Para tanto, o Estado tem que se tornar partícipe, notadamente naquilo que só ele tem como prerrogativa, ou monopólio — a garantia de direitos. Isso não significa desconsideração da chamada solidariedade informal e do apoio primário, próprios da família, mas, sim, a consideração de que essas formas de proteção não devam ser irreais a ponto de lhes serem exigidas participações descabidas e impraticáveis. Para além do voluntarismo e da subsidiariedade típica dos arranjos informais de provisão social, há que se resgatar a política e, com ela, as condições para a sua confiabilidade e coerência, as quais se assentam no conhecimento o mais criterioso possível da realidade e no comprometimento público com as legítimas demandas e necessidades sociais reveladas por esse conhecimento. Ou seja, é preciso reinstitucionalizar e reprofissionalizar as políticas de proteção social e levá-las a sério.

Bibliografia

ABRAHAMSON, Peter. "Welfare pluralism: towards a new consensus for a european social policy?". In: *The mixed economy of welfare*. Leicestershire, Great Britain: Cross National Research Papers, 1992.

_____. "Regimes europeos del bienestar y políticas sociales europeas: convergências de solidariedades?". In: SARASA, Sebastià y MORENO, Luís. *El Estado del Bienestar en la Europa del Sur*. Madrid: CSIC, 1995.

ALCOCK, Pete. *Social policy in Britain: themes and issues*. London: MacMillan Press, 1996.

ANTTONEN, Anneli. "Welfare pluralism or woman-friendly welfare policy?". Paper prepared for a workshop on comparative studies of Welfare State. Vuoranta, Helsink, August 29-September 1, 1991.

CAMPBELL, Ulisses. "Amor cego". *Correio Brazilense*. Brasília/DF, 16 de fevereiro de 2002.

ESPING-ANDERSEN, Gosta. *The three worlds of welfare capitalism*. Cambridge: Polity Press, 1991.

_____. "Igualdad o empleo? La interacción de salarios, Estado de Bienestar y cambio familiar". In: VVAA. *Dilemas del Estado de Bienestar*. Colección Igualdad. Madrid: Fundación Argentaria, 1996a.

_____. "Economías globais, nuevas tendencias demográficas y familia en transformación: atual caballo de Troya del Estado de Bienestar?". In: VVAA. *Dilemas del Estado de Bienestar*. Colección Igualdad. Madrid: Fundación Argentaria, 1996b.

HABERMAS, Jürgen. *The theory of communicative action*. V.1. Boston: T. McCarthus, 1981.

HELLER, Agnes. "O futuro das relações entre os sexos". In: VVAA. *Da velha à nova família*. (s.l.): Proposta Editorial, 1969.

JOHNSON, Norman. *El Estado del Bienestar en transición: la teoría y la práctica del pluralismo de bienestar*. Madrid: Ministerio de Trabajo y Seguridad Social, 1990.

KAUFMANN, J. C. "Family and poverty in Europe". *Comission of the European Communities. Resarch problematics*, July/1991.

MILLAR, Jane. "Social policy and family policy". In: ALCOCK, Pete. *The student's companion to social policy*. Oxford: Blackwell, 1998.

MISHRA, Ramesh. *Society and social policy: theories and practice of welfare*. London/Basingstoke: MacMillan Press, 1987.

_____. *O Estado-providência na sociedade capitalista*. Oeiras/Portugal: Celta, 1995.

PAHL, Jan. "The family and the production of welfare". In: BALDOCK et alii. *Social policy*. Oxford: University Press, 1999.

PEREIRA-PEREIRA, Potyara A. "Desafios contemporâneos para a sociedade e a família". *Serviço Social & Sociedade*, n° 48, ano XVI. São Paulo: Cortez, ago. 1995.

PIERSON, Christopher. *Beyond the Welfare State?* Cambridge: Polity Press, 1991.

REPÚBLICA FEDERATIVA DO BRASIL. *Constituição Federal*, 1988.

ROCHE, Maurice. *Rethinking citizenship: welfare, ideology and change in modern society*. Cambridge: Polity Press, 1992.

SARACENO, Chiara. "Familismo ambivalente y clientelismo categórico en el Estado del Bienestar italiano". In: SARASA, Sebastià e MORENO, Luís. (comp.). *El Estado del Bienestar en la Europa del Sur*. Madrid: CSIC, 1995.

Capítulo 2

Novas propostas e velhos princípios: a assistência às famílias no contexto de programas de orientação e apoio sociofamiliar*

Regina Célia Tamaso Mioto

Introdução

A situação de sofrimento e abandono de milhares de crianças e adolescentes em todo o mundo tem colocado em pauta o discurso sobre a importância da família no contexto da vida social. Assim, ela tem sido valorizada cada vez mais no âmbito das propostas de enfrentamento às diferentes manifestações de "mal-estar infanto-juvenil", através de programas geralmente denominados de orientação e apoio sociofamiliar.

No Brasil esses programas estão previstos no Estatuto da Criança e do Adolescente e têm como objetivo fundamental garantir o direito da convivência familiar e comunitária. Tais programas, timidamente considerados no início dos anos 1990, se proliferaram no final da década, com a pressão da agenda de organismos internacionais. Estes vêm destacando a necessi-

---

* Este trabalho contou com o apoio do CNPq (processo 300750/99-4) e foi publicado originalmente na revista *Fronteras*, 3, Departamento de Trabajo Social, FCS, Universidad de la Republica, Montevideo, 2001.

dade da "recuperação da importância da família como lugar de busca de condições materiais de vida, de pertencimento na sociedade e de construção de identidade, principalmente nas experiências de insegurança, de perda de lugar na sociedade e de ameaça de pauperização trazidas pelo desemprego" (Wanderley, 1997:148).

Sob o rótulo de programas de apoio sociofamiliar estão sendo veiculadas as mais diversas propostas, relacionadas aos mais diversos setores da sociedade civil, do Estado e de organismos internacionais. Essas propostas têm sido implementadas, à medida que recursos lhes são destinados, sem que haja um debate aprofundado acerca de suas ambigüidades, senão de suas contradições, no campo do ideário de defesa dos direitos sociais.

Muitas vezes, no bojo dessa diversidade de proposições e sob a égide de um discurso "homogêneo" de justiça e cidadania, os programas de apoio sociofamiliar trazem embutidos princípios assistencialistas e normatizadores da vida familiar que imaginávamos ultrapassados. A observação dessa realidade foi o motivo da elaboração deste artigo. Seu objetivo é apresentar uma discussão, ainda que incipiente, sobre algumas questões que têm permeado a concepção de assistência às famílias ao longo da história, considerando diferentes contribuições sobre o tema.

Nessa direção, o trabalho privilegiará as relações entre família e Estado, e as diferentes abordagens de estudiosos sobre tais relações. Em seguida serão analisados como alguns princípios, que foram cunhados ao longo da história das relações entre família e Estado, se presentificam na organização e nas relações atuais dos serviços com as famílias. Os serviços que, em última instância, são os responsáveis pela implementação de programas de apoio sociofamiliar. Com isso, pretende-se dar o pontapé inicial para o debate dos processos assistenciais direcionados às famílias.

As relações família e Estado

As relações família e Estado têm sido um objeto de estudo constante de especialistas em família nas diferentes áreas do conhecimento. Esse interesse decorre da centralidade que o tema tem no contexto das sociedades complexas, onde os deslocamentos dos limites entre o público e o privado têm se posto permanentemente.

POLÍTICA SOCIAL, FAMÍLIA E JUVENTUDE

O surgimento do Estado, contemporâneo ao nascimento da família moderna como espaço privado e lugar dos afetos, não significou apenas uma separação de esferas. Significou também o estabelecimento de uma relação entre eles, até hoje conflituosa e contraditória.

De acordo com Saraceno (1996), a relação família e Estado é conflituosa desde o princípio, por estar menos relacionada aos indivíduos e mais à disputa do controle sobre o comportamento dos indivíduos. Por essa razão, ela tem sido lida de duas formas opostas. Como uma questão de invasão progressiva e de controle do Estado sobre a vida familiar e individual, que tolhe a legitimidade e desorganiza os sistemas de valores radicados no interior da família. Ou como uma questão que tem permitido uma progressiva emancipação dos indivíduos. Pois, à medida que o Estado intervém enquanto protetor, ele garante os direitos e faz oposição aos outros centros de poderes tradicionais (familiares, religiosos e comunitários), movidos por hierarquias consolidadas e uma solidariedade coativa.

A partir de então assistimos, ao longo do tempo, à interferência do Estado nas famílias através de três grandes linhas. Da legislação através da qual se definem e regulam as relações familiares, tais como idade mínima do casamento, obrigatoriedade escolar, deveres e responsabilidades dos pais, posição e direitos dos cônjuges. Das políticas demográficas, tanto na forma de incentivo à natalidade como na forma de controle de natalidade. Da difusão de uma cultura de especialistas nos aparatos policialescos e assistenciais do Estado destinados especialmente às classes populares.

Nessa vertente se destacam os estudos clássicos como *A polícia das famílias*, de Donzelot (1986). No Brasil, *Ordem médica e norma familiar*, de Jurandir Freire da Costa (1979). No campo do Serviço Social, a discussão desse tema é realizada por Verdes-Leroux (1986) em seu livro *Trabalhador social: prática, ethos, formas de intervenção*, e também por Acosta (1998) e Vasconcelos (2000), através da associação que estabelecem entre Serviço Social e higienismo.

O caráter paradoxal que marca a inter-relação Estado e família tem chamado cada dia mais a atenção dos interessados na temática da família. Muitos autores vêm afirmando que, apesar do reconhecimento da centralidade da família no âmbito da vida social, têm existido uma prática e uma negação sistemática de tal reconhecimento, havendo mesmo uma penalização da família por parte daquelas instituições que deveriam promovê-la (Donati, 1996; Barros,1995).

Essa contradição pode ser observada através das legislações de muitos países, inclusive do Brasil, que tem na sua Constituição a família como base da sociedade e com especial proteção do Estado. Mas o que se verifica de fato é uma pauperização e uma queda crescente da qualidade de vida das famílias brasileiras, constatadas através de diferentes órgãos de pesquisa.

Esse paradoxo, amplamente discutido hoje, tem sido tomado como estando também na origem do Estado e da família burguesa. Não resolvido em muitos países, mesmo com a estruturação do Estado de Bem-Estar Social, dentro do qual foi explicitado o reconhecimento da responsabilidade coletiva no enfrentamento das "dependências" individuais e familiares. Isto é, ninguém nunca é totalmente auto-suficiente, e o bem-estar depende tanto de segurança em relação ao futuro e aos eventos críticos da vida, quanto da possibilidade de contar com uma rede de sustentação para garantir a reprodução cotidiana, social e biológica (Jelin, 1997).

A contraditória parceria entre Estado e família desenvolveu-se de diferentes formas nas diferentes nações e, em muitas delas, a família, através da divisão das tarefas e responsabilidades entre gênero e gerações, constituiu-se num dos grandes pilares do Estado de Bem-Estar. Não por acaso que modelo de solidariedade familiar não é apenas praticado de fato, mas trata-se de uma solidariedade obrigada por lei, conforme prevêem as legislações vigentes sobre a convivência familiar. Em alguns países, a obrigatoriedade do cuidado se restringe a pais e filhos e em outros é mais alargada, abrangendo também irmãos e avós que não dispõem de meios de subsistência autônomos (Saraceno, 1997).

Dessa relação estabelecida, porém pouco tematizada, instaurou-se uma cultura prevalentemente assistencialista no âmbito das políticas e dos serviços destinados a dar sustentabilidade à família como unidade. De acordo com Sgritta (1995), tais políticas estão fundadas prioritariamente na premissa de que existem dois canais "naturais" para satisfação das necessidades dos cidadãos: o mercado (via trabalho) e a família. Somente quando falham esses canais é que o Estado intervém, e de forma temporária. Assim, no pensamento do autor, instauram-se as repúblicas fundadas na família, tendo questões como a maternidade e a infância privatizadas cada vez mais. Privatizadas no sentido de que problemas dessa natureza pertencem apenas à esfera do privado.

A persistência do paradoxo enunciado é atribuída à ideologia secular de que a família é uma sociedade natural e sujeito econômico de mercado. A ajuda pública deve acontecer sob forma de compensação por falimento ou pobreza. Para Donati (1996), dentro de uma política de bem-estar, essa ideologia pode ser traduzida como a garantia de um mínimo universal[1] pelo Estado.

Mais recentemente, tal paradoxo se agiganta com a crise do Estado de Bem-Estar, pois, de um lado, se fala constantemente da família como recurso fundamental para a construção da sociabilidade e preservação do tecido social. Por outro lado, pede-se à família o exercício de um papel substitutivo em relação ao sistema de direitos sociais, cuja fruibilidade se torna cada vez mais incerta (Bianco, 1995).

Pereira (1995), ao discutir as respostas políticas relacionadas às questões da família no campo do bem-estar social no bojo da perspectiva pluralista,[2] tão em pauta nos dias atuais, distingue duas concepções de pluralismo. Uma seria o pluralismo liberal centrado na idéia da transferência de responsabilidades do Estado para a sociedade civil, através do processo de descentralização calcado na ótica da privatização. Essa concepção redunda em restrição ou destituição dos direitos sociais conquistados e prevê a aplicação do modelo residual de políticas públicas.

A outra concepção, segundo a autora, seria o pluralismo coletivista. Este prevê a participação da sociedade, porém não descarta a presença do Estado na provisão social. Trabalha com o modelo institucional de políticas públicas, assentado no princípio da universalidade, e objetiva a manutenção e extensão de direitos. Estes em sintonia com as demandas e necessidades particulares. Dessa forma, não sobrecarrega a família, já que as políticas sociais funcionam como suporte para ela.

---

1. Para uma discussão atualizada da questão dos mínimos sociais, consultar *Necessidades humanas: subsídios à crítica dos mínimos sociais* (Pereira, 2000).

2. Para a autora, a perspectiva pluralista consiste na interação de diferentes iniciativas, sejam elas públicas ou privadas. Isto é, as iniciativas ou ações são realizadas de forma combinada entre Estado, sociedade civil e mercado.

Infelizmente, é possível entrever uma maior delegação de tarefas aos grupos familiares no momento em que a discussão da reforma do Estado se realiza cada vez mais sob a ótica prioritária da contabilidade do Estado. Ou seja, não se pergunta sobre a função e a utilidade do próprio bem-estar e nem se toca na questão da eqüidade (Saraceno, 1996; 1997).

As relações entre família e Estado, obviamente, têm sido pensadas de diferentes formas pelos estudiosos e sobre essas diferenças é que nos ateremos no próximo item.

Os estudiosos das relações entre família e Estado

Duas linhas de interpretação da relação entre Estado e família têm alimentado o debate contemporâneo. A primeira tende a olhar a família numa perspectiva de perda de funções, de perda de autonomia e da própria capacidade de ação. Em contrapartida vê um Estado cada vez mais intrusivo, cada vez mais regulador da vida privada. A segunda, vinculada especialmente aos estudiosos da condição feminina, tem indicado que a invasão do Estado na família tem se realizado através não de uma redução de funções, mas, ao contrário, de uma sobrecarga de funções. A família continua sendo uma unidade econômica e de serviços, portanto não especializada como pressupunha a escola estrutural-funcionalista.

Ambas as vertentes reconhecem que o Estado é o agente mais importante na definição das normas e regras às quais a família está vinculada. Trata-se das normas jurídicas, das políticas econômicas, de saúde, educação, habitação, trabalho e cultura, além de toda a imagem de família, de homem, de mulher, de relação conjugal e de adulto que essas políticas propõem. Dessa forma, existe uma consonância de idéias entre as duas posições de que a família encontra-se numa posição de sujeito ameaçado, porém não totalmente passivo (Saraceno, 1997; Donati, 1989).

Considerando as duas vertentes, a tomada de posição mais candente em relação à perda de funções e sentido da família se relaciona sobremaneira a uma imagem de família mais homogênea. Uma família com valores e interesses comuns, que está ameaçada no seu núcleo de afeto e autoridade pelo Estado e pela inserção das mulheres no mercado de trabalho. O contrário acontece em relação à posição que tem uma visão menos homo-

POLÍTICA SOCIAL, FAMÍLIA E JUVENTUDE

gênea de família. Ou seja, àquela que pensa a família na sua diversidade, tanto em termos de classes sociais como em termos das diferenças entre os membros das famílias e de suas relações. Nessa perspectiva prevalece muito mais a idéia da família sobrecarregada e menos da família esvaziada.

Essas interpretações, por sua vez, tendem a oscilar entre um pólo que vê a família constrita a adequar-se às imposições externas e um outro que a vê não apenas como produto, mas também como um conjunto de sujeitos que interagem e desenvolvem complexas estratégias de relações entre si mesmos, entre a família e o Estado e com a sociedade de forma geral. Para Saraceno, essa última posição permite a construção de uma outra possibilidade de interpretação da relação família e Estado. O Estado não é visto apenas como um vínculo autoritário com a família, mas também como um recurso. Recurso para a autonomia da família em referência à parentela e à comunidade, e autonomia dos indivíduos em relação à autoridade da família.

Nessa direção se encaixa todo o processo de definição e garantia de direitos individuais promovidos pelo Estado, favorecendo especialmente os membros mais frágeis — crianças, idosos e mulheres. As observações sobre nossa realidade indicam, por exemplo, como a pensão consentida aos idosos lhes permite uma autonomia maior, mais dignidade pessoal, e por isso podem ter sua posição fortalecida nas negociações familiares, ao contrário do que aconteceria se dependessem apenas da solidariedade familiar. O reconhecimento dos direitos individuais de cidadania, por exemplo, de jovens e crianças permite que os mesmos não sejam mediados apenas pela sua família de pertencimento.

De acordo com a última linha de interpretação, a intervenção do Estado não pode restringir-se apenas ao processo de definição e garantia dos direitos individuais. Ao lado da garantia dos direitos individuais, deve ser colocado o processo de definição e implementação de políticas sociais, que forneça instrumentos de sustentação necessários para o bem-estar das famílias. As políticas sociais teriam o papel de modificar as conseqüências do funcionamento do mercado de trabalho sobre a disponibilidade de recursos para as famílias, que se colocam diversamente na linha da estratificação social.

Nesse ponto, a intervenção do Estado não pode ser criticada pela sua invasão. Ao contrário, deve ser criticada pela sua ausência, ou mesmo pela sua ineficiência, à medida que não consegue "descondicionar", das leis estritas do mercado, a satisfação das necessidades básicas das famílias (Balbo, 1984; e Sgrita, 1988).

Todas essas formas de interpretar tais relações expressam a complexidade, a contraditoriedade e as ambivalências das mesmas, que se evidenciam particularmente na contemporaneidade. Nesse momento, nem as famílias são unidades simples e homogêneas e nem o Estado é uma unidade monolítica. As formas de relação que ele assume com as famílias dependem, sobretudo, da história política e social dos diferentes países. No entanto, é necessário lembrar que a presença do Estado na família, através das mais diferentes formas de intervenção, não possui apenas uma face, ou uma intenção. Pois, ao mesmo tempo que defende as crianças da violência doméstica, impõe à família normas socialmente definidas. Ao defender a família pode descuidar dos direitos individuais. Enfim, ao fornecer recursos e sustentação às famílias se colocam em movimento estratégias de controle.

Essa situação coloca em evidência o problema da permeabilidade dos limites das famílias, da sua vida privada em relação aos órgãos do Estado e de seus representantes. Em outros termos, coloca em choque dois direitos, o direito à privacidade e o direito à proteção (sobretudo quando se relaciona aos membros mais frágeis), que se constitui num dos pontos mais controversos e mais difíceis de serem enfrentados no cotidiano da intervenção com famílias. Mais complicado se torna quando se observa que a permeabilidade dos limites da privacidade familiar é diretamente proporcional à sua vulnerabilidade social. As famílias pobres, "desestruturadas", são mais facilmente visitadas, por um assistente social, para verificar suspeitas de violência, educação inadequada. As famílias consideradas "normais" conseguem defender com mais facilidade a sua privacidade, esconder com mais sucesso as suas violências e buscar alternativas de soluções sem publicização.

Finalmente, ancorados na discussão apresentada, passaremos a discutir a família no contexto de programas de apoio sociofamiliar.

A família no contexto de programas de apoio sociofamiliar

Como pontuamos nos itens anteriores, a relação estabelecida entre família e Estado, ao longo da história, foi marcada pela instauração do Esta-

POLÍTICA SOCIAL, FAMÍLIA E JUVENTUDE

do como fonte de controle e elaboração de normas para a família e pela construção de uma contraditória parceria no decorrer do tempo para garantir a reprodução social.

Além disso, também dissemos que a construção histórica dessa relação foi permeada pela ideologia de que as famílias, independentemente de suas condições objetivas de vida e das próprias vicissitudes da convivência familiar, devem ser capazes de proteger e cuidar de seus membros. Essa crença pode ser considerada, justamente, um dos pilares da construção dos processos de assistência às famílias. Ela permitiu se estabelecer uma distinção básica para os processos de assistência às famílias. A distinção entre famílias capazes e famílias incapazes.[3]

Na categoria das capazes incluem-se aquelas que, via mercado, trabalho e organização interna, conseguem desempenhar com êxito as funções que lhes são atribuídas pela sociedade. Na categoria de incapazes estariam aquelas que, não conseguindo atender às expectativas sociais relacionadas ao desempenho das funções atribuídas, requerem a interferência externa, a princípio do Estado, para a proteção de seus membros. Ou seja, são merecedoras da ajuda pública as famílias que falharam na responsabilidade do cuidado e proteção de seus membros.

A categorização das famílias como capazes ou incapazes, sãs ou doentes, normais ou anormais se encontra fortemente arraigada tanto no senso comum como nas propostas dos políticos e dos técnicos responsáveis pela formulação de políticas sociais e organização de serviços.

Como ilustração dessa realidade, no senso comum, trazemos o depoimento de um jovem de 19 anos. Esse jovem, depois de ter vivido a sua infância e adolescência nas ruas e em abrigos, sem ter tido garantido o seu direito à educação, a uma qualificação profissional e, conseqüentemente, a um emprego, ao atingir a maioridade, ao constituir uma família, diz o seguinte:

> "A maior dificuldade que estou tendo é manter a minha filha. Na rua, se eu não fizesse algo por mim mesmo ninguém ia cobrar nada, e agora, se eu falhar como

---

3. Esta divisão é apenas para efeito de exposição, pois, na realidade, não existem essas categorias em estado puro. Nenhuma família é totalmente auto-suficiente, assim como totalmente dependente.

pai, mesmo que ninguém me cobre, eu me cobro. Fico pensando: 'falhei como pai', aí vem um sentimento de menosprezo por mim mesmo, sinto-me incapaz e isto é muito ruim. Eu fico andando pelo centro, de repente aparece um camarada querendo pegar alguma coisa, mas não sabe ir, então eu vou".[4]

No âmbito das propostas políticas relacionadas às famílias, a idéia da falência e incapacidade também está presente. Ela pode ser observada através da tônica de muitos programas destinados à solução dos problemas da infância no Brasil. Estes colocam o destino dos recursos financeiros atrelado à determinada condição relacionada às crianças e, muitas vezes, a uma única criança. Com isso podemos efetuar a seguinte leitura: *Não são os pais que necessitam de recursos para cuidarem de seus filhos, mas são os filhos que necessitam de recursos, uma vez que seus pais são incapazes de protegê-los e educá-los.*

Nessa perspectiva, Donati (1996) nos lembra que a sociedade ainda tem tratado a família como se não fosse em si mesma um núcleo problemático. Por isso, os interesses, tanto de natureza política como sociocultural, recaem sobre as formas marginais ou patológicas.

Assim, a hegemonia desse tipo de leitura sobre a família se faz presente no cotidiano dos serviços, tanto no âmbito da organização como na ação rotineira de seus técnicos, dos programas de apoio sociofamiliar. Para nós, a vigência de tal leitura pode ser observada através da identificação de alguns princípios que têm norteado a condução das ações assistenciais direcionadas às famílias. Esses princípios seriam: a predominância de concepções estereotipadas de família e papéis familiares, a prevalência de propostas residuais e a centralização de ações em situações-limite e não em situações cotidianas.

Concepções estereotipadas de família e de papéis familiares

A consciência das grandes transformações que ocorreram no âmbito da família, nos últimos cinqüenta anos, tem se manifestado no cotidiano

---

4. Depoimento extraído da dissertação de mestrado de Oliveira (2000), que trata a questão da maioridade de adolescentes que tiveram a experiência das ruas, da institucionalização e da desinstitucionalização.

dos serviços em geral. Observa-se a existência de um consenso sobre a diversidade de arranjos familiares, sobre o caráter temporário dos vínculos conjugais e sobre outras questões ligadas à área da reprodução humana e da liberalização dos costumes.

Assim, por um lado, pode-se observar que muito raramente encontramos técnicos que não trabalham com a idéia da diversidade de famílias. Porém, por outro lado, observa-se que o termo "famílias desestruturadas" — surgido originalmente para rotular as famílias que fugiam ao modelo-padrão descrito pela escola estrutural-funcionalista — ainda é largamente utilizado, tanto na literatura como nos relatórios técnicos de serviços (Mioto, 1999).

Essa indicação nos leva a supor que o consenso existente sobre as transformações da família tem se concentrado apenas nos aspectos referentes a sua estrutura e composição. O mesmo parece não acontecer quando se trata das funções familiares. Apesar das mudanças na estrutura, a expectativa social relacionada às suas tarefas e obrigações continua preservada. Ou seja, espera-se um mesmo padrão de funcionalidade, independentemente do lugar em que estão localizadas na linha da estratificação social, calcada em postulações culturais tradicionais referentes aos papéis paterno e, principalmente, materno.

De acordo com Souza (2000), a identidade materna tem sido considerada como central no contexto dos serviços de proteção infantil. Segundo a autora, a responsabilidade materna é um dos aspectos mais enfatizados nos processos e dossiês do sistema de proteção à infância e juventude. As mães nos processos que tratam de violência doméstica, independentemente do grau de envolvimento nos episódios de agressão, são avaliadas. Uma identidade materna negativa constitui um fator de risco no discurso da proteção infantil e contribui para o fortalecimento de um estereótipo de comportamento materno positivo, que tem como ingredientes principais a dedicação integral aos filhos, a afeição e o *insight*.

Nessa perspectiva, os serviços continuam se movimentando a partir de expectativas relacionadas aos papéis típicos de uma concepção funcional de família, em que a mulher-mãe é responsável pelo cuidado e educação dos filhos e o homem-pai, pelo provimento e exercício da autoridade familiar. Assim, o desempenho dessas funções está fortemente vinculado a julgamentos morais, principalmente em relação à figura materna. Sobre esta recai toda a sobrecarga da função de provimento quando a figura paterna é ausente. Como as pesquisas têm indicado, as mulheres sozinhas, as famílias com chefia feminina, com ou sem parentes, demonstram maior fragilidade, sugerindo inserções precárias no mercado e assim são mais vulneráveis à condição de pobreza (Cioffi, 1998).

Diante disso, pode-se afirmar que não é apenas por uma questão semântica que o termo "famílias desestruturadas" continua sendo de uso corrente. Cada vez mais ele é utilizado para nomear as famílias que falharam no desempenho das funções de cuidado e proteção dos seus membros e trazem dentro de si as expressões de seus fracassos, como alcoolismo, violências e abandonos. Assim, se ratifica a tendência de soluções residuais aos problemas familiares.

Prevalência de propostas residuais

Carvalho (1995) observou que a política social brasileira, ao absorver padrões do Estado de Bem-Estar Social dos países desenvolvidos do mundo ocidental capitalista, desenhou-se de forma extremamente setorializada e institucionalizada, além de eleger o indivíduo como o epicentro de suas atenções. Segundo a autora, a garantia dos direitos sociais, centralizada nos indivíduos, embora tenha sido um avanço civilizatório indiscutível, significou, no âmbito do mundo capitalista, a fragmentação dos indivíduos na forma de atenção pública. Nesse contexto, três processos ganharam força: os direitos dos indivíduos de *per si* (criança, idoso, mulher...); a fragmentação dos indivíduos em necessidades transformadas em direitos de *per si,* que são o direito à saúde, à educação; e a psicologização das relações sociais. Dessa forma, os esforços se concentraram na tutela de direitos e necessidades dos indivíduos ou de "coletivos de indivíduos".

Nessa perspectiva, a família, tomada como esfera privada e indiferente à esfera pública, torna-se apenas uma referência no âmbito das políticas sociais. As relações entre estilos de vida, organização familiar e problemas sociais são vistas apenas quando se manifestam como patologias e marginalidade e ameaçam a estabilidade e a segurança social.

Disto deriva uma organização de serviços centrados basicamente em indivíduos-problema. Ou seja, a atenção é dirigida para a criança, o adolescente, a mulher, o idoso, a partir de situações específicas, tais como a doença, a delinqüência, o abandono, os maus-tratos, a exploração. Dessa organização derivam abordagens direcionadas à resolução de problemas individuais. Tais abordagens, embora cada vez mais sofisticadas, em termos de recursos disponíveis para a intervenção, tanto técnicos como profissionais, têm uma leitura limitada das demandas que lhe são colocadas e perdem de vista os processos relacionais como um todo (Mioto, 1997).

Sob esse ângulo, pode-se dizer que os processos de análise e intervenção no grupo familiar têm se limitado basicamente a dois níveis. Um, em que a família é tomada como auxiliar de processos diagnósticos e de tratamento de problemas individuais. Outro, em que a família é tomada também como problema e transformada em objeto terapêutico. Em ambos os níveis tende a haver o enclausuramento do social e, mais especificamente, dos problemas sociais nos muros domésticos.

Finalmente, observa-se que, no âmbito dos programas e serviços assistenciais, predominam referências genéricas sobre a família. Quando tais referências são mais específicas, geralmente estão relacionadas às avaliações sobre a capacidade das famílias de arcar ou não com o ônus de determinadas ações ou situações (sejam estas em termos de serviços, de recursos materiais, financeiros ou de responsabilidade). Ou seja, geralmente ela aparece como elemento decisório para a efetivação de processos de exclusão no âmbito dos serviços. Diante do quadro, até agora traçado, a concentração de ações "no fim da linha" parece óbvia.

Centralização de ações em situações-limite e não em situações cotidianas[5]

A tendência histórica de considerar os processos de atenção à família a partir da ótica da incapacidade e da falência, na organização de serviços em áreas como a judiciária, social ou da saúde, tem sido alimentada especialmente pela centralização de recursos em programas de apoio sociofamiliar que visam atender às faces mais cruéis dos problemas relacio-

---

5. Expressão inspirada em Berlinguer (1993). O autor, ao discutir as questões da bioética, faz referência à tendência dos especialistas e da orientação das informações em discutir "casos de situações-limite", em detrimento, com freqüência, da discussão de problemas que envolvem milhões de pessoas na vida cotidiana.

nados à infância e à juventude (trabalho infantil, violência doméstica, prostituição). Pouco, ou muito pouco, os programas têm se voltado para as dificuldades cotidianas das famílias na perspectiva de dar-lhes sustentabilidade. Isto para que consigam superar momentos críticos de sua existência e para que não cheguem a vivenciar situações que podemos considerar limites.

Uma ilustração dessa situação pode ser extraída de Souza:

"O processo 023/96 trata de uma criança de pouco mais de um ano, filha de uma mãe adolescente (17 anos) denunciada por negligência. A situação que a técnica do SOS encontra é de profunda miséria em que quinze pessoas se aglomeram em um barraco localizado em uma favela. Apenas o avô da criança recebe aposentadoria. A criança é levada ao médico pela mãe e técnicas do SOS, é incluída no programa de desnutridos... (2000:179)".

Através de situações como estas, é possível dizer que, de maneira geral, a lógica recorrente dos programas de apoio sociofamiliar tem sido a da cidadania invertida nos moldes propostos por Sposati (1985). Para essa autora, o acesso a tais programas implica a comprovação do fracasso dos indivíduos.

A isto acrescentamos que o ponto de corte do acesso dos indivíduos a programas e serviços não depende apenas de sua condição pessoal. Ao contrário, depende essencialmente das condições de sua família. Na maioria das vezes, não são os direitos dos indivíduos que estão em jogo, e sim as possibilidades familiares que são julgadas. Isto explica a importância do parâmetro da renda familiar no contexto dos programas assistenciais. Como apontou Cioffi (1998), as condições de vida de cada indivíduo dependem menos de sua situação específica que daquela que caracteriza sua família. A vulnerabilidade à pobreza está relacionada, além dos fatores da conjuntura econômica e das qualificações específicas dos indivíduos, às tipologias ou arranjos familiares e ao ciclo de vida das famílias.

Para finalizar este item, é importante ressaltar que os princípios arrolados não são os únicos e, na realidade, se encontram totalmente imbricados. Quando colocados em movimento nos processos assistenciais, tanto os serviços como os técnicos tendem a tomar as famílias como meros objetos de intervenções. Dessa forma, lhes é negada a condição de sujeito social e político.

Conclusão

Como se pode constatar, através da discussão efetuada, o tema em pauta é complexo, ambíguo e contraditório. As idéias trabalhadas ao longo do texto, e a organização da discussão através da trajetória de determinados princípios norteadores de ações direcionadas às famílias, significam apenas uma das possibilidades de abordagem do problema, que merece ser aprofundado.

Tal aprofundamento é necessário, não apenas por uma questão acadêmica, mas pelo impacto que as ações desenvolvidas pelos programas de apoio sociofamiliar têm na vida cotidiana das famílias, nos seus destinos e especialmente no destino de suas crianças e adolescentes.

O empenho para a proteção integral da infância e da juventude passa por uma revisão de, pelo menos, dois aspectos fundamentais. O primeiro relaciona-se a uma mudança na maneira de conceber a assistência às famílias. Consiste, sobremaneira, em compreender que existe uma conexão direta entre proteção das famílias, nos seus mais diversos arranjos, e proteção aos direitos individuais e sociais de crianças e adolescentes. Dessa forma, ela tem o direito de ser assistida para que possa desenvolver, com tranqüilidade, suas tarefas de proteção e socialização das novas gerações, e não penalizada por suas impossibilidades.

O segundo aspecto refere-se à mudança de postura da sociedade como um todo, em especial de profissionais ligados à área, em relação às famílias. Ou seja, significa desvencilhar-se das distinções entre famílias capazes e incapazes, normais ou patológicas e dos estereótipos e preconceitos delas decorrentes. Isto implica construir um novo olhar sobre as famílias e novas relações entre elas e os serviços. Esta construção necessita ser realizada no âmbito de todos os serviços, que têm como responsabilidade a implementação de programas relacionados à orientação e ao apoio sociofamiliar. Assim, o trabalho está apenas começando.

Bibliografia

ACOSTA, L. "La Génesis del Servicio Social y el Higienismo". *Fronteras*, 3: 11-24. Montevideo: Fundación de Cultura Universitaria, 1998.

BALBO, L. "Famiglia e Stato nella società contemporanea". *Stato e Mercato*, 10 (4): 31-45, Roma, 1984.

BARROS, N. A. "El analise de las políticas sociales desde una perspectiva familiar". *Serviço Social & Sociedade*, nº 49, pp. 117-132. São Paulo: Cortez, 1995.

BERLINGUER, G. *Questões de vida. Ética, ciência e saúde.* Salvador/São Paulo/Londrina: APCE/HUCITEC/CEBES, 1993.

BIANCO, L. "Sotto lo stesso tetto". In: ARANCIO, S. (org.). *Politiche per le famiglie.* Torino: Gruppo Abele, 1995.

CARVALHO, M. C. B. de. "A priorização da família na agenda da política social". In: CARVALHO, M. C. B. (org.). *A família contemporânea em debate.* São Paulo: EDUC, 1995.

CIOFFI, S. *Famílias metropolitanas: arranjos familiares e condições de vida.* São Paulo: SEADE, 1998.

COSTA, J. F. *Ordem médica e norma familiar.* Rio de Janeiro: Graal, 1979.

DONATI, P. "Famiglia, soggetti e politiche sociali". *Il Bambino Incompiuto*, 2, 9-24. Roma: Centro Studi Bambino Incompiuto, 1996.

DONATI, P. e DI NICOLA, P. *Lineamenti di sociologia della famiglia.* Roma: NIS, 1989.

JELIN, E. "La Tensión entre el Respeto a la Privacidad y las Responsabilidades del Estado". In: FASSLER, C. et alii (orgs.). *Género, Familia y Políticas Sociales.* Montevideo: Trilce, 1997.

MIOTO, R. C. T. "Família e Serviço Social: Contribuições para o Debate". *Serviço Social & Sociedade*, nº 57, pp. 114-130. São Paulo: Cortez, 1997.

_____. "Serviço Social e Modelos de Intervenção com Famílias". In: Seminário: *Familia y Sociedad: desafios para el trabajo social.* Montevideo, Universidad De La Republica, 1999, datilo.

OLIVEIRA, E. C. de. *A Maioridade Construída na Arte de Viver na Rua.* Dissertação de Mestrado. Centro de Ciências da Educação, UFSC, mimeo., 2000.

PEREIRA, P. A. P. "Desafios Contemporâneos para a Sociedade e a Família". *Serviço Social & Sociedade*, n. 48, pp. 103-114. São Paulo: Cortez, 1995.

_____. *Necessidades humanas: Subsídios à crítica dos Mínimos Sociais.* São Paulo: Cortez, 2000.

SARACENO, C. *Sociologia della famiglia.* Bologna: Il Mulino, 1996.

_____. "Le compatibilità sociali nella riforma del welfare". *Animazione Sociale*, 6/7, 3-19. Torino: Gruppo Abele, 1997.

SGRITTA, G. B. *Famiglia, mercato e stato.* Milano: Franco Angeli, 1988.

SGRITTA, G. B. "Infanzia, maternità, famiglia: la privatizzazione del problema". *Il Bambino Incompiuto*, 5, 29-43. Roma: Centro Studi Bambino Incompiuto, 1995.

SOUZA, M. P. *A publicização da violência de pais contra filhos: um estudo das implicações da denúncia*. Tese de Doutorado. Pós-Graduação em Serviço Social, PUC-São Paulo, 2000, datilo.

SPOSATI, A.; BONETTI, D.; YAZBEK, M. C.; FALCÃO, M. C. *Assistência na trajetória das políticas sociais brasileiras*. São Paulo: Cortez, 1985.

VASCONCELOS, E. M. *Saúde mental e Serviço Social*. São Paulo: Cortez, 2000.

VERDES-LEROUX, J. *Trabalhador social: prática, hábitos, ethos, formas de intervenção*. São Paulo: Cortez, 1986.

WANDERLEY, L. E. "A questão social no contexto da globalização: o caso latino-americano e caribenho". In: CASTEL, R.; WANDERLEY, L. E.; BELFIORE-WANDERLEY, M. *Desigualdade e questão social*. São Paulo: Educ, 1997.

Capítulo 3

Transformações econômicas e sociais no Brasil dos anos 1990 e seu impacto no âmbito da família

Mônica Maria Torres de Alencar

Introdução

Este texto tem como objetivo problematizar alguns elementos em torno do impacto do desemprego, dos processos de precarização do trabalho e da redefinição do papel regulador do Estado nas estratégias de reprodução dos trabalhadores urbanos e suas famílias. Toma como ponto de partida as mudanças econômicas e políticas em curso no Brasil, principalmente a partir dos anos 1990, a partir das quais redesenha-se o cenário social que, sob antigas e novas bases, promove o acirramento da destituição social, da pobreza e das mais diversas situações de precariedade, alterando, portanto, as formas de organização da reprodução social dos trabalhadores e suas famílias.

Antes, porém, de se deter nesses aspectos, coloca-se como prioritário esclarecer o significado de se voltar o olhar para o âmbito da família, observando as formas de repercussões dos processos sociais e econômicos no seu interior.

Ora, a pertinência em analisar o impacto das transformações econômicas e sociais nas condições de vida da classe trabalhadora através da família se deve à centralidade que esta ocupa no âmbito da sobrevivência material. De fato, as condições de vida dos indivíduos dependem, em grande parte, da inserção social de todos os membros da família, sendo nela que se articulam as mais diversas formas de alternativas para superar as situações de precariedade social, diante do desemprego ou inserção precária no mundo do trabalho. A luta cotidiana para prover as necessidades básicas, enquanto empreendimento coletivo e dependendo das condições de pobreza, mobiliza todos os membros da família. Através do ingresso no mercado de trabalho, do desenvolvimento de pequenas atividades informais para a obtenção de algum tipo de renda complementar e outras tantas estratégias, como a construção de moradias e as diversas práticas de solidariedade, os indivíduos tentam suprir uma rede de proteção social fragilizada (Telles, 1992).

Por outro lado, os estudos sobre as funções da família na sociedade capitalista tornam evidente o papel desta como unidade de renda e consumo. É nesse espaço que se definem e se articulam as formas de participação no mercado de trabalho, as possibilidades de se auferir alguma renda e as decisões quanto ao acesso a bens simbólicos e materiais (Lopes e Gottschalk, 1990; Barros e Mendonça, 1995). Daí, sua centralidade está ratificada para a compreensão de certos processos sociais e econômicos, que gravitam em torno da esfera da produção e da reprodução, reconstituindo uma unidade histórica que, no campo analítico, por vezes é esquecida.

Para Telles (1992; 1996), na sociedade brasileira, caracterizada pela lógica da destituição e privação de direitos, a família é uma espécie de garantia ética, moral e material, caracterizada pela lógica da destituição e privação de direitos. Dessa forma, a persistência da família como elemento central para a vida dos indivíduos justifica-se diante da despolitização das questões afetas à reprodução social dos trabalhadores, percebida muito mais como questão de ordem privada do que pública, numa tendência de privatização da vida social brasileira. Diante da tendência de despolitização de dimensões significativas da vida social, é no âmbito da família que homens, mulheres, jovens e crianças podem vislumbrar alguma possibilidade de inserção social.

Alguns estudos (Throyano, Hoffman e Ferreira, 1998), ainda, argumentam que através da família encontra-se a chance de reconstruir o aspecto multifacetado da pobreza, desviando-se, assim, de uma noção genérica e homogeneizadora da pobreza, tendo em vista que na família são variadas as formas de inserção no mercado de trabalho, os rendimentos auferidos, as condições de moradia e o acesso a bens, serviços e políticas sociais. A família põe em evidência a multiplicidade de possibilidades e experiências de vida, organizadas pelos indivíduos com vistas à reprodução biológica e social. Se o desemprego, o trabalho desqualificado e as remunerações insuficientes estruturam o cenário potencial de precariedade de vida, é na família que essas condições adquirem materialidade e são transformadas, delineando o modo como as situações adversas, relacionadas à pobreza, se inscrevem no cotidiano familiar.

Há que se chamar atenção, também, para o fato de que na última década a família tornou-se o elemento central da intervenção das políticas de assistência social. Sobre isto, é importante lembrar que a LOAS considera como objetivo a proteção à família, e a determina como um dos focos de atenção da política de assistência social. Em suma, a proteção à família se tornou uma estratégia a ser considerada pela política de assistência social, enquanto alvo privilegiado dos programas sociais, e é nesse sentido que se tem a articulação de alguns programas, de garantia de renda mínima por exemplo, que toma a família como unidade de intervenção.

Assim, em um contexto social marcado pelo aumento do desemprego, no qual torna-se cada vez mais difícil a obtenção do trabalho assalariado e, por conseqüência, o acesso à cidadania, a família vem se tornando, talvez, quase a única possibilidade real para os indivíduos proverem as suas necessidades, principalmente diante da inoperância ou mesmo ausência de mecanismos de proteção social que levem em consideração os efeitos sociais recentes dos problemas originados da precarização do trabalho.

Todavia, é preciso considerar que no quadro de crise econômica e da evidente retração do Estado da esfera social, ressurgem os discursos e as práticas de revalorização da família que, fundamentados numa concepção ideológica de cunho conservador, promovem e disseminam a proposição de que a família é a grande responsável por prover as necessidades dos indivíduos.

Na verdade, as condições sociais e econômicas do Brasil na atualidade refundam a tendência já historicamente predominante na sociedade brasileira, qual seja, a de resolver na esfera privada questões de ordem pública. Na ausência de direitos sociais, é na família que os indivíduos tendem a buscar recursos para lidar com as circunstâncias adversas. Dessa forma, as mais diversas situações de precariedade social, desemprego, doença, velhice, encaradas como dramas da esfera privada, tenderam a ser solucionadas na família, como responsabilidade de seus membros. Na maioria das vezes, a responsabilidade recai sobre as mulheres, tornando-as responsáveis pelo cuidado dos filhos menores, dos idosos, doentes e deficientes, sobrecarregando-a ainda mais, considerando-se que grande parte das famílias são chefiadas por mulheres.

Assim, na atual conjuntura, em que mais do que nunca o Estado tende a se desobrigar da reprodução social, persiste a tendência de transferir quase que exclusivamente para a família responsabilidades que, em nome da solidariedade, da descentralização ou parceria, a sobrecarregam.Todavia é importante considerar que, se no Brasil a família sempre funcionou como anteparo social, diante do vazio institucional de políticas públicas que assegurassem a reprodução social, as mudanças sociais nas últimas décadas, e em particular na última década, modificaram profundamente o cenário social no qual se movem as famílias. Cumpre, pois, refletir se a família, no atual contexto da sociedade brasileira, tem condições efetivas para funcionar como anteparo social.

Torna-se crucial, portanto, considerar pelo menos dois aspectos centrais, antes de atribuir à família a responsabilidade quase que exclusiva com o futuro de seus membros. O primeiro aspecto diz respeito às alterações recentes na organização e dinâmica familiar (diminuição de seu tamanho, diversificação dos arranjos familiares, inserção crescente das mulheres no trabalho), que atingem e modificam os tradicionais mecanismos de solidariedade familiar, acarretando uma interação limitada e precária entre os poucos membros da família. Em segundo lugar, em decorrência da grave crise econômica do país, expressa no desemprego crescente, rebaixamento dos salários, precarização das condições e relações de trabalho, desregulamentação de direitos sociais, observa-se uma fragilidade da família para cumprir seu papel no âmbito da reprodução social, funcionando como suporte material e de integração social, a partir da qual os indivíduos podem encontrar refúgio para as situações de exclusão (Pereira, 1994).

Com efeito, o Estado não pode simplesmente devolver para a família a responsabilidade com a reprodução social, sobrecarregando-a com encargos que são de responsabilidade do poder público. Nesse sentido, a família deve se tornar referência central nos programas sociais, ganhar um lugar de maior visibilidade política, tornando-se alvo de políticas que realmente levem em consideração as novas configurações da questão social no país.

POLÍTICA SOCIAL, FAMÍLIA E JUVENTUDE   65

Embora, pois, seja fundamental o investimento em programas de renda mínima familiar, bolsa-escola e programas de geração de renda e emprego, por exemplo, deve-se constituir políticas mais efetivas que levem em consideração as novas determinações das desigualdades sociais no Brasil. Além disso, as estratégias de combate à pobreza têm que necessariamente interferir nas relações de mercado, uma vez que é no mercado que se originam as condições de desigualdade social do capitalismo, contribuindo profundamente para a reprodução dos mecanismos de exclusão social.

Brasil, anos 1990: crise econômica, ajuste estrutural e desestruturação do mercado de trabalho

No contexto de crise e de mundialização do capital, o Brasil, a partir da década de 1990, passa a implementar programas de ajuste estrutural e de estabilização econômica para adequar o país à nova ordem econômica. Seguindo as recomendações do Consenso de Washington, os sucessivos governos brasileiros colocaram em curso políticas macroeconômicas de estabilização e reformas estruturais liberalizantes (Fiori, 1996) centradas na abertura comercial, financeira, produtiva e tecnológica. Além disso, promoveram a estabilização monetária ancorada no dólar, a política de privatização, a reforma do Estado e a desregulamentação do mercado de trabalho.

No final da década de 1980, tornou-se evidente o caráter estrutural da crise econômica do país sinalizada pelo esgotamento do modelo econômico desenvolvimentista, centrado no tripé Estado, capital nacional e internacional, responsável pela implantação do fordismo tardio, dependente e periférico. Esse padrão de desenvolvimento econômico tinha o Estado como ator básico fundamental na regulação da economia nacional, na medida em que este se tornara o grande empreendedor das bases de acumulação sob os interesses do grande capital internacional.

A emergência da crise mundial na década de 1970 atinge o Brasil, principalmente na década de 80, levando ao esgotamento do modelo desenvolvimentista de industrialização do país, fazendo com que este enfrentasse um processo de transformação profunda que se revelou na reorganização institucional do Estado e da estrutura produtiva, numa dinâmica que redefiniu as relações do Estado com os mercados e a sociedade civil (Fiori, 1996:143).

No marco da reestruturação industrial e tecnológica, bem como das tendências de mundialização do capital, passa a imperar a lógica transnacional do grande capital financeiro internacional, subvertendo profundamente as estruturas da economia mundial e das realidades nacionais, sobretudo das economias dependentes e subordinadas como a do Brasil.[1] Ainda de acordo com Mattoso (1996), o Estado brasileiro, que se caracterizara pelo papel ativo de investidor direto na economia e como catalisador de recursos para o setor privado, torna-se incompetente para reorientar o crescimento econômico, mergulhando numa crise financeira, política e institucional.

Esse conjunto de medidas aparecia, também, como alternativa de desenvolvimento econômico para a crise que o Brasil enfrentou nos anos 1980. O acirramento dessa crise caracterizou-se pela paralisia e estagnação econômica, que repercutiram nos elevados patamares inflacionários, nas dificuldades cambiais e na retração da atividade econômica. Segundo Mattoso (1995), esses impasses refletem o esgotamento de um padrão de desenvolvimento excludente, associado à eclosão da terceira Revolução Industrial em meio à ofensiva conservadora nos países avançados.

Assim, em um forte contexto de transformações econômicas e tecnológicas mundiais, colocava-se o desafio de superar os impasses econômicos e sociais produzidos durante a chamada "década perdida". Na década de 1980, enquanto os países centrais assistiam ao avanço da hegemonia neoliberal, o Brasil experimentava um pacto social democrático que se explicitou na Constituição de 1988; esta nasceu sob o signo de uma forte contradição. Enquanto os países do capitalismo central implementavam, durante a década de 80, algumas das medidas preconizadas pelo neolibe-

---

1. Chesnais, referindo-se "à sorte reservada aos países do Terceiro Mundo", argumenta em torno de alguns motivos que, segundo ele, justificariam o interesse dos grupos industriais de países avançados pelos países em desenvolvimento. O primeiro seria porque esses países ainda podem ser fontes de matérias-primas, embora o avanço da ciência e da tecnologia garanta uma certa autonomia aos países centrais; outro aspecto deve-se ao tamanho do mercado interno dos países periféricos, fonte de interesse para as relações comerciais de exportações dos grandes grupos industriais e, como opção secundária, de investimentos produtivos diretos; e o terceiro motivo diz respeito ao fato de que esses países podem oferecer uma mão-de-obra qualificada e ao mesmo tempo muito disciplinada, com um mercado muito bom. Além disso, Chesnais argumenta que esse interesse está relacionado à posição financeira desses países para aspirarem ao estatuto de mercado financeiro emergente (1996:22 e 23).

ralismo, o Brasil experimentava um denso processo de democratização da sociedade que obstaculizava a aceitação dos pressupostos neoliberais.

Todavia, as exigências econômicas e políticas da nova ordem mundial, associadas ao cenário de crise econômica do país, forjaram, paulatinamente, um consenso em torno da necessidade de reformas econômicas e político-institucionais. Nesse contexto de crise da economia, dominada pela hiperinflação, adquiriram expressão o ideário neoliberal e as terapias ortodoxas indicadas pelo FMI e Banco Mundial, que, em última instância, subordinaram, ainda mais, os interesses nacionais ao capital financeiro internacional.

Em linhas gerais, portanto, desde o início da década de 1990, o Brasil passou a seguir o receituário neoliberal, promovendo a inserção da economia numa ordem globalizada, a privatização do Estado, a redução dos gastos sociais, desenvolvendo, em suma, políticas econômicas com impactos negativos sobre as condições estruturais da produção e do mercado de trabalho.

De fato, a adoção do conjunto de reformas proposto pelo FMI e Banco Mundial teve como resultado: déficits na balança comercial e no saldo das transações correntes que apontam para recorrentes crises cambiais; crescimento econômico medíocre com retração das atividades produtivas; crescimento da dívida líquida do setor público; ajustes fiscais que promoveram o desmonte do Estado nacional, com repercussões no plano social e nos níveis de investimento do Estado; crescimento medíocre das exportações concomitantemente ao aumento das importações nos setores de maior conteúdo tecnológico; desnacionalização da economia do país, devido à substituição da produção de componentes, peças e matérias-primas nacionais por importados, com conseqüente redução do valor agregado no país, nas cadeias produtivas mais complexas, como a indústria automobilística e no setor eletrônico; ampliação da desindustrialização, com substituição da oferta doméstica de bens finais por importados, fechamento de linhas de produção e de unidades fabris inteiras (Mattoso, 1995).

A crise gerada pelo processo de ajuste econômico, que caracteriza os anos 1990 no Brasil, aprofundou algumas tendências já presentes em décadas anteriores, introduzindo, porém, novas e relevantes mudanças no perfil do trabalho e do rendimento. O desempenho da economia brasileira afetou o mercado de trabalho, levando à interrupção do crescente assalariamento e à formalização de uma estrutura ocupacional já bastante problemática.

A forma indiscriminada e subordinada de inserção do país aos requisitos da nova lógica econômica mundial levou ao abandono de um projeto de desenvolvimento nacional que protegesse e promovesse a produção e o emprego nacional. Ao contrário, "as mudanças estruturais em curso na economia brasileira não se mostram suficientes para viabilizar a necessária construção de um novo modelo de crescimento socioeconômico sustentado" (Pochmann, 1999).

Ademais, durante o governo de Fernando Henrique Cardoso levou-se adiante a política de desregulamentação e flexibilização do mercado em nome do aumento da competitividade da economia nacional.[2] Na verdade, o governo atribui ao mercado de trabalho, caracterizado como rígido, com relações de trabalho ultrapassadas, a responsabilidade pelas dificuldades de inserção da indústria nacional nos ritmos da competitividade mundial. Por outro lado, o desemprego seria decorrente da desqualificação da força de trabalho, devido aos seus níveis de "empregabilidade".

Assim, têm aumentado as teses acerca da rigidez dos contratos de trabalho e dos altos custos dos encargos trabalhistas no Brasil como os responsáveis pelos atuais problemas do mercado de trabalho. Acredita-se, portanto, que a redução desses encargos juntamente com a flexibilização dos con-

---

2. A política do governo Fernando Henrique Cardoso, nos dois mandatos, operou uma verdadeira flexibilização do mercado de trabalho. Lançando mão de medidas provisórias, decretos e portarias propuseram uma série de medidas de alteração à legislação trabalhista. Dentre as principais, cabe destacar: Denúncia da Convenção 158 da OIT; Trabalho aos domingos no comércio varejista — MP n° 1.539-34; Contrato de Trabalho por tempo determinado — Lei n° 9.601; Trabalho em regime de tempo parcial — MP n° 1.709; Suspensão temporária do Contrato de Trabalho — MP n° 1.726; Regulamentação do banco de horas — Lei n° 9.061 e Decreto n° 2.490; Regulamentação da jornada parcial (com redução proporcional de salários e benefícios) — MP n° 1.726; Flexibilização do artigo 7° da Constituição Federal — possibilidade de a negociação coletiva flexibilizar a CLT (aprovado na Câmara de Deputados e se encontra no Senado Federal) (Lesbaupin e Mineiro, 2002). Esse conjunto de medidas evidencia a direção do governo rumo à desregulamentação dos direitos sociais e à ampliação da flexibilidade do sistema de relações de trabalho, alterando as condições de contratação e demissão do trabalhador brasileiro. Vale, ainda, chamar atenção para a proposta de Desindexação Salarial que consistiu na suspensão dos mecanismos tradicionais de reajuste salarial e conferiu às partes o direito de negociarem reajustes no âmbito de cada categoria profissional ou econômica, proibindo-se, porém, a inclusão nos acordos de cláusulas de reajuste automático dos salários.

POLÍTICA SOCIAL, FAMÍLIA E JUVENTUDE

tratos de trabalho conduziria a uma elevação do nível de emprego através da retomada dos investimentos da economia do país. A desregulamentação do mercado de trabalho torna-se, assim, a pedra de toque dos argumentos conservadores, o que contribui para o acirramento do desemprego e da precarização das relações e condições de trabalho.

No entanto, estudos recentes[3] vêm demonstrando que é a flexibilidade, e não a rigidez, que caracteriza as relações de trabalho no Brasil. O mercado de trabalho no país sempre se caracterizou pelas disparidades salariais, bem como pela instabilidade, rotatividade e precária qualificação da mão-de-obra. De certa forma, o que sempre predominou foi a freqüente demissão e admissão, situação que caracteriza o trabalhador brasileiro como um trabalhador temporário.

Em relação às teses dos altos custos dos encargos trabalhistas, a comparação entre o Brasil e vários países indica que, na realidade, o Brasil tem um dos mais baixos custos de trabalho, o que não justifica a eliminação dos direitos legais extensivos a todos os trabalhadores, sob o argumento de que, tornando mais baixo o custo da mão-de-obra, se melhoraria a competitividade da economia nacional.

Em linhas gerais, pode-se apontar dois períodos distintos no que se refere à estruturação do mercado de trabalho no Brasil. O primeiro período, situado de 1940 a 1980, caracteriza-se pela consolidação da indústria e institucionalização das relações e condições de trabalho, bem como pela implementação de um projeto de industrialização nacional.

Durante esse período, o mercado de trabalho foi se estruturando em torno do emprego assalariado e dos segmentos organizados da ocupação. Houve, portanto, um significativo aumento dos empregos assalariados com registro formal, a redução do desemprego, incorporando uma parcela significativa da população brasileira economicamente ativa no mercado de trabalho. Ainda que se pudesse identificar a informalidade, subemprego, baixos salários e diferenças de rendimentos, a dinâmica da industrialização, comprometida com o desenvolvimento nacional, proporcionava a expansão dos empregos regulares com registro com uma maior taxa de assalariamento (Pochmann, 1999).

---

3. Sobre o assunto, ver o resultado das pesquisas do Centro de Estudos Sindicais e de Economia do Trabalho do Instituto de Economia da Unicamp. In: Mattoso J. (org.). *Crise e trabalho no Brasil. Modernidade ou volta ao passado*. São Paulo: Scritta, 1996.

Dedecca, Henrique e Baltar (1996) concordam que, de fato, nesse período, ocorreu uma ampliação do assalariamento e da formalização das relações contratuais, marcadas pela presença crescente da grande empresa e do setor industrial. Contudo, ressaltam que, no mesmo período, coexistiam formas de integração precária no mercado de trabalho, informalidade das relações de trabalho, subemprego e baixos salários.[4]

Todavia, as tendências dominantes de desestruturação do mercado de trabalho, a partir da década de 1980, aprofundam-se nos anos 1990, expressando-se, principalmente, no desemprego aberto, no desassalariamento, na emergência de ocupações atípicas e na precarização das condições e relações de trabalho, que se juntam às já tradicionais formas de exclusão no mercado de trabalho (subemprego, baixos rendimentos e informalidade) (Pochmann, 1999, 2001).

De fato, a sustentação do nível de ocupação dependeu das atividades terciárias, reveladas no aumento da participação do comércio e dos serviços em detrimento das ocupações na produção de bens, tanto na agricultura, quanto na indústria de transformação e na construção civil.

Esse processo teve conseqüências em um mercado de trabalho extremamente flexível como o brasileiro, como demonstram as altas taxas de rotatividade da mão-de-obra e o pequeno quadro de pessoal permanente ou estável na empresa. O fato é que as empresas mantêm um estoque mínimo de empregados estáveis, contratando e dispensando os demais trabalhadores em função das variações do nível de produção.

Apesar de algumas mudanças na legislação trabalhista estimuladas pela redemocratização do país e consolidadas pela Constituição de 1988, as empresas continuaram a ter muita liberdade para contratar, usar, remune-

---

4. Mattoso (1999) afirma que o Brasil experimentou, após a Segunda Guerra Mundial, taxas elevadas de crescimento econômico, o que tornou possível uma maior geração de emprego, quando comparado com outros países. No entanto, esse processo não resultou numa melhor distribuição de renda, ao contrário, durante a década de 1970 "tínhamos uma complexa estrutura industrial e um mercado de trabalho urbano crescentemente integrado, mas com baixos salários, elevado grau de pobreza absoluta e altíssima concentração da renda" (p. 10). De acordo, ainda, com Mattoso, esse processo está relacionado a quatro fatores: a ausência de uma reforma agrária; o lento processo de organização dos trabalhadores e de maior pressão social pela democratização das condições e relações de trabalho e por uma melhor distribuição de renda; a ineficácia do alcance das políticas sociais no Brasil e a crescente deterioração do salário mínimo desde a década de 1960.

rar e dispensar mão-de-obra. Nesse quadro de ausência do emprego formal, as ocupações tornam-se polarizadas e heterogêneas. Convivem, assim, um núcleo pequeno de trabalhadores com emprego estável e relativamente bem remunerado com outro grupo de trabalhadores inseridos em empregos instáveis e mal remunerados.

Desse modo, o mercado de trabalho brasileiro, historicamente heterogêneo, desigual e excludente, apresenta-se na década de 1990 tal como um caleidoscópio diante da variedade de formas de contrato (assalariados sem carteira, trabalho autônomo, subcontratação, trabalho temporário) e situações de trabalho (trabalho irregular, parcial, em domicílio), do surgimento de ocupações atípicas e do desemprego (Dedecca, 1996).

Pochmann refere-se à expansão das ocupações nos segmentos não organizados, que compreende formas de ocupações mais heterogêneas, de características não capitalistas, ainda que incluídas de forma dependente e subordinada à dinâmica capitalista. Assim, enquadra nessa categoria algumas ocupações, tais como: as empresas familiares, os trabalhadores por conta própria, pequenos prestadores de serviços e serviço doméstico (trabalho em domicílio, trabalho por peça, vendedores ambulantes, biscateiros, cuidadores de carros, engraxates) (1999:66).

Esse quadro torna-se mais grave quando relacionado ao processo de concentração de renda, observado na deterioração do poder de compra dos salários dos trabalhadores das famílias pobres em prol das famílias que tiveram aumento expressivo da renda real. A conseqüência foi o crescimento da desigualdade de renda dos indivíduos e também de suas famílias. Dessa forma, a queda do nível de emprego formal e do poder aquisitivo do rendimento assalariado teve conseqüências na redução do padrão de vida das classes trabalhadoras.

Em suma, o processo de estagnação econômica, recessão e inflação repercutiu nos níveis de renda e emprego, verificando-se um aumento da proporção de famílias com renda *per capita* abaixo da linha de pobreza. A crise do desenvolvimento traduziu-se em estagnação de renda, deterioração dos investimentos e degradação dos indicadores sociais (Pochmann, 1999).

Ao longo da década de 1990, o desemprego aprofundou-se assustadoramente em todo o país assumindo índices alarmantes. Independentemente da metodologia adotada, as taxas de desemprego atuais superam em muito as do final da década de 1980, sendo considerado um fenômeno de massa (taxa média de 7,8%). O fato é que a crise ameaça até o trabalho informal; para quem está desempregado, se antes era possível pensar na sobrevivência via mercado informal, o crescimento desse setor acabou por levar a seu esgotamento e saturação, com a renda tendendo a cair devido à concorrência e à recessão. O setor informal, que sempre cumpriu o chamado efeito colchão, vê-se também ameaçado diante do inchaço provocado pela entrada de 1,7 milhão de pessoas entre 1984 e 1994 (*Folha de S.Paulo*, 21.3.1999).

Trabalho e pobreza

Essas condições tiveram repercussões nos níveis de emprego e desemprego e nas condições de vida e trabalho das classes trabalhadoras. Os efeitos deletérios, desse conjunto de medidas, sobre as condições de vida e de trabalho das classes trabalhadoras tornaram-se ainda mais agudos, tendo em vista que o país havia chegado a esse período sem experimentar o padrão de desenvolvimento norte-americano hegemônico no pós-guerra e disseminado nos países da Europa Ocidental. Com efeito, aqui não havia se completado o padrão de industrialização que tornara possível o compromisso social característico do modelo fordista/keynesiano de acumulação e reprodução, quando eclodiu o conjunto de alterações produtivas e tecnológicas que tem subvertido as estruturas do mundo do trabalho.

Tal quadro tende a ser agravado à medida que, no Brasil, é extremamente precária a estrutura social, política e institucional que, nos países do capitalismo central, estabelecia limites aos efeitos socialmente diferenciadores do mercado, às diferenças de salário, renda e consumo, através de amplo sistema de direitos e políticas sociais. Na verdade, o Brasil chegou ao cenário de crise social e mudanças estruturais no mercado de trabalho da década de 1990, sem ter aprofundado as estruturas básicas do *Welfare State*, em que se estabelecia um notável equilíbrio entre as forças do mercado e sociedade, e se instauravam políticas sociais pautadas na universalização e eqüidade dos direitos sociais.

O fato é que essa estrutura, o *Welfare State*, ao garantir os bens e serviços destinados à reprodução social, além de garantir benefícios aos que perderam a renda do trabalho, mediante o seguro-desemprego, indeniza-

POLÍTICA SOCIAL, FAMÍLIA E JUVENTUDE   73

ções por acidente de trabalho, aposentadorias, assegurava as condições básicas de vida, ao mesmo tempo que regulava as forças das desigualdades sociais produzidas pelo mercado (Draibe, 1997).

No Brasil, historicamente, o critério de inserção no mercado formal de trabalho[5] operou como mecanismo básico de definição de direitos sociais, instituindo o que Santos (1979) denominou de *cidadania regulada*. Nesta predomina um sistema de proteção social de caráter contributivo e compulsório, ainda que durante o regime militar tenham sido estendidos os benefícios previdenciários aos trabalhadores rurais e aos autônomos.

Assim, na década de 1980 colocava-se como pauta de discussão, em um contexto de forte pressão democrática e, também, de empobrecimento dos trabalhadores e suas famílias, a questão do avanço da universalização da proteção social, a redução das desigualdades internas aos sistemas e a maior efetividade social do gasto. Da mesma forma, colocava-se como prioritária a reforma das estruturas institucionais através dos mecanismos de descentralização, transparência dos processos decisórios e participação social da sociedade civil. Inclusive, a Constituição de 1988, ao definir a previdência social, a saúde e assistência social como componentes do sistema de seguridade social, estabelece a cidadania como direito universal, estendendo os direitos a toda a população, independentemente do vínculo com o mercado formal de trabalho.

Contudo, os efeitos da crise econômica e das políticas de ajustes econômicos postos em execução a partir, principalmente, do início da década de 1990 não tornaram, na prática, possíveis as reformas institucionais mais amplas nos sistemas de proteção social. Para Netto, "levar à prática o pacto social plasmado na Constituição de 1988 equivalia, no plano econômico, à redução das taxas de exploração e, no plano político, à construção de mecanismos democráticos de controle" (Netto, 1999:78).

Se, de fato, uma reforma estrutural das políticas sociais não foi implementada, podem ser identificadas modalidades de proteção social que com-

---

5. Dentre os direitos e proteções vinculados ao trabalho com carteira assinada figurariam: o direito a férias remuneradas acrescidas de abono de 30% pagos antecipadamente, o repouso semanal e feriados remunerados, o 13°salário, o pagamento pelo empregador de parcela da contribuição destinada à previdência social, a indenização pela perda imotivada do trabalho através do FGTS, o salário-educação, os auxílios maternidade e doenças, os auxílios transporte e alimentação e, em algumas empresas, a assistência médico-hospitalar.

binam velhos padrões e novos elementos de gestão pública de programas sociais. Ressaltam, nesse sentido, a convivência desses novos elementos de gestão pública, num quadro de subordinação do gasto social à gestão econômica no contexto de crise e de reformas liberalizantes.

Com efeito, diante desse cenário, torna-se extremamente cruel essa lógica governamental, que culpabiliza os indivíduos por seu emprego e desemprego, responsabilizando-o pela sua formação profissional e requalificação. Trata-se na verdade de uma transferência de responsabilidades, à medida que o governo e os empresários não enfrentam o "problema do emprego via crescimento econômico e aumento da demanda de mão-de-obra e querem resolvê-lo por meio da redução do custo da mão-de-obra. Com isso, se acentua a degradação da qualidade do emprego, pois a qualidade dos poucos empregos criados torna-se inferior à dos eliminados" (Mattoso, 1999:20).

Com efeito, avaliar que os problemas econômicos do país serão superados com a diminuição dos encargos trabalhistas, atacando importantes conquistas trabalhistas, só contribui para aviltar ainda mais as condições de vida e de trabalho da classe trabalhadora do país.

Contudo, os efeitos da crise econômica e das políticas de ajustes econômicos postos em execução a partir, principalmente, do início da década de 1990 não tornaram, na prática, possíveis as reformas institucionais mais amplas nos sistemas de proteção social. Se, de fato, uma reforma estrutural das políticas sociais não foi implementada, podem ser identificadas modalidades de proteção social que combinam velhos padrões e novos elementos de gestão pública de programas sociais. Ressaltam, nesse sentido, a convivência desses novos elementos de gestão pública, num quadro de subordinação do gasto social à gestão econômica no contexto de crise e de reformas liberalizantes.

Na verdade, o contexto de forte pressão neoliberal para o ajustamento fiscal subordinou a reorientação dos gastos sociais aos objetivos macroeconômicos, notadamente os de estabilização e de natureza fiscal. Priorizaramse os programas focalizados, os fundos sociais de emergência e os programas sociais compensatórios voltados para o atendimento dos grupos pobres e vulneráveis. Ao lado da ampliação desses programas sociais de corte assistencialista, predominou o aprofundamento de tendências históricas do sistema de proteção social brasileiro, qual seja, a tendência de privatização nas áreas da saúde, educação e, também, previdência. Por fim, essas fortes tendências convivem hoje com as novas formas de gestão pública das políticas sociais, que, através da descentralização e municipalização das ações, têm conduzido, muitas vezes, ao estilhaçamento dos programas, tornando ainda mais grave o quadro de pobreza e miséria do país.

Todavia, as medidas e ajustes neoliberais de superação da crise econômica do capital neste final de século têm se mostrado ineficientes na recuperação do desempenho econômico, não havendo elevações significativas nas taxas de investimento e nem a retomada do crescimento econômico. Tem-se, assim, uma situação na qual o valor do trabalho, como o principal meio de integração social, ou seja, como fundamento da cidadania social, é subvertido diante da crescente incapacidade do mercado de trabalho formal em absorver o conjunto da população potencialmente em condições de trabalhar. O processo em curso, expresso no crescente desemprego e precarização do trabalho, rompe com a garantia de inserção social através do emprego estável, gerando um expressivo contingente de trabalhadores sem trabalho, os quais ocupam literalmente na sociedade um lugar de excedente, de inúteis no mundo (Castel, 1995:496).

Contudo, mais graves parecem ser, ainda segundo Castel, a diversidade e a descontinuidade das formas de emprego, fenômeno que produz vulnerabilidades sociais e, tal qual o pauperismo do século XIX, é um processo central, comandado pelas novas exigências tecnológico-econômicas da evolução do capitalismo moderno (1995:526). Para Castel, é nisso que reside a grande transformação nas últimas décadas, o que permite falar de uma *metamorfose do trabalho*, confirmando, entretanto, que é ainda sobre o trabalho, quer se o tenha, quer este falte, quer seja precário ou garantido, que continua a desenrolar-se, hoje em dia, o destino da grande maioria dos atores sociais (1998:156).

O desemprego e a precarização do trabalho têm repercussões na vida dos trabalhadores, pois a perda do trabalho os desqualifica também no plano cívico e político, e os enquadra numa condição na qual impera, para aqueles que ainda estão empregados, o medo da demissão; o que os faz viver sem expectativas no seu horizonte de vida. Com isso, pois, a idéia de que a cidadania social deve ser obtida através do trabalho assalariado torna-se contraditória diante da crescente incapacidade da sociedade capitalista contemporânea em assegurar para o conjunto da população a inserção social mediante o trabalho.

Pode-se afirmar que durante a década de 1990, no bojo das profundas alterações sociais e econômicas por que passou a sociedade brasileira, aprofundaram-se as desigualdades sociais, constituindo-se, sob novos parâmetros, a exclusão social. De fato, no Brasil neste final de século, o processo de modernização conservadora para a reestruturação do capital tem relegado à margem numerosos contingentes da população em um processo que conduz a classe trabalhadora para os limites imperativos da pobreza.

É um quadro social que se revela no crescente empobrecimento das famílias brasileiras, que, cada vez mais, são submetidas a condições de vida e de trabalho extremamente precárias. É nesse cenário, em que se conjugam a falta de empregos, trabalho precário, deterioração das condições e relações de trabalho, que os trabalhadores e suas famílias enfrentam o seu cotidiano, permeado, muitas vezes, de situações em que predomina a violência no seu modo de vida.

Essas condições revelam, pois, a perversidade de uma condição social que tende a se agravar em virtude da natureza das reformas em curso no país no âmbito dos direitos sociais. A máxima do Estado mínimo expressa-se no caso brasileiro através da restrição de fundos para o financiamento de políticas públicas. Opera-se, na verdade, a privatização/refilantropização da assistência social em uma lógica na qual o Estado paulatinamente se desobriga da responsabilidade pela reprodução da força de trabalho.

Privados dos direitos garantidos por lei, do contrato que funda a chamada cidadania regulada, emergem homens, mulheres, jovens e crianças destituídos do trabalho, da cidadania, fixando-se no limiar da ordem e da desordem. Em outros termos, suas existências são desenhadas em negativo; não são trabalhadores, não têm acesso à proteção dos direitos sociais garantidos pelo Estado e não têm qualificações para o trabalho (Telles, 1992).

Se o trabalho pode estruturar identidades, ser reconhecido como espaço de pertencimento social, a sua ausência ou inserção precarizada pode ser fonte de degradação social. Decerto, as condições do mercado de trabalho no Brasil, marcado, tradicionalmente, por discriminações e segmentações, obstruem as possibilidades de homens, mulheres e jovens encontrarem um lugar de pertencimento, de se situarem no mundo como cidadãos. O funcionamento do mercado de trabalho no Brasil revela a inserção precarizada, uma trajetória marcada pela descontinuidade, pelo desemprego, pelos trabalhos informais num processo de permanente curto-circuito com o vínculo que chegam a estabelecer com o trabalho. Telles (1992) afirma que é essa instabilidade que fornece as indicações para compreender as relações entre trabalho e pobreza. As diversas situações de desigualdade no mercado têm implicações diferentes para homens, mulheres, jovens e crianças, dado que a condição de sexo, idade e posição na família definem a trajetória ocupacional.

Em suma, em virtude das mudanças econômicas e sociais no país com repercussões na estrutura do mercado de trabalho, aumentou a desproteção social dos trabalhadores, expressa nas condições de trabalho e na perda e redução dos direitos trabalhistas.

Bibliografia

BARROS, R. P. e MENDONÇA, R. P. "Pobreza, estrutura familiar e trabalho". *Texto para discussão*, n° 366. IPEA, fevereiro de 1995.

CASTEL, R. *As metamorfoses da questão social: uma crônica*. Petrópolis: Vozes, 1995.

_____. "As metamorfoses do trabalho". In: *Globalização: o fato e o mito*. Rio de Janeiro: Ed. da UERJ, 1998.

CHESNAIS, F. *A mundialização do capital*. São Paulo: Xamã, 1996.

DEDECCA, C. S. "Desregulamentação e desemprego no capitalismo avançado". *São Paulo em Perspectiva*. Revista da Fundação Seade, 10(1), jan.-mar. 1996.

DEDECCA, C. S., HENRIQUE, W. e BALTAR, P. E. de A. "Mercado de trabalho e exclusão social no Brasil". In: MATTOSO, Jorge (org.). *Crise e trabalho no Brasil: modernidade ou volta ao passado?* São Paulo: Scritta, 1996.

DRAIBE, S. "Por uma contribuição à reforma dos programas de assistência social no Brasil". In: KALOUSTIAN, Sílvio Manoug (org.). *Família brasileira, a base de tudo*. São Paulo/Brasília: Cortez/UNICEF, 1994.

_____. "Uma nova institucionalidade das políticas sociais? Reflexões a propósito da experiência latino-americana recente de reformas dos programas sociais". *São Paulo em Perspectiva*. Revista da Fundação Seade, 11(4), out.-dez. 1997.

FIORI, J. L. *Em busca do dissenso perdido: ensaios críticos sobre a festejada crise do Estado*. Rio de Janeiro: Insight Editorial, 1995.

_____. "Ajuste, transição e governabilidade: o enigma brasileiro". In: TAVARES, M. C. e FIORI, J. L. *Desajuste global e modernização conservadora*. Rio de Janeiro: Paz e Terra, 1996.

FIORI, J. L. *Os moedeiros falsos*. Petrópolis: Vozes, 1997.

GRINBAUM, R. "Crise ameaça até o trabalho informal". *Folha de S.Paulo*. Suplemento Dinheiro. São Paulo, 21.3.99, pp. 1, 7 e 8.

LESBAUPIN, I. e MINEIRO, A. *O desmonte da nação*. Petrópolis: Vozes, 2002.

LOPES, J. B. e GOTTSCHALK, A. "Recessão, pobreza e família: a década pior do que perdida". *São Paulo em Perspectiva*. Revista da Fundação Seade, 4(1), jan.-mar. 1990.

MATTOSO, J. *A desordem do trabalho*. São Paulo: Scritta, 1995.

_____. *O Brasil desempregado*. São Paulo: Perseu Abramo, 1996.

_____. *O Brasil desempregado*. São Paulo: Perseu Abramo, 1999.

NETTO, J. P. "FHC e a política social: um desastre para as massas trabalhadoras". In: LESBAUPIN, I. *O desmonte da nação: balanço do governo FHC*. Petrópolis: Vozes, 1999.

PEREIRA, P. A. P. "Desafios contemporâneos para a sociedade e a família". Série *Política Social em Debate*, n° 7. Brasília: NEPPOS/CEAM/UnB, 1994.

POCHMANN, M. *O trabalho sob fogo cruzado: exclusão, desemprego e precarização no final do século*. São Paulo: Contexto, 1999.

_____. *A década dos mitos*. São Paulo: Contexto, 2001.

SANTOS, W. G. *Cidadania e justiça*. Rio de Janeiro: Campus, 1979.

TELLES, V. *A cidadania inexistente: incivilidade e pobreza. Um estudo sobre trabalho e família na grande São Paulo*. Tese de doutorado apresentada ao Departamento de Sociologia da Universidade de São Paulo, 1992.

_____. "Questão social: afinal, do que se trata?". *São Paulo em Perspectiva*. Revista da Fundação Seade 10(4), out.-dez. 1996.

TRAYANNO, A. A. et alii. "Condições de vida e pobreza. Elementos para uma discussão metodológica". *São Paulo em Perspectiva*, Revista da Fundação Seade, 4(2): 32-36, abr.-jun. 1990.

Parte II

POLÍTICAS E CIDADANIA DA INFÂNCIA E JUVENTUDE

"Menino brincalhão,/ esta tua idade florida/ é como um dia pleno de alegria/ dia claro, sereno,/ que precede a festa de tua vida./ Aproveita, meu menino; situação agradável/ estação feliz é esta./ Dizer-te mais não quero; mas não te aflijas/ se a tua festa tarda a chegar."

G. Leopardi

Capítulo 1
Política, isolamento e solidão: práticas sociais na produção da violência contra jovens

Paulo Cesar Pontes Fraga

Introdução

"'Lau' em nossa língua quer dizer 'meu' e também 'teu'; é quase a mesma coisa. Mas na língua do Papalagui quase não existem palavras que signifiquem coisas mais diversas do que 'meu' e 'teu'. Meu é apenas, e nada mais, o que me pertence; teu é só, e nada mais, o que te pertence. É por isto que o papalagui diz de tudo quanto existe por perto de sua cabana: 'É meu'. Ninguém tem direito a essas coisas, senão ele. Se fores à terra do Papalagui e alguma coisa vires, uma fruta, uma árvore, água, bosque, montinho de terra, hás de ver sempre perto alguém que diz: 'Isto é meu! Não pegues no que é meu!' Mas se pegares, te chamarão gatuno, o que é uma vergonha muito grande, e só porque ousaste pegar num 'meu' do teu próximo. Os amigos deles, os servos dos chefes mais importantes, te põem correntes, te levam para o falé pui pui (prisão), e serás banido pela vida inteira. (...) O Papalagui precisa fazer leis assim e precisa ter quem lhes guarde os muitos 'meus' que tem, para que aqueles que não tem nenhum ou tem pouco 'meus' nada lhe tirem do seu 'meu'. De fato, enquanto há muitos pegando muitas coisas para si, há também muitos que nada têm nas mãos..." (Tuiavii, chefe da tribo Tivéa, Samoa)

A narrativa descrita acima é de Tuiavii, chefe da tribo Tivéa, localizada na ilha de Samoa. Originalmente, o texto está contido em uma carta enviada aos seus conterrâneos da Polinésia, em que lhes descreve sua forma de perceber os costumes, a crença, a vida cotidiana dos europeus (papalagui), durante o período vivido entre eles. Por vezes estarrecido, Tuiavii sintetiza em suas cartas o desprezo sentido pela vida e pelos costumes dos europeus e a saudade sentida pelo distanciamento de sua terra. O trecho de sua carta aqui reproduzido se refere ao seu espanto e à sua indignação para com a existência da propriedade privada na sociedade européia e pela forma como media as relações sociais. Advindo de uma sociedade em que espaço público e espaço privado não encerram as mesmas conotações[1] da cultura européia, o desprezo e o estranhamento sentidos por Tuiavii pelo *modus vivendis* dos europeus são perfeitamente compreensíveis. Nessa narrativa, a noção de propriedade e a forma de se compartilhar um mundo comum demarcam a existência de um grande abismo entre Tivéa e os europeus, instalando-se o estranhamento. Partilhar um mundo comum, portanto, significa compromisso com ele e com as pessoas que nele habitam.

Refletir sobre o compartilhamento do mundo, enquanto expressão do político, e a produção do isolamento e da solidão, como forma de exclusão na sociedade brasileira e expressão da violência, é a proposta deste trabalho.

Buscando articular nexos causais institucionais, estruturais e conjunturais aí imbricados, recorremos aos conceitos de isolamento e solidão desenvolvidos por Hannah Arendt na sua reflexão sobre a experiência totalitária, para analisarmos como transformações ocorridas no espaço público e no espaço privado têm contribuído para emoldurar o quadro de violência.

Utilizaremos como conjuntura específica para nossa reflexão a cidade do Rio de Janeiro e a produção de violência comum ao tráfico de drogas em suas favelas. Reconhecemos, ao optarmos por essa via, a existência de uma circunstância de manifestação de violência própria das conformações geográficas, históricas e sociais da cidade. Entrementes, o incremento da violência e a vitimização dos habitantes jovens, pertencentes à camada mais pobre de sua população, não são fenômenos exclusivos da capital

---

1. O alemão Erich Sheurmann, amigo de Tuiavii, foi quem reuniu e publicou as cartas que o polinésio escreveu. Segundo suas palavras, a respeito do sentido de comunidade em Tivéa: "Não existe em Samoa, realmente, o conceito de meu e teu no sentido que o adotamos. Em todas as viagens que fiz, os nativos sempre partilhavam comigo, de modo absolutamente natural, o teto, as esteiras, a comida...".

POLÍTICA SOCIAL, FAMÍLIA E JUVENTUDE

fluminense, mas também observados em outros municípios brasileiros nos últimos anos. No Rio de Janeiro ressalva-se, justamente, a capacidade da criminalidade do tráfico de drogas de se apropriar de uma atmosfera de desigualdade e violência e utilizá-la em seu proveito, fazendo com que a violência ganhe aqui contornos específicos.

O trabalho divide-se em duas partes: na primeira busca-se refletir sobre a construção de um campo de saber sobre a violência, mais as formas de analisá-la na literatura sociológica; apresentam-se informações sobre o perfil da violência, principalmente aquela cujo alvo privilegiado são os jovens na cidade do Rio de Janeiro, buscando argumentações sobre o aumento da violência e a sua especificidade na década de 1990.

Na segunda parte, utilizando a conceitualização de Hannah Arendt sobre a produção do isolamento e a solidão, como a exclusão do ser humano da convivência humana nos espaços público e privado, discute-se a interface de acontecimentos nessas duas esferas na sociedade brasileira, como forma de produção de subjetividades que indiquem nexos para a produção da violência.

A violência como prática, o discurso proferido e a análise sociológica: a vitimização dos jovens nos anos 1990

> "Nunca antes o mundo foi tão injusto na repartição do pão e dos peixes, mas o sistema que rege o mundo, e que agora é pudorosamente chamado de economia de mercado, mergulha cada dia num banho de impunidade. O código moral deste fim de século não condena a injustiça, mas o fracasso."
>
> *Eduardo Galeano*

O aumento da violência criminal e institucional nas duas últimas décadas, especialmente nas grandes metrópoles brasileiras, tem sido reconhecido como uma realidade, tanto pelas estatísticas oficiais quanto por autores preocupados em compreender as suas causas e tecer análises, objetivando uma contribuição para melhor dissecar toda a sua complexidade (Adorno e Bordini, 1991; Caldeira, 2000).

Os atores e as instituições envolvidos nos eventos violentos — como seus basilares promotores ou como suas vítimas privilegiadas — se confundem em um mosaico de nexos explicativos, utilizados pelos analistas e pelo senso comum para compreender as rupturas e as continuidades históricas, conjunturais e estruturais do fenômeno. As explicações apresentam argumentações diversificadas alicerçadas nas características culturais, políticas e socioeconômicas da sociedade, sobretudo os seus graves padrões de desigualdades sociais.

Entre os habitantes produz-se uma fala sobre o crime e a violência, cujo contorno mais acabado expressa-se na sensação de insegurança e atua como elemento organizador da paisagem urbana e do espaço público (Caldeira, 2000), ajudando a violência a se proliferar, auferir cercanias particularistas e exclusivistas. O sentimento de poder ser afetado por eventos de natureza violenta acarreta a organização de enclaves privados na paisagem urbana, gerando uma sociabilidade em que não há encontros públicos entre classes. Segundo Caldeira (2000), os condomínios fechados, que se proliferaram nas grandes metrópoles brasileiras, representam de forma acabada a tendência de setores médios e altos de se enclausurarem em territorialidades específicas, não somente para se proteger da violência, mas privilegiando o espaço privado em detrimento do público. Questões como a segurança, historicamente atribuída ao Poder Público, ganham nesses espaços *status* de questão privada, haja vista o enorme contingente de pessoas designadas para garanti-la.

A questão do medo de sair às ruas, devido ao aumento de violência, não pode ser entendida simplesmente como uma produção midiática. Há um incremento de violência letal ligada à criminalidade. Contudo, não se pode negar o papel da mídia, ao retratar determinados eventos violentos, em regiões específicas do país, e sua capacidade de gerar um sentimento de insegurança, mesmo em cidades ou regiões com taxas de criminalidades baixas. Buscando-se uma interpretação crítica, ganha destaque, nesse contexto de crescente violência envolvendo a sociedade brasileira e as desigualdades que ela produz, a noção de autoritarismo social (Adorno e Cardia, 1997; Zaluar, 1994). Adorno e Cardia (1997) discutem a existência de relações sociais rigidamente hierarquizadas, cujo recurso sistemático à violência é utilizado para a superação de conflitos. Essa rigidez penetrou em todo o tecido social, instalando-se nas instituições e ocupando os espaços mais imperceptíveis das relações sociais, acarretando, muitas vezes, arranjos processados entre os agentes da ordem pública e os delinqüentes.

Outra questão importante a ser apontada, referente à especificidade da violência criminal e institucional nas últimas décadas, é o seu recrudescimento intensificado, coincidindo com o fim do regime militar. Quanto aos seus aspectos institucionais, esse paradoxo tem sido explicado pelo fato de a sucessão de governos militares e civis serem expressão de um mesmo sistema de dominação de elites. O restabelecimento das eleições livres não foi capaz de gerar instituições efetivamente democráticas, estáveis, que gozassem de confiabilidade e pudessem estar sob o controle social (Pinheiro, 1997). Efetivam-se, igualmente, análises, cujos resultados indicam, em sociedades periféricas como o Brasil, a particularidade dos órgãos de contenção e repressão, qual seja: o uso ilegítimo da violência, como o abuso de poder e as práticas de torturas dirigidas a setores determinados da população.

No Brasil, então, as práticas violentas apresentam vínculos de continuidade, pois o fim do regime de exceção não acarretou aos governos civis eleitos posteriormente a implementação de políticas capazes de reverter esse quadro. Contrariamente, houve nesse período, como já citado, um aumento da violência policial (Santos, 1997). Significa, de outra forma, a adaptação do autoritarismo numa conjuntura em que se materializam novas institucionalidades.

Zaluar (1999), ao analisar a produção sociológica sobre violência nos últimos quinze anos, aponta que os estudos — mormente aqueles ancorados em análises das tradições culturais para explicar a violência presente na sociedade brasileira — têm como problema fundamental não conseguir apontar razões para o aumento espetacular da criminalidade violenta, e particularmente dos homicídios.

Por sua vez, as estatísticas de mortalidade no Brasil, em especial na cidade do Rio de Janeiro, expressam um quadro, no qual se revela quem, na realidade, são os principais atingidos pela chamada escalada da violência. Estudo desenvolvido por Souza et alii (1997) mostra que, num período de quinze anos (1980 a 1994), 6.589 adolescentes de 10 a 19 anos foram assassinados no município do Rio de Janeiro: uma média de 37 óbitos por mês ou 1,2 por dia. Representa um crescimento de 121,6% da taxa de mortalidade por homicídio, sendo que, desse total, 95,6% foram perpetrados com armas de fogo. O mesmo estudo observa ainda que a maioria das vítimas não possuía o primeiro grau completo; e que, no município, o risco de o adolescente ser vítima de homicídio é maior do que em determinados países, detentores de uma alta taxa de óbitos por homicídio contra adolescentes, como a Colômbia, país considerado o mais violento das Américas (Souza et alii, 1997).

Dados mais recentes produzidos pela Secretaria Municipal de Saúde do Rio de Janeiro, referentes ao ano de 1998, parecem apontar o incremento da vitimização letal de jovens na cidade. Na faixa etária de 15 a 24 anos, no período citado, morreram 903 jovens do sexo masculino por homicídios: a maioria ocasionada por armas de fogo, e 225 por violência mal definida. Somente os homicídios representam 60,4% do total dos óbitos e juntamente com as causas violentas mal definidas totalizam 75,6%. Em 1998, portanto, morreram 2,27 jovens por dia. Isto desconsiderando outros tipos de violências menos quantificáveis e não letais, embora importantíssimas na classificação e discussão do fenômeno. Os homicídios passaram a ser também a principal causa de morte em pessoas do sexo masculino na faixa etária de 5 a 14 anos. No quadro das denominadas causas externas, as taxas de homicídios superam outras causas específicas, e nas faixas de 20-24 e 15-19 anos são encontradas as maiores taxas da população.

Os jovens pobres são, assim, as principais vítimas da violência criminal,[2] seja devido às conseqüências dos conflitos travados com a polícia, da ação de grupos de extermínio ou de rixas entre as quadrilhas. A capacidade de vitimizar pessoas cada vez mais jovens dos estratos populares, de forma tão banalizada e invisível, apresentou-se como um dos aspectos mais relevantes da violência da criminalidade dos anos 1990. Banalizada, pela freqüência constante com que ocorre o evento, e invisível, pelo fato de a ocorrência dessas mortes não produzir manifestações públicas ou reivindicações políticas para reverter o quadro existente ou nem mesmo ganhar relevante destaque na imprensa.[3]

As políticas de segurança e reivindicações para a diminuição da criminalidade violenta somente se apresentam quando os setores médios são

---

2. As áreas onde se verificam maiores ocorrências de homicídios coincidem com áreas de baixa renda, como a zona portuária, Complexo da Maré e Complexo do Alemão.

3. O que se tem verificado, principalmente durante o ano de 2000, na cidade do Rio de Janeiro são manifestações de pessoas moradoras de morros ou favelas, que fecham ruas de grande movimentação próximas às suas comunidades, como as que aconteceram nos bairros de Copacabana e Tijuca, para protestar contra mortes de jovens praticadas, segundo eles, por policiais. Contudo, a versão oficial restringe-se a atribuir essas manifestações como dirigidas por traficantes locais em represália à morte do jovem, classificado como marginal. Ou seja, as manifestações acabam apenas sendo reprimidas e não ganham contorno político.

atingidos direta ou indiretamente: porque alguns de seus membros são vitimizados pelos crimes; ou devido ao fato de os imensos tiroteios, advindos de morros próximos, dominados pelo narcotráfico, serem ouvidos nos bairros de classe média. Mesmo assim, o esperado é uma intervenção policial, objetivando cessar o desagradável ruído. Desse modo, a intervenção não acarreta a abertura de espaço político para o amplo debate do problema.

De outra forma, produz-se um discurso qualificando esses mesmos jovens como os principais, quando não únicos, responsáveis pelo aumento progressivo da violência real. Como observa Adorno:

> "Imagens veiculadas pela mídia, impressa e eletrônica, constroem cenários cada vez mais dramáticos: a de adolescentes audaciosos e violentos, destituídos de quaisquer freios morais, frios e insensíveis que não hesitam em matar. De tempos em tempos, a opinião pública é surpreendida com a notícia de homicídio, praticado contra algum cidadão portador de maior projeção social, praticado por um adolescente no curso de um roubo. Fatos desta ordem têm a propriedade de reforçar apreensões coletivas e conseqüentemente acentuar preconceitos contra esses segmentos da população" (1999:15).

Tal expediente acarreta posicionamentos em que não são analisados mais amplamente os contextos nos quais é produzida toda a violência, e se isentam, como co-responsáveis pela sua produção, importantes atores, notadamente aqueles atrelados aos organismos de repressão e contenção. Dessa forma, desconsideram-se importantes fatores na produção da violência criminal: "arranjos" institucionais como a corrupção e a extorsão policial, devido à dificuldade de se comprovar a autoria desses tipos de crimes. Como observa Misse (1999), o endurecimento progressivo da legislação de uso e tráfico de drogas no Brasil, a partir de 1966, produziu um mercado de achaques e propinas entre policiais e usuários, e, mais tarde, entre traficantes e policiais.

Assim, pode-se atrelar o aumento da violência à corrupção policial. Como acrescenta Zaluar (1998) — buscando explicar diferenças regionais da mortalidade de jovens no Brasil —, cidades como Belo Horizonte possuem um dos índices mais baixos de mortes violentas, pois a polícia de Minas Gerais é reconhecida como dura e eficiente, apresentando índices bem menores de envolvimento com a corrupção em relação a estados como Rio de Janeiro e São Paulo.

Dessa maneira, o contato com os órgãos de repressão e contenção é condição fundamental para a entrada e permanência dos indivíduos no mundo do crime (Adorno, 1991). O que, todavia, representa mudanças significativas nessa lógica é a quantidade cada vez maior de crianças e adolescentes envolvidos com a criminalidade violenta e, particularmente, com o tráfico de drogas. Uma imagem veiculada pela televisão brasileira e que chocou o mundo na segunda metade da década de 1980 mostrava uma adolescente de cerca de 13 anos com um fuzil na mão em um morro carioca realizando trabalho para os traficantes locais. Uma década depois, o recrutamento de crianças e adolescentes na rígida hierarquia do tráfico nas favelas do Rio de Janeiro é uma realidade que compõe as relações sociais das pessoas que vivem nessas comunidades. O envolvimento de jovens com o tráfico não significa novidade para a sociedade brasileira, é parte de sua paisagem e de suas desigualdades. Somente quando a mídia veicula imagens impactantes sobre acontecimentos violentos produz-se indignação, condição importante mas insuficiente para a formação da política.

O quadro de crise complementa-se quando se observa um aumento de entrada na 2ª Vara da Infância e Juventude da Comarca do Rio de Janeiro de adolescentes acusados de praticarem infrações ligadas ao tráfico de drogas. No período de 1991 a 1997, as infrações tiveram um incremento de 705%, passando de 204 para 1.644, índice bem superior àquele verificado no total da prática de atos infracionais.[4]

A sociedade brasileira e, especificamente, os moradores da cidade do Rio de Janeiro aprenderam a conviver com essa realidade, porque se criaram as segregações espaciais e simbólicas que definem quem pode e quem não pode morrer, e quais fatos atribuem à violência e à segurança *status* de questão pública.

---

4. É importante entender que esse quadro, antes de confirmar o maior envolvimento de jovens no crime, pode representar o alerta de Batista (1998) de que a criminalização das drogas substituiu a perseguição política da ditadura como prioridade da ação da polícia carioca. E que o "mito das drogas" e a sua demonização fortaleceram o seu caráter genocida, legitimando a violência policial e a conseqüente violação de direitos pertinentes a estigmatizações de que todo jovem, morador de favela ou de bairro periférico, é um potencial envolvido com o tráfico de drogas. Dessa forma, o aumento do envolvimento de jovens com o tráfico de drogas não pode ser descartado pela sua visibilidade, mas sua dimensão deve ser analisada no contexto do que a questão das drogas representa para os órgãos de repressão.

O aumento da violência na última década apresentou, portanto, características não verificadas em períodos anteriores. A alta letalidade, com o aumento espetacular da taxa de mortalidade, notadamente entre jovens; o uso cada vez crescente de armas com maior poderio de destruição;[5] a presença maior de grupos organizados atuando em várias regiões do país e de forma articulada; o aumento da ligação de grupos nacionais com quadrilhas internacionais; o fato, em cidades como o Rio de Janeiro, de o tráfico de drogas ser o crime mais comumente praticado tanto por adolescentes quanto por adultos, superando os crimes contra o patrimônio — que historicamente sempre foram os principais delitos —, são fatores importantes. O tráfico de drogas utiliza para o seu pleno funcionamento armas poderosas e mobiliza um número considerável de pessoas, geralmente crianças e adolescentes, para atuar na defesa de territórios, onde as drogas são armazenadas, ou na distribuição do entorpecente.[6] As várias características se mesclam, num processo de mútua determinação.

Espaço público e privado: crise de paradigmas e impossibilidade da política

> "Solidão não é estar só. Quem está desacompanhado está só, enquanto a solidão se manifesta mais nitidamente na companhia de outras pessoas."
>
> *Hannah Arendt*

A violência, como expressão das relações sociais e fenômeno sociológico presente no cotidiano, possui duas características complementares que

---

5. Segundo a Secretaria Estadual de Segurança do Rio de Janeiro, foram apreendidas 50 mil armas no Rio de Janeiro nos últimos seis anos (1995-2000). Entre as armas apreendidas, somente nos últimos dois anos, foram encontrados 458 granadas e 242 fuzis. O total de armas apreendidas era suficiente para equipar as polícias civil e militar do estado, que possuem um efetivo de 41.500 homens.

6. Segundo Misse (1999), a estrutura do tráfico em uma "boca de fumo" obedece à seguinte hierarquia. Dono da boca ou "general", em primeiro plano; em seguida, o gerente-geral: comumente, uma pessoa de confiança e possível sucessor; logo abaixo, três gerências: a dos "soldados", responsável pela segurança, gerente do "branco" (cocaína) e gerente do preto (maconha). Abaixo da gerência dos soldados estão os próprios soldados, os olheiros e os fogueteiros. Das outras duas gerências, os subgerentes, os vapores, que vendem a droga, e os aviões, que apenas entregam-na.

constituem elementos fundamentais para a compreensão de suas principais formas de manifestação: não é auto-explicável e é pluricausal. A primeira característica refere-se à sua condição de variável dependente, cujos nexos devem ser encontrados em fatores produzidos externamente ao fenômeno. E a segunda, estreitamente relacionada à primeira, por consistir num fenômeno de determinações variadas e imbricadas, não pode ser explicada por uma única causa. A complexidade do fenômeno demanda análises cujas argumentações incorporem os contextos particulares em que se manifestam, evitando generalizações e condutas reducionistas. É necessário, igualmente, lançar mão da articulação entre fatores estruturais e conjunturais, possibilitando o conhecimento da especificidade de sua manifestação em uma realidade ampliada e macro. Perfilhar a violência da criminalidade nos anos 1990, no Rio de Janeiro, significa desvendar toda a transmutação processada nas relações entre os agentes direta e indiretamente em sua produção, e suas relações exteriores à mera prática delituosa da venda.

A venda das drogas não é mais uma atividade delituosa subalterna e independente, mas, ao contrário, mobiliza recursos altíssimos, cuja política proibicionista somente aumenta-lhe o preço; agrega outras atividades delituosas violentas; arregimenta interesses múltiplos em todo o seu *continuum*: do pequeno vendedor ao grande empreendedor; possui uma extrema flexibilidade com o mercado formal, permitindo-lhe circular rapidamente de conduta delituosa para operações legais, desfazendo seu rastro de criminalidade. Nesse percurso complexo e de muitos atalhos, produz-se uma infinidade de relações, conjugando-se com realidades específicas.

A configuração de interdependência de atores e a necessidade da articulação das várias etapas, da produção ao consumo, revelam a forma como os jovens são envolvidos pelas redes do tráfico de drogas, devendo-se não mais entender essa atividade criminal segundo uma perspectiva de atividade solitária do crime, e nem os jovens arregimentados para suas fileiras como atores autônomos, mas sim, participantes de uma complexa atividade que os incorpora subalternamente.

Paradoxalmente, contudo, se a criminalidade própria do tráfico de drogas requer cada vez mais pessoas envolvidas produtiva e hierarquicamente para ampliar e possibilitar os seus "negócios", numa verdadeira socialização do crime, não se pode deixar de reconhecer sua capacidade de produzir subjetividade e, conseqüentemente, isolamento e solidão nas re-

POLÍTICA SOCIAL, FAMÍLIA E JUVENTUDE

lações sociais e comunitárias. Ou seja, se as atividades do tráfico não nascem e nem se limitam às favelas, sendo estas, apenas, a sua faceta mais visível; se não há nexo causal entre pobreza e criminalidade, haja vista a imensa capacidade da rede do crime de incorporar atores dos mais variados estratos sociais; não se pode negar, contudo, que a entrada dos diversos atores, incluindo os jovens pobres da periferia, em suas malhas corresponde à sua imensa capacidade de apresentar "vantagens" e "alternativas" num leque pobre de opções.[7] Nesse quadro, novas posturas e comportamentos se engendram nas relações comunitárias.

Como observamos na parte anterior deste artigo, há um aumento da vitimização de jovens nos anos 1990, atingindo seletivamente os mais pobres e ligado principalmente ao tráfico. Assim, essa sociabilidade própria do narcotráfico se difunde em um meio social já permeado por intensas violências. Pois se essa atividade criminosa é produtora de violência, contudo não a inventou. A atividade delituosa de venda de drogas apenas incrementou uma violência presente nas relações sociais no espaço público e no espaço privado, e tirou vantagens relativas de características antidemocráticas da sociedade brasileira. Dessa forma, buscaremos apresentar a seguir, ancorados na conceitualização arendtiana de isolamento e solidão, uma leitura de mudanças ocorridas no Brasil na última década, que nos auxilia a entender o estreitamento da possibilidade de se colocar vozes e ação na esfera política e articular esses acontecimentos com o aumento da violência.

Hannah Arendt reconhece a importância das esferas pública e privada para o ser humano, por ocuparem espaços singulares e complementares em sua vida. Realiza, contudo, uma crítica à transformação operada pela modernidade nessas esferas. A ressignificação do social na modernidade surge como conseqüência da introdução do espaço doméstico e privado no domínio político. O surgimento do social acabaria com as particularidades individuais e a vontade de se distinguir, características do espaço político

---

7. Misse (1995) afirma que os agentes criminais selecionam os meios criminais, levando em consideração basicamente a sua adequação aos fins, oportunidade e acesso aos meios, e riscos a alternativas não criminais. Segundo essa lógica, quanto mais baixa for a posição social do agente, mais restrita será a escala de opções na conexão entre fins, acesso aos meios e riscos, e maior será a probabilidade de que lhes restem riscos maiores, meios mais violentos e fins limitados por recursos em círculos viciosos.

na Antigüidade. O discurso, como forma de persuasão, e a ação configuraram-se como as principais características do espaço público, local por excelência da liberdade. A violência era considerada pelos homens como atitude pré-política, própria daqueles que não ascenderam à vida pública. A esfera privada correspondia ao espaço onde os homens eram compelidos às necessidades de sobrevivência, da vida. Somente ascenderia ao espaço público aquele que tivesse satisfeito suas necessidades no âmbito privado. Ser livre, portanto, correspondia a não estar preso às necessidades.

O social, segundo Arendt, localizava-se na esfera privada. Contudo, reconhece, igualmente, que, mesmo na *polis* grega, havia uma nítida separação e respeito pela esfera privada, e somente ocupava o espaço público da igualdade aquele que fosse detentor de propriedades e dono de sua casa. A igualdade era qualidade exclusiva da esfera pública, enquanto a esfera privada era âmbito das mais severas desigualdades. Homens, mulheres, escravos somente se relacionavam na esfera privada, palco, portanto, de relações entre atores que se posicionavam na escala de valores sociais de maneira desigual.

O advento da modernidade, por sua vez, além de diluir a diferença entre as esferas, as ressignificou. O privado passa a representar o círculo de intimidades que cerca o homem e não mais o espaço da privação da liberdade. Enriquece-se a esfera privada com a produção do individualismo, opondo o social ao privado. O Estado moderno confunde-se com o social e vai suprindo, aos poucos, as necessidades próprias da esfera privada. Em "Reflexões sobre Lessing", a autora alemã, ao defender a precisão de diferenciação de espaço público e privado, e o papel que o social e o político representam, afirma:

> "A história conhece muitos períodos de tempos sombrios, em que o âmbito público se obscureceu e o mundo tornou-se tão dúbio que as pessoas deixaram de pedir qualquer coisa à política além de que mostre a devida consideração pelos seus interesses vitais e liberdade pessoal" (Arendt, 1999:20).

Esses processos anulam as principais características da vida pública da Antigüidade, produzindo, dessa forma, a exclusão do discurso e da ação como expressão da visibilidade na esfera pública e, portanto, da liberdade. A sociedade moderna exclui a possibilidade da ação e espera de seus membros apenas o comportamento, impondo um número significativo e variado de regras, normalizando e abolindo a ação como manifestação humana, pública. Com o advento da sociedade de massas, intensificam-se esses processos, expressos na homogeneização dos comportamentos. Assim, em vez de agirem uns em relação aos outros, os homens comportam-se tendo como conseqüência a absorção de vários grupos por uma sociedade única.

Arendt, então, afirma ser o verdadeiro sentido da vida pública, e conseqüentemente da política, a possibilidade de o indivíduo ser visto e ouvido por outros e, acrescenta, que nem a mais próspera e fecunda vida familiar pode oferecer esses atributos aos homens. Nela, o indivíduo torna-se prisioneiro da sua própria existência, continuando singular, mesmo quando se multiplica, pois o mundo comum acaba quando lhe é atribuído um único aspecto, permitindo-lhe uma única perspectiva.

Enquanto crítica da despolitização da modernidade e, mais especificamente, da sociedade de massas, Arendt afirma ser o aprofundamento desse fenômeno o elemento a tornar a sociedade menos humanizada, pois a liberdade, elemento qualificador da atividade humana, é subsumida. Por isso, afirma ser o totalitarismo a maior experiência de despolitização e desumanização.

A autora constrói a sua "genealogia do político" vinculada ao acontecimento totalitário. Dessa forma, considera-o o verdadeiro terror devido à capacidade de desumanização engendrada naqueles que são submetidos a ele. Ortega, interpretando a significação do terror totalitário no pensamento arendtiano, observa que:

> "a função do terror é destroçar a individualidade humana, aniquilando a espontaneidade dos indivíduos, os quais reduzidos à categoria do 'cão de Pavlov' — cidadãos modelos do regime totalitário — estão privados de toda capacidade de agir. O terror dos campos de concentração acaba com a pluralidade humana, condição da possibilidade de ação, já que agir é sempre 'agir em concerto'" (2000:19).

Preocupada em reconhecer as esferas pública e privada como espaços fundamentais da existência humana, e em compreender a lógica pela qual o acontecimento totalitário as consome, Arendt analisa o isolamento, tomando-o como uma das produções mais características das experiências tirânicas, pelo seu poder de vetar a possibilidade do contato político entre os homens. Buscando construir uma argumentação diferenciadora das noções de isolamento e de solidão, define o *isolamento* como ícone, pois se instala nas relações humanas, quando se cria o impasse entre os homens, ao verem a esfera política de suas vidas — onde agem em conjunto na realização de um mundo comum — destruída. A *solidão*, por sua vez, ocorre quando se destrói a capacidade criadora do homem enquanto *Homo faber*, pois, mesmo ao se produzir o isolamento, é possível estar em contato com o mundo como obra humana. Somente quando essa forma elementar da criatividade humana é destruída, instala-se a solidão, pois, aí, o homem já não mais é reconhecido como *Homo faber*, passando a ser visto como *Homo laborans*.

Enquanto o isolamento refere-se à vida pública, a solidão abrange tanto a vida pública quanto a vida privada. Nesse sentido, Arendt compreende o totalitarismo como novo, porque não se contenta com o isolamento político e destrói também a vida privada. O totalitarismo torna-se uma forma de governo e dominação radicalmente nova, porque não se limita em destruir as capacidades políticas do homem, isolando-o da vida pública, como acontecia nas velhas tiranias, mas faz sucumbir igualmente grupos e instituições componentes da vida privada, tornando-o estranho ao próprio mundo e a si mesmo. O isolamento é pré-totalitário e possui como característica principal a impotência para a ação, produzindo o estreitamento do espaço entre os homens, inviabilizando a construção do mundo comum.

Ao implementar a solidão, o totalitarismo produz um desarraigamento das pessoas, condição preliminar para torná-las supérfluas. A condição de *supérfluo* permite a sua exclusão, pois o mundo comum escapou e já não há mais nenhum elo ao seu pertencimento. Apresenta-se a possibilidade de ser eliminado pelo não-pertencimento ao mundo comum. Arendt analisou a experiência de extermínio dos judeus pelo nazismo como conseqüência do isolamento praticado contra eles pelo totalitarismo do Terceiro Reich.

A solidão apresenta-se, então, como experiência de desumanização, pois: "Até mesmo a experiência do mundo, que nos é dada material e sensorialmente, depende de nosso contato com outros homens, do nosso senso comum que controla todos os outros sentidos, sem o qual cada um de nós permaneceria enclausurado" (Arendt, 1989:528). Há na solidão, segundo Arendt, características surgidas mesmo em tempos não totalitários, mas com o totalitarismo ganha contornos de fenômeno de massas:

> "O que prepara os homens para um domínio totalitário no mundo não-totalitário é o fato de que a solidão, que já foi uma experiência fronteiriça, sofrida

POLÍTICA SOCIAL, FAMÍLIA E JUVENTUDE

geralmente em certas condições marginais como a velhice, passa a ser, em nosso século, a experiência de massas cada vez maiores. O impiedoso processo no qual o totalitarismo engolfa e organiza as massas parece uma fuga suicida dessa realidade" (Arendt, 1989:530).

Parece incoerente nos remetermos aos conceitos de isolamento e solidão de Arendt e buscar na realidade brasileira a presença desses elementos, afinal não se vive aqui sob um regime totalitário, se entendermos por tal terminologia a ditadura monopartidária. Mas há algo em nossa formação social que permite a exclusão de partes consideráveis da população da vida política, cujo discurso e a ação foram excluídos, as quais podem ser eliminadas e que não serão percebidas, pois não compartilham de um mundo comum, características próprias do totalitarismo. Talvez tenhamos que considerar como *totalitarismo* não somente a existência de um determinado tipo de administração político-partidária, mas práticas sociais de exclusão progressivas, nas esferas pública e privada, que culminam no extermínio. Assim, o parâmetro para a consideração de experiências produtoras de mal-estar não deve ser as formas de governo, simplesmente, mas a capacidade de determinadas sociedades de gerar eventos desumanizadores como o extermínio de partes consideráveis da população.

Nesse sentido, afirmamos que o recrudescimento da violência no Brasil na última década possui componentes inéditos, novos, nos quais é possível verificar processos de intensificação de isolamento e solidão, atingindo marcadamente a vida pública e a vida privada, e excluindo aqueles cuja existência é dotada da condição de ser supérflua, descartável. Os jovens pobres da periferia envolvidos com o tráfico de drogas não estão apenas excluídos do mercado formal de trabalho, haja vista a sua condição educacional, mas são portadores de um estigma, passando a ser considerados como indivíduos socialmente ameaçantes e, por isso mesmo, passíveis de serem eliminados (Oliveira, 1997).

O esvaziamento da esfera pública, enquanto espaço de reivindicação e de luta, impediu de retirar do isolamento diversos grupos, como os moradores das periferias, parte considerável dos trabalhadores e os desempregados. A luta dos movimentos sociais por melhores condições de vida e pelo reconhecimento de seus direitos esbarra na dureza do discurso neoliberal que não reconhece interlocutores e para quem a produtividade, o controle monetário e o controle da inflação são as únicas saídas para a questão social brasileira. A implementação dessa racionalidade equilibrou as contas do país, mas empurrou-o para um aprofundamento maior do fosso das desigualdades que sempre marcaram as relações entre classes, agravadas pelo silêncio da desmobilização dos setores populares.[8] Não podemos, portanto, deixar de considerar o aumento da violência deslocado desse contexto de não-inclusão, de eliminação da possibilidade da política.

A configuração espacial das cidades brasileiras constituiu um dos maiores reflexos do agravamento das condições sociais e do silêncio imposto às camadas populares. Embora não existam estudos analíticos mais aprofundados, devido ao caráter recente do fenômeno, pode-se perceber a intensificação da urbanização brasileira na última década. Segundo reportagem recente da revista *Veja*, nos últimos dez anos a população das oito principais regiões metropolitanas do país (Rio de Janeiro, São Paulo, Belo Horizonte, Vitória, Porto Alegre, Curitiba, Recife e Salvador) passou de 37 milhões para 42 milhões, sendo a taxa de crescimento da periferia dessas cidades de 30% e das regiões centrais localizada no patamar de 5%. Enquanto a renda *per capita* das regiões centrais cresceu 3%, a das periferias diminuiu o mesmo percentual, o que revela um processo de reconcentração de renda no país.

O avanço da periferia sobre as áreas centrais não acarretou a possibilidade de sua inclusão no acesso a direitos e possibilidade de fundação de um espaço político, sua maior visibilidade. Mas, ao contrário, sua maior presença na composição do cenário urbano significou a invisibilidade de seus moradores, enquanto atores políticos, pela construção de um cinturão ideológico que os separa daquilo que Lefèbvre denominou "direito à cidade".

Uma leitura possível do fenômeno da periferização da última década é diferenciar os componentes que a sustentam, da urbanização que se verificou no Brasil principalmente a partir dos anos 1970. Se, no período ante-

---

8. Oliveira (1998), partindo de princípios analíticos distintos de Arendt, ao criticar o governo Fernando Henrique e o que denomina movimento neoliberal, também aponta que uma das suas características mais acentuadas tem sido a desmoralização da fala e a total anulação da política. Ao desqualificar interlocutores e silenciar os movimentos popular e sindical, impõe sua argumentação e proposição como única saída para o país. Ao referir-se à violência existente na sociedade brasileira, analisa que sua intensificação advém, principalmente, da anulação da política ao excluir do debate público uma série de vozes, empurrando atores políticos importantes, como os trabalhadores, para uma região de obscuridade.

POLÍTICA SOCIAL, FAMÍLIA E JUVENTUDE

riormente referido, a expulsão crescente dos trabalhadores do campo, devido à violência do latifúndio e ao processo de concentração da terra, conjuntamente com o advento da maior industrialização, ocasionou uma migração intra-regional Nordeste—Sudeste e do campo para a cidade, o aumento da periferia nos últimos anos não verifica, pelo menos, um maior fluxo migratório cidade—campo nesses moldes. O aumento da concentração urbana está ocorrendo, porque a própria periferia se expande, se solidifica em um espaço com taxa de urbanização em torno de 80% e se depara com a falta de investimento de infra-estrutura básica e moradias para a população mais pobre. Contudo, se a periferização recente não guarda relação com novos deslocamentos migratórios, a ausência de políticas de fixação do trabalhador no campo agrava ainda mais a situação. De outra forma, se a periferização crescente não é fenômeno social exclusivo ao nosso país, já sendo percebida em cidades como Bombaim, Cidade do México, Jacarta e Cidade do Cabo, o Brasil é, todavia, o único a apresentar uma população urbana em proporções maiores à população rural.

As periferias das grandes cidades são os locais onde mais se acusam ocorrências de homicídios. No Rio de Janeiro, as áreas com maiores taxas de homicídios são as do Complexo da Maré, Complexo do Alemão e zona portuária. São regiões com grande concentração de favelas, onde cada vez mais se encarna a existência de espaços assinalados pela ausência de segurança pública, haja vista a intervenção policial nessas áreas incidir somente na ocorrência de situações consideradas insustentáveis: guerra entre quadrilhas, assassinato de policiais ou outro fato que, direta ou indiretamente, atinja moradores do asfalto ou para os já citados achaques.

A realidade de violência nas favelas dominadas pelos traficantes, contudo, é recente. Valladares (2000) observa que, mesmo em sua gênese, no início do século, as favelas eram vistas por jornalistas e autoridades da época como um mundo à parte em relação à cidade, sua antítese, foco de promiscuidade e de graves patologias sociais. O discurso de vários profissionais convergia também para o sentido de entendê-las como um problema de ameaça à segurança pública na cidade, pois no seu interior habitavam indivíduos considerados "perigosos meliantes". Nesse período, contudo, apesar da consideração anterior, a imagem da favela associava-se mais intensamente à pobreza e não à criminalidade.

Na década de 1950, já se tinha registro da existência de "bocas de fumo" nas favelas cariocas, mas a atividade mobilizava um número bem menor de pessoas, com movimento bastante limitado. A organização do crime com o maior poderio das armas e a utilização das favelas como lugar de passagem da droga em rotas internacionais tornaram essas comunidades espaços com ocorrências maiores de eventos violentos contra pessoas envolvidas ou não com os negócios das drogas. Esses locais passaram a ser dominados por grupos que impõem aos moradores regras e normas de comportamentos a serem obedecidas. A respeito desses códigos estabelecidos pelo tráfico, Rafael observa a existência de

> "uma preocupação dos membros do tráfico em controlar os discursos, subtrair as informações a seu respeito, fazer com que elas cessem. Isso por alguns bons motivos. O primeiro deles é que na favela se fala e se fala muito. E o principal assunto é a política. Mas não a 'política' que podemos encontrar nas capas, manchetes e primeiras seções dos nossos 'grandes' jornais — aqui no Rio de Janeiro representados atualmente pelo Jornal do Brasil, O Dia, O Globo, Tribuna de Imprensa e outros. Não a 'política' a que se dedicam nossos cientistas políticos. Mas aquela que aparece como semblante espetacular, expondo sua simbologia crua em fotos de cadáver" (1998:101).

A estreita ligação entre favelas e tráfico de drogas, assim, é intensificada nessa última década:

> "Se antes, por volta dos anos 50, a fronteira entre o asfalto e a favela era dada unicamente pela pobreza (...), hoje a situação é bem diferente. Não se entra numa favela sem um destino certo. É necessário, como forma de garantir a própria segurança, ir direto ao movimento e dizer para onde se vai, ou então no caso dos usuários, pegar as drogas e sair rapidamente" (Rafael,1998:79).

Se no espaço público produziu-se um isolamento de determinados atores sociais, outros efeitos, não obstante, foram gestados em nível individual e coletivo, invadindo e desconstruindo importantes relações no espaço privado, como a limitação dos contatos e relações de desconfianças entre vizinhos e a alienação por meio do "endeusamento" do consumismo como forma de satisfação pessoal.

Ortega (2000) destaca que a noção de subjetividade em Arendt é concebida como fenômeno do mundo, não existindo, para a autora, nenhuma matéria pré-subjetiva, assim como não acredita na existência de um "eu profundo" atrás das aparências. Distancia-se de qualquer visão essencialista do sujeito, de toda tentativa de sua psicologização, pois somente quando se volta para o mundo o ser humano atinge sua identidade. A subjetividade é vista, então, como construção da ação, da perspectiva da *vida activa*, e não um *a priori* da estrutura do sujeito. De outra forma, porém, não se pode negar o importante papel desempenhado pela esfera privada como forma de identificação com valores humanos, senão não seria possível ao totalitarismo a produção da solidão. Busca-se reconhecer na subjetividade sua dimensão social e coletiva, produzida por amplos mecanismos de controle.

Como observa Cardia (1999), a violência tem produzido entre as pessoas residentes nos bairros periféricos a limitação dos contatos com a comunidade, remanejando as pessoas da vida coletiva para o fechamento na vida doméstica: "A combinação de desorganização social com alta mobilidade significa que há menos contato entre as pessoas, que haveria menos cotidiano compartilhado, que há menos confiança entre as pessoas e há menos potencial para organização coletiva" (Cardia, 1999). Acrescenta, ainda, que sem a participação das pessoas na busca de soluções para os problemas, maior é o seu declínio. Em entrevistas com moradores da periferia do Rio de Janeiro, pôde-se constatar, em vários relatos, como a solidariedade entre vizinhos e a própria convivência entre as crianças das favelas foram modificadas pela presença do tráfico (Fraga, 2000). Muitas mães não deixam seus filhos ficar em lugares onde não possam ter controle com medo do aliciamento do narcotráfico, e inúmeras outras declararam não haver, mesmo assim, garantia da não-ocorrência de envolvimento.

A questão da violência na periferia parece, então, tautológica: a desmobilização comunitária leva a um isolamento que se apresenta como espaço fértil para a ação de quadrilhas e aumento da violência. De outra forma, o seu enfrentamento somente pode se efetivar com a mobilização comunitária.

O individualismo e o fechamento na esfera do privado não são apenas produzidos pelo medo. Um componente marcante nestes *tempos sombrios* é o papel desempenhado pelo extremo consumo como expressão suprema da satisfação de necessidades. Em um trabalho recente desenvolvido com jovens de 14 a 20 anos na cidade do Rio de Janeiro (Minayo et alii, 1999:145), observa-se que o consumismo se apresenta como uma necessidade generalizada e ignora as desigualdades de acesso aos bens de consumo, emergindo como imperativo angustiante naqueles despossuídos, embora exista nas pessoas detentoras de bens em abundância.

Em trabalho realizado junto a adolescentes infratores no Rio de Janeiro, foi interessante observar em suas falas a afirmação de que o dinheiro obtido nos diversos trabalhos desenvolvidos no tráfico de drogas destinava-se ao consumo de determinados produtos, tais como camisetas e calças de grifes famosas, tênis de "marca", que lhes atribuíam papel de destaque nas localidades em que moravam, posição de *status* e poder. Muitos afirmaram ser estimulados a entrar para o "movimento", pois somente com essa atividade era possível "ascender" ao consumo de determinados bens valorizados.

Sorj (2000) analisa o papel do consumismo e do acesso aos bens de consumo como condição de sociabilidade, ao canalizar o desejo e os recursos para a aquisição de bens. Considera a sociedade de consumo como expressão da mercantilização das relações sociais e um sistema de valor e ideológico a permear a sociedade, pois, ao homogeneizar os gostos e a vida material, através principalmente da mídia, constrói identidades. O autor considera que uma das conseqüências produzidas por essa lógica na sociedade brasileira é a incorporação de setores de baixa renda em uma escala de consumo incompatível com seus recursos, aumentando a sensação de privação relativa e outros processos de rompimento do sistema normativo legal.

As conclusões em relação aos jovens do Rio de Janeiro podem ser estendidas ao comportamento observado por Pedrazzini e Sanchez (1996), em pesquisa realizada com meninos e meninas de rua em Caracas. Entre a população pesquisada, uma série de características que chamaram a atenção: pouco apego à vida; o uso indiscriminado e banalizado da violência; a fugacidade com que viviam suas vidas, valorizando apenas o momento imediato e o consumismo excessivo e desenfreado. Os autores denominaram esses comportamentos como "cultura de emergência", porque, para esses jovens, não há futuro nem raízes; a tradição é uma palavra vazia de conteúdo, existindo apenas o tempo presente, sendo a vida feita de cada instante, o qual deve ser vivido como se fosse o último, sem qualquer outra referência senão o hiperconsumismo.

O consumo como elemento altamente valorizado nas relações sociais não é exclusividade de jovens infratores. Este tem sido uma tônica das relações em geral, levando a um fechamento cada vez maior das pessoas em torno de uma necessidade produzida.

Tecendo últimas considerações

> "Violência é todo ato em que o ser humano é despido de sua humanidade, tratado como coisa."
>
> *Marilena Chaui*

Os homicídios contra jovens pela forma como se apresentam no Brasil, e mais especificamente no Rio de Janeiro, não podem ser classificados simplesmente como conflitos interpessoais. Ganharam, na verdade, o caráter de extermínio de população supérflua, no sentido atribuído por Hannah Arendt àqueles que podem ser eliminados, pois já foram excluídos da convivência humana. A violência característica da sociedade brasileira na atualidade tem como um de seus ingredientes mais destacados a não-possibilidade de construção de uma esfera pública e, conseqüentemente, a produção exacerbada do individualismo. A produção do medo faz com que a desconfiança invada os domínios público e privado, e se estreitem os espaços *entre* os sujeitos, impossibilitando, assim, a convivência.

O fechamento nas individualidades é o terreno para o isolamento, a solidão e o terror. Dessa forma, o totalitarismo não pode ser pensado, apenas, em termos de práticas governamentais e de Estado, mas do poder que impede a convivência, impõe regras e ordena quem deve ser eliminado. O tráfico de drogas e o Estado, que excluem do convívio político, representam um poder "totalitário" por possibilitar aos jovens pobres a sua eliminação. Por isso, a *banalidade do mal* em determinados espaços é expressão da ação estatal, mas não está reduzida a essa esfera. Muitas vezes é desempenhada por outros atores que detêm o "poder local". Por isso, afirmamos haver uma nova manifestação de violência, percebendo-se o mundo como unidade, baseada na forma de organização burocrática e apoiada em uma ideologia de exclusão. Esses processos muitas vezes possuem sutilezas e são de difíceis identificações.

A violência só é possível se se concretiza como comportamento, em condições pré-políticas, fora do espaço público. Na esfera do privado pode haver sociedade, pode até se construir segurança, mas não se edifica a política. Como nos alerta Hannah Arendt, ao traduzirmos nossas formas de sociabilidade em metáforas familiares, procurando albergue e fortificação, segurança num mundo inóspito e estranho, através da formação de parentesco e analogias, suprimimos o potencial político contido nelas. Por isso, Carl Smith classifica, inspirado em Arendt, a sociedade contemporânea despolitizada como a "era da segurança", percebendo existir uma forte ligação entre segurança e despolitização, entre risco e política.

Dessa forma, não é sem nexo que o aumento da violência, da criminalidade violenta, e a explicação de seu crescimento e alta letalidade na última década, coincidem com um período extremamente marcado pela desregulação do Estado e pela crise de instituições importantes para a constituição dos espaços público e privado.

Bibliografia

ADORNO, S. "A experiência precoce da punição". In: MARTINS, J. S. *O massacre dos inocentes: a criança sem infância no Brasil*. São Paulo: Hucitec, 1991.

_____. *O adolescente na criminalidade urbana em São Paulo*. Brasília: Ministério da Justiça, Secretaria de Estado dos Direitos Humanos, 1999.

ADORNO, S. e BORDINI, E. B. T. "A socialização na delinqüência: reincidentes penitenciários de São Paulo". *Cadernos Ceru*, nº 3, São Paulo, 1991.

ADORNO, S. e CARDIA, N. *Dilemas do controle democrático da violência: execuções primárias e grupos de extermínio em São Paulo*. São Paulo: Núcleo de Estudos da Violência, 1997.

ARENDT, H. *Origens do totalitarismo*. São Paulo: Companhia das Letras, 1989.

_____. *A condição humana*. Rio de Janeiro: Forense Universitária, 1995.

_____. "Sobre a humanidade em tempos sombrios: reflexões sobre Lessing". In: ARENDT, H. *Homens em tempos sombrios*. São Paulo: Companhia das Letras, 1999.

BATISTA, V. M. *Difíceis ganhos fáceis: drogas e juventude pobre no Rio de Janeiro*. Rio de Janeiro: Freitas Bastos, 1998.

CALDEIRA, M. T. do R. *Pesquisa sobre atitudes, normas culturais e valores em relação a violência em 10 capitais brasileiras*. Brasília: Ministério da Justiça, Secretaria de Estado dos Direitos Humanos, 1999.

_____. *Cidade de muros: crime, segregação e cidadania em São Paulo*. São Paulo: Ed. 34/ EDUSP, 2000.

FOUCAULT, M. *Vigiar e punir*. Petrópolis: Vozes, 1997.

FRAGA, P. C. P. *As ONGs no espaço público: uma trajetória de mudança*. Dissertação de Mestrado, IPPUR/UFRJ, 1995.

_____. "Juventude, violência e narcotráfico no Brasil: para além do rural e do urbano". In: IULIANELLI, J. A. e MOTA, A. M. *Narcotráfico e violência no campo*. Rio de Janeiro: DP&A, 2000.

MINAYO, M. C. et alii. *Juventude, violência e cidadania no Rio de Janeiro*. Rio de Janeiro: Garamond, 1999.

MISSE, M. *Os malandros, marginais e vagabundos & a acumulação social da violência no Rio de Janeiro*. Tese de Doutoramento, IUPERJ. Rio de Janeiro, 1999.

_____. "Criminalidade urbana violenta no Brasil: o problema das causas". *Comunicação e Política*, 1(2): 251-258, 1995.

OLIVEIRA, F. "*Privatização do público, destituição da fala e anulação da política: o totalitarismo neoliberal*". In: OLIVEIRA, F. e PAOLI, M. C. *Os sentidos da democracia: políticas do dissenso e a hegemonia global*. São Paulo/Petrópolis: NEDIC/FAPESP/Vozes, 1998.

OLIVEIRA, L. "Os excluídos existem? Notas sobre a elaboração de um novo conceito". *Revista Brasileira de Ciências Sociais*, v. 12(33): 49-61, 1997.

OLIVEN, E. G. *Violência e cultura no Brasil*. Petrópolis: Vozes, 1986.

ORTEGA, F. *Para uma política da amizade. Arendt, Derrida, Foucault*. Rio de Janeiro: Relume-Dumará, 2000.

PEDRAZINI, Y. e SANCHEZ, M. *Malandros, bandes et enfants de la rue: la culture d'urgence dans la métropole latino-américaine*. Paris: Fondation Charles Léopold Mayer pour le Progrès de l'Homme, 1996.

PINHEIRO, P. S. "Violência, crime e sistemas policiais em países de novas democracias". *Tempo Social*; Revista de Sociologia da USP, 9(1): 43-52, maio 1997.

RAFAEL, A. *Um abraço para todos os amigos: algumas considerações sobre o tráfico de drogas no Rio de Janeiro*. Niterói: EDUFF, 1998.

SANTOS, J. V. T. dos. "A arma e a flor: formação da organização policial, consenso e violência". *Tempo Social*; Revista de Sociologia da USP, 9(1): 155-167, maio 1997.

SORJ, B. *Nova sociedade brasileira*. Rio de Janeiro: Zahar, 2000.

SOUZA, E. R. et alii. "Violência no município do Rio de Janeiro: áreas de risco e tendências da mortalidade entre adolescentes de 10 a 19 anos". *Revista Panamericana de Saúde Publica*, v. 1(5): 389-398, 1997.

VALLADARES, L. do P. "A gênese da favela carioca". *Revista Brasileira de Ciências Sociais*, v. 15, nº 44, out. 2000.

VEJA. "A explosão da periferia". São Paulo, 24/1/2001, p. 86-93.

ZALUAR, A. *Condomínio do diabo*. Rio de Janeiro: Ed. da UFRJ/REVAN, 1994.

_____. "Crime, medo e política". In: ZALUAR, A. e ALVITO, M. (orgs.). *Um século de favela*. Rio de Janeiro: Ed. da FGV, 1998.

_____. "Violência e crime". In: MICELI, S. (org.). *O que ler nas ciências sociais brasileiras (1970-1995)*. São Paulo: Sumaré, 1999.

Capítulo 2
Trabalho sujo e mediação em instituições para adolescentes em conflito com a lei

Belmiro Freitas de Salles Filho

Introdução

Neste trabalho, nosso objetivo é o de comparar o uso da expressão "trabalho sujo" como conceito em duas importantes escolas teóricas dedicadas ao estudo do trabalho humano: a Escola de Chicago[1] de Sociologia e Antropologia e a escola francesa de Psicodinâmica do Trabalho.

O conceito de "trabalho sujo" foi usado, recentemente, para a compreensão da organização do trabalho atual por Christophe Dejours,[2] e por Everett C. Hughes, em meados do século passado, para o estudo antropológico das profissões e ocupações.

---

1. A Escola de Chicago é um conjunto de trabalhos de pesquisa realizados, desde 1915, no Departamento de Antropologia e Sociologia da Universidade de Chicago, considerada o berço americano da Antropologia e da Sociologia Urbanas e da Psicologia Social. Everett C. Hughes participou da Universidade de Chicago, de 1938 a 1961, encarregando-se, durante quase 25 anos, do ensino da antropologia das profissões e ocupações ou sociologia do trabalho. Dois de seus mais conhecidos discípulos — e também orientandos — são Howard Becker e Erving Goffman (Coulon, 1995:122; Bulmer, 1984).

2. Psiquiatra e psicanalista, professor do Conservatório Nacional de Artes e Ofícios, diretor do Laboratório de Psicologia do Trabalho da França e criador da Psicodinâmica do Trabalho, respeitada escola de psicologia do trabalho francesa.

Queremos evidenciar a pertinência de sua aplicação ao estudo dos agentes educacionais das escolas-prisões de adolescentes infratores no Rio de Janeiro, bem como sua importância estratégica para o estudo de outras profissões liminares[3] no mundo atual.

Observaremos também sua articulação com o conceito antropossociológico de "mediação", que, em certa medida, é o contrário do "trabalho sujo", estando a ele intimamente relacionado. A mediação está diretamente relacionada ao conceito de ação social: "ações sociais são sempre parte de sistemas mais amplos e de processos de compreensão intersubjetiva, o que introduz o papel do agente ('mediação humana') nos processos através dos quais as ações são coordenadas" (Outwaite e Bottomore, 1996:3).

Tem ainda grande importância no que diz respeito às profissões liminares, pois a mediação, em muitos casos, guarda relação direta com o trabalho, com o mundo do trabalho, marcado pela diferença entre o público e o privado, entre a casa e a rua (Da Matta, 1991), o que leva à participação em diferentes "mundos". É o caso das empregadas domésticas ou dos artistas que são levados, por suas atividades profissionais, a conviver com pessoas de diferentes classes e *status* e a se manter, com freqüência, em uma zona de liminaridade entre os seus "mundos" e o de seus patrões, do público ou — no caso dos atores e de escritores — de seus personagens.

A mediação pode, também, fazer parte de um projeto profissional, em que a difusão de outras culturas ou experiências torna-se meio de vida — professores de capoeira, escolas de samba, centros de religiões afro-brasileiras (Velho e Kuschnir, 1996:23). Ou que pode ser articulado ou apoiado, ainda, pelos poderes públicos enquanto importante fator da organização social, tanto para impedir que conflitos ou diferenças resultem em violência quanto para a manutenção do poder. É o caso dos políticos, dos delegados, das lideranças comunitárias, dos sacerdotes.

---

3. O conceito de liminaridade em antropologia social refere-se a uma dupla ou múltipla inserção em posições classificatórias ou semânticas diferentes ou mesmo opostas, causada pela participação em diferentes domínios sociais ou simbólicos, ou pela transição entre eles. É estar ou "permanecer na zona intermediária e alternativa (...), o lugar do nem lá nem cá" (Da Matta, 1980:248), situação ambígua que gera sempre suspeitas ou acusações de poluição ou de desvio, prescrições rituais e estigmatização (Duarte, 1981; Soares, 1979). A liminaridade constitui a segunda etapa nos ritos de passagem, sendo, por outro lado, sua condição (Van Gennep, 1978).

O trabalho e a cidade

A antropologia urbana tem no estudo do trabalho, das ocupações e profissões, uma de suas principais áreas de interesse. Nesse sentido, a Escola de Chicago, desde seus primórdios, com Park (1967) e Wirth (1967), depois com Hughes (1971) e, mais tarde, com Becker (1977), entre outros, tem-lhe dedicado importantes estudos.

Já em 1916, Park sugere um campo de investigação sobre a cidade, que encontra na área das ocupações (sejam elas profissionais ou desviantes[4]) uma série de questões a serem respondidas pela antropologia urbana (Park, 1916:39). Para ele, a divisão de trabalho é uma das principais características das grandes cidades e nelas "qualquer vocação, mesmo a de mendigo, tende a assumir o caráter de profissão", devido à tendência a especializar e a racionalizar as ocupações e a desenvolver técnicas conscientes e específicas de levá-las a termo (Park, 1967:38).

O trabalho surge das diferenças e é fonte de diferenças, como reafirma Velho (1996), e a divisão social do trabalho é, ao mesmo tempo, conseqüência e produtora das diferenças — ou seja, as diferenças geram diferenças num processo de especialização contínua.

Por outro lado, o trabalho, ao mesmo tempo que cria o indivíduo, torna-o inseguro e dependente. Nesse sentido, a especialização força a interdependência e o trabalho pode funcionar como mediador das relações pessoais, através da substituição dos grupos primários da antiga organização social e econômica da sociedade: laços familiares, associações locais, tradição, castas e *status*, pelos grupos secundários de "uma organização baseada em interesses ocupacionais e vocacionais" (Park, 1967:37).

Mas, como gerador de diferenças, pode ser, também, causa de violência, já que a diferença, ao mesmo tempo que constitui a vida social, como sua base, é fonte permanente de tensão e conflito, tornando necessário um sistema de trocas e reciprocidade como mediador da tensão (Velho, 1996:10).

---

4. As *ocupações desviantes* incluem desde atividades francamente criminosas, como o roubo e o tráfico de armas ou drogas, até atividades cujos praticantes não são regulamentados profissionalmente e/ou não inseridos totalmente na ordem social, porém aceitos como "trabalhadores", caso dos camelôs e prostitutas; ou ainda vistos como incapazes de se integrarem socialmente, aí se incluindo pedintes, mendigos e praticantes de pequenos delitos (para o estudo da sociologia do desvio, ver Becker, 1964 e 1977).

A reciprocidade, motor e expressão da vida social, não é, no entanto, automática e sua impossibilidade pode gerar impasses e irrupções de violência dentro de grupos e sociedades ou entre eles. Assim, a mediação, enquanto negociação da realidade a partir das diferenças, é base para a não-violência, na medida em que permite a interação, como fenômeno sócio-histórico, depois de desencontros, acertos, impasses, conflitos (Velho, 1996:11).

A expressão "trabalho sujo" tem sido, em muitas sociedades, uma das formas de representar a relação entre o trabalho e a violência ou o perigo, podendo adquirir ainda diferentes sentidos, dependendo do contexto. No cinema americano, são comuns os personagens de policiais ou militares que "trabalham sujo", ou seja, agem ao arrepio da lei, jogando conforme a ética dos criminosos para poder combatê-los. Tais filmes passam a idéia de que não é possível "jogar limpo" — ou seja, usar dos instrumentos legais ou comuns de mediação — com quem é "sujo". Para livrar-se da "sujeira", é preciso estar disposto a se "sujar", em termos pessoais ou institucionais.

Exemplificando: Dirty Harry, personagem de uma série de filmes estrelados pelo galã Clint Eastwood, é um honesto policial que, para manter a lei, "trabalha sujo" (daí o seu nome): usa de trapaças e violências, não se incomoda de ser freqüentemente suspenso e repreendido pelos superiores, desde que a lei triunfe. Há casos de outros personagens que, nesse mesmo sentido, usam de identidades secretas para fazer o "trabalho sujo" ou para se opor a ele, usando da violência contra a violência, o crime, a desordem — caso de inúmeros heróis de dupla personalidade: Zorro; Batman; o Sombra.

Um outro tipo de personagens cinematográficos são os faxineiros dos filmes de espionagem. Sua principal função é limpar a cena, isto é, quando um trabalho de prisão ou eliminação de espiões ou marginais dá errado, quando o "trabalho de limpeza", por incompetência ou erro dos executores, torna-se um "trabalho sujo", os faxineiros são enviados para limpar o campo, quase sempre eliminando todas as testemunhas e sumindo com os cadáveres e com todas as evidências do ocorrido. Tais personagens, de tão freqüentes, tornaram-se quase caricaturais ou estereotipados.

Na maioria das vezes, quando se trata de filmes policiais, de espionagem ou criminais, o trabalho de limpeza é matar marginais ou traidores. Os "sujos", quase sempre, não têm nenhuma ética; matam crianças, indefesos ou inocentes; ignoram as leis ou os direitos dos cidadãos; são corruptos;

torturam, espancam ou usam de violência gratuita. Um "trabalho sujo" de "limpeza", no entanto, pode ser desempenhado ao abrigo ou à margem da lei por seus representantes, por "agentes secretos", detetives particulares, "justiceiros" ou cidadãos comuns revoltados com a impunidade de marginais ou malfeitores e dispostos a correr os riscos inerentes a essas opções.

Essa associação ao perigo se mantém na linguagem da ergonomia, em que "trabalho sujo" ou limpo são termos que caracterizam a diferença entre maior ou menor exposição a riscos de acidentes ou de doenças do trabalho em diferentes atividades profissionais.

A expressão pode, também, significar uma negociação mal realizada que deixa uma das partes insatisfeita e se sentindo lograda. Nesse último sentido, "trabalho sujo" é o que diferencia o trabalho bem-feito do malfeito, que é associado ao sentido original da sujeira: o contato físico com excrementos, dejetos e detritos, principalmente humanos,[5] sendo esse "trabalho sujo" concreto o que caracteriza as profissões mais estigmatizadas, assim como caracteriza os párias no sistema de castas.

Com relação à sociedade de castas da Índia, pensou-se mesmo que o que teria dado origem à hierarquia holística seriam as diferentes ocupações e profissões e sua relação com o "trabalho sujo". O sistema de castas, baseado no par puro/impuro, foi associado à higiene, à sujeira e à limpeza, ao contato com o "trabalho sujo", no sentido físico e ritual do termo. O impuro seria derivado do trabalho das castas mais baixas e de algumas atividades rituais como as de *"washerman"* e do *"barbeiro"*, ligadas aos aspectos orgânicos do corpo humano (Dumont, 1980:55).

Dumont, sem negar essa relação direta entre trabalho e casta, reafirma certa independência entre as duas categorias e, centrando sua análise do sistema de castas no par puro e impuro e em sua relação com o sagrado, considera que são mais importantes os aspectos hereditários: de *status* hierárquicos, de desempenho de papéis visando e assegurando sua separação, de divisão de trabalho e das relações derivadas dessa divisão (1980:56).

---

5. Para a psicanálise, a noção de sujeira e seu afeto aliado, o de repugnância, surgem apenas com o recalque do erotismo anal, estágio em que o bebê vivencia as fezes como primeiro produto de seu trabalho. Posteriormente, a atração pelas fezes se torna repulsa ou repugnância por efeito do principal dos mecanismos de defesa, o Recalque Originário. Por esse mecanismo de transformação no oposto, criam-se as noções de higiene e de limpeza, e os traços de caráter de ordem, de domínio ou controle dos objetos afetivos, e de poder ("Caráter e Erotismo Anal", Freud, 1911).

Etnologicamente, o par puro/impuro é também fundamental para Mary Douglas, cujo estudo *Pureza e perigo* (1976) sobre a relação entre o "sagrado" nos rituais e nas religiões, a sujeira e as ocupações consideradas sujas (em todos os sentidos do termo) — como significantes da desordem na estrutura social —, é considerado um clássico da antropologia social. Para Douglas (1976), a relação entre sujeira, ordem, poder e sagrado existe na medida em que eliminar a sujeira — que equivale simbolicamente à desordem — é preservar a ordem e a estrutura social, o que está relacionado diretamente ao poder político.

O trabalho sujo e as ocupações

Como vimos, a expressão "trabalho sujo" não é nova em nenhum dos usos ou campos nomeados aqui, mas sua utilização como conceito — de uma maneira mais extensa — parece ser exclusiva de Hughes e de Dejours nas obras citadas.

A expressão "trabalho sujo" é usada por Christophe Dejours em 1998, em seu livro *Souffrance en France, la banalisation de l'injustice sociale* (Dejours, 1998a), como conceito básico para entender a aparente "indiferença" e mesmo a participação das pessoas comuns, as "pessoas de bem", como as denominou, em relação ao incremento do sofrimento no trabalho e da violência na sociedade atual.

Howard S. Becker, em 1964, publicara um artigo de Everett Hughes: "Good People and Dirty Work", em uma coletânea de textos sobre *desviantes* (Becker, 1964:23-36), em que a expressão era usada de forma tão semelhante, e com base nos mesmos dados empíricos sobre os campos de concentração alemã na Segunda Guerra, que nos levou a acreditar que Dejours se baseara ou se inspirara no artigo de Hughes. Não encontramos, no entanto, qualquer referência a "Good People and Dirty Work" nas obras de Dejours que pudemos consultar (Dejours, 1987, 1994, 1996, 1997, 1998, 1999).

Everett Hughes denominou "trabalho sujo" toda atividade profissional que esteja associada à poluição física, moral ou simbólica ou à execução de uma tarefa de maneira não-satisfatória — tanto para o cliente quanto para o próprio profissional — por qualquer trabalhador (Hughes, 1971). Utilizou, também, a expressão "trabalho sujo social" para designar todo trabalho que implique o exercício de força ou violência contra indivíduos ou grupos humanos por razões legais (prisão), de saúde (manicômios e hospitais), de educação ou disciplina (internatos), ou por preconceitos étnicos, religiosos ou políticos, como nos campos de concentração ou de prisioneiros de guerra (Hughes, 1964).

A expressão é usada por Cristophe Dejours num sentido muito próximo ao de Hughes tanto para denominar o trabalho mal executado — que ele chama de "pressão para trabalhar mal" (1999:31) —, quanto para nomear a organização do trabalho no mundo atual, cuja estrutura dependeria, para ele, de uma "banalização da injustiça social" (Dejours, 1999), semelhante àquilo que Hannah Arendt denominou "banalização do mal" com relação aos campos de concentração alemães da Segunda Grande Guerra (Arendt, 1981, 1999 e 2000). Os dois autores trabalham com a idéia de uma responsabilidade das "pessoas de bem" na existência desses "trabalhos sujos", cuja execução seria por elas delegada, consciente ou inconscientemente, a outros agentes sociais.

O "trabalho sujo" parece ter tido, na origem, o sentido literal do trabalho que lida com dejetos, impurezas ou poluição higiênica ou ritual. Seria, então, o trabalho de limpeza ou dos cuidados com o corpo, principalmente quando há contato com dejetos humanos, com doentes ou com cadáveres.

Hughes, em sua primeira referência ao tema em 1951 (1971), o exemplifica com a profissão de zelador de prédios. Nesse caso, assim como no de faxineiros ou empregados domésticos, a questão é diretamente ligada ao trabalho fisicamente sujo, lidar com o lixo, desentupir privadas e esgotos dos moradores. Hughes, desde então, chama a atenção para o poder que pode estar associado à execução do "trabalho sujo", pois esses profissionais acabam sabendo de situações íntimas, conflitos familiares, relações amorosas ou problemas financeiros que podem ser usados, abertamente, como poder, se necessário.[6]

Por extensão, o sujo ganha uma variedade de sentidos e o seu campo semântico se amplia através da associação do sentido metafórico da sujeira à dimensão moral, à profissional — o trabalho sem zelo (Dejours, 1998) —, e a tudo o que ameaça a ordem e a organização social. O trabalho pode ser sujo em muitos sentidos, tanto fisicamente repugnante quanto um símbolo de degradação, algo que fere a dignidade própria (Hughes, 1971:343).

---

6. Acreditamos que as informações íntimas obtidas explicam apenas em parte o poder atribuído a esse tipo de trabalho. Ver nota 4.

Pode ser "trabalho sujo" aquilo que vai contra as mais heróicas de nossas concepções morais. Nesse sentido, é encontrado em todas as profissões. Toda profissão implica uma definição própria de dignidade pessoal e, às vezes, somos obrigados a fazer coisas que a ferem (Hughes, 1971:344).

Hughes chama de "drama social do trabalho" ao problema sociopsicológico da manutenção de certa liberdade e distância social entre as pessoas, mais crucial e intimamente, ligadas por algum trabalho. Podem ser os próprios companheiros de trabalho ou aqueles para quem o trabalho é diretamente realizado: o porteiro e os moradores, o médico e seus pacientes, o trabalhador e o capataz, o professor e seus alunos, o guarda da prisão e seus diretores, o músico e seus ouvintes (Hughes, 1971).

Em todos esses casos, há uma tensão entre os pólos, pois há uma idéia, por parte dos profissionais, de que eles são os melhores e mais dignos juízes de como o trabalho deve ser feito, a qual entra em conflito com as demandas e exigências da outra parte, e o profissional se sente como se tivesse que fazer "trabalho sujo" para atendê-las.

Violência, trabalho e poder

Hughes ensaia duas possíveis classificações do *"dirty work"*. Propõe dois eixos classificatórios das ocupações em sua relação com o "trabalho sujo", que, no entanto, não são desenvolvidos. Uma primeira, entre as profissões em que a execução do "trabalho sujo" agrega satisfação e prestígio ao papel e aquelas em que isso não acontece. E uma segunda, entre aquelas em que o "trabalho sujo" parece, de alguma forma, diretamente imposto a alguém pelo exercício profissional e aquelas em que é completamente desconectado de qualquer pessoa envolvida no drama do trabalho. As duas, portanto, se baseiam na forma pela qual o "trabalho sujo" é delegado (Hughes, 1971).

A delegação a outros de "trabalho sujo" a ser realizado é algo comum entre os humanos. Muitos tabus de impureza e muitos escrúpulos morais dependem dessa delegação, assim como uma boa parte da mobilidade profissional. Hughes, portanto, está certo ao privilegiá-la como fator de classificação. É claro que existem alguns tipos de trabalho em que tal delegação é possível apenas em pequena extensão, assim como alguns em que o "trabalho sujo" pode ser uma parte íntima da verdadeira atividade que dá à ocupação seu carisma. Esse é o caso, por exemplo, do manuseio do corpo humano pelos médicos. Nesses casos, o "trabalho sujo" é parte integrante do prestígio profissional daquele que o realiza. É também o caso, por exemplo, das enfermeiras, estudadas por Carpentier-Roy, que suprimiam suas luvas nos cuidados com pacientes portadores de Aids, quando sabiam que o paciente iria logo morrer, para lhe assegurar um último testemunho de afeto, proximidade, compaixão, através do contato direto de sua pele, mesmo arriscando-se ao contágio de uma doença mortal. Nesses dois casos, que se incluiriam na primeira classificação — pois o "trabalho sujo" é parte importante da ocupação —, a exigência de tais tarefas não parte diretamente da clientela envolvida, mas sim de ideais éticos (segunda classificação).

Em outras situações profissionais, o "trabalho sujo" é obrigado ou delegado sem nenhum acréscimo de poder, prestígio ou lucro, a maioria das vezes sendo vivido como humilhante ou indigno pelos que o executam (primeira classificação), quase sempre em posição mais baixa ou humilde. Pela segunda classificação, normalmente há a participação direta da clientela. Como vemos, os dois eixos de classificação se superpõem e confundem, mas podem, nesses casos, ser usados sem que se contradigam. Aparentemente, quando o "trabalho sujo" dignifica, ele não depende de uma exigência direta da clientela, e é exercido voluntariamente pelo profissional. Quando é exigido, ou considerado obrigatório, ele é normalmente considerado humilhante e indigno. Em muitos casos, porém, tal coincidência não ocorre.

Uma terceira classificação proposta por Hughes parece-nos implícita na idéia de um "trabalho sujo social" (Hughes, 1964). Nos casos discutidos até agora, a execução do "trabalho sujo" obedeceria, na maioria das vezes, a interesses comerciais ou pessoais. Em outros casos, o "trabalho sujo" parece interessar à sociedade como um todo, tanto em razão dos ideais éticos, morais ou rituais de algumas profissões, quanto nas instituições dedicadas a promover ou manter a ordem social. Aí se incluem, principalmente, as instituições totais, destinadas a lidar com aqueles que não se adequam a ela: prisioneiros, criminosos, místicos, doentes mentais e adolescentes em conflito com a lei.

Para a compreensão dessas instituições, um outro importante conceito de Hughes relacionado ao "trabalho sujo" é o de "divisão moral do trabalho" (Hughes, 1971). Esse critério moral na divisão do trabalho derivaria do fato de que, para que se mantenha a crença na eficácia e na funcionalidade de qualquer instituição, principalmente das instituições totais encarregadas do "trabalho sujo social", é necessário que os atores que ocupam os postos mais altos em sua direção se abstenham de agir em contato direto com os internos. Essa distância social visa manter uma relação racional e "limpa", e evitar, dessa maneira, o "trabalho sujo" que deriva do contato corporal: as relações afetivas; as emoções ligadas ao ódio, à inveja ou ao sexo; as tarefas disciplinadoras, de censura ou de punição; como forma de manter a crença de que os superiores na hierarquia são pessoas realmente boas, corretas e respeitáveis, que são enganadas por seus inferiores "malvados".

Desse modo, caberia aos funcionários de nível mais baixo — que teriam maior contato com os internos e que lhes apresentam as exigências da instituição —, com as tarefas disciplinadoras e de punição proscritas aos diretores, "desviar o ódio que se voltaria contra as pessoas de nível mais elevado na administração e permitir que, se um internado conseguir contato com uma pessoa desse nível mais alto, possa ser recebido com bondade paternalista e até benevolência" (Goffman, 1974:100).[7]

O "trabalho sujo" é delegado, então, aos funcionários inferiores da hierarquia, que arcam com acusações e o estigma àquele associados, as culpas e angústias morais dele resultantes, assim como os sentimentos de dependência e de ódio dos internados e de seus familiares. Cabem-lhes, ainda, as acusações, pela mídia, de descaso, de maus-tratos e de violência física e mental, enquanto as "pessoas de bem", de maior *status*, se eximem de tais questões e se dedicam a tarefas ou ocupações socialmente mais "limpas". Nesse sentido, a "divisão moral do trabalho" deve ser compreendida como abrangendo toda a sociedade, principalmente suas lideranças políticas e morais e sua comunidade central (Douglas, 1992), e como importante fator a serviço da reprodução da estrutura social, necessária à manutenção do poder das elites.

Essa diferença entre a atividade desenvolvida pelo indivíduo, seu nível na hierarquia e a imposição a ele de diferentes características morais seria uma delegação do "trabalho sujo", institucional e, muitas vezes, consciente, por ambas as partes em jogo: diretores e subalternos; elites políticas e profissionais encarregados de atendimento ao público.

---

7. Essa necessidade estrutural de os grupos e instituições humanas dependerem, para se manterem organizados, da crença em um líder bom, justo e que ame a todos igualmente já tinha sido considerada por Freud em *Psicologia das massas e análise do eu* (Freud, 1923).

O trabalho sujo e as escolas de internação de adolescentes em conflito com a lei

O trabalho em prisões é considerado um dos mais sujos trabalhos, em todo o mundo e em todos os sentidos. Existiria uma atitude ambivalente das "pessoas de bem", em relação ao que ocorre aos condenados por crime, apesar de sabermos das crueldades praticadas nas cadeias ou penitenciárias, pois os prisioneiros são considerados um *out-group* em todos os países e são excluídos por um "manejo especial", como afirma Hughes (1964).

No caso brasileiro, tanto as condições de higiene, sanitárias, alimentares, de promiscuidade sexual quanto as condições morais e éticas são as piores possíveis. A marginalização, o crime e tudo aquilo que ameaça a ordem social ali convivem em meio à miséria, à doença, à fome e à violência.

O trabalho sujo é ali encontrado em todos os seus sentidos e em todas as suas possíveis gradações. Só há repúdio e escândalo na mídia quando ocorrem grandes massacres, como o do Carandiru, ou por ocasião de mortes bárbaras e covardes diante das câmeras de TV, situações graves nas quais a visibilidade social não pode, de fato, ser evitada.

Na verdade, ninguém espera ou crê que a prisão corrija. No caso das escolas-prisões de adolescentes, pelo contrário, muitos julgam e esperam que elas devam cumprir sua função oficial de aplicar medidas socioeducativas que possibilitem a reintegração do adolescente à sociedade e que restabeleçam sua cidadania.

No entanto, o que realmente parecem fazer aos seus internos é excluí-los, estigmatizá-los, adoecê-los no sentido físico e moral e, mesmo, transformá-los em criminosos a serem eliminados da sociedade, presos ou mortos, como tem sido reiteradamente afirmado por muitos autores (cf., por exemplo, Oliveira e Assis, 1999; Cruz Neto e Minayo, 1994; Silva, 1997).

A mídia costuma afirmar que as escolas de internação são, na verdade, "escolas de crime" ou "estágio para a prisão". Os próprios funcionários dessas instituições costumam ironizá-las, chamando-as assim. Sabemos também que o jovem, uma vez tendo sido internado, encontrará ainda menos possibilidades de se reintegrar à sua vida anterior ao ato considerado infracional, e só lhe restará, na maioria das vezes, o retorno ao crime e, a longo prazo, a prisão ou a morte em conflitos com a polícia ou com bandos rivais.

De fato, tais efeitos da internação parecem não constituir somente um chiste de mau gosto de profissionais que não acreditam em seu próprio trabalho, pois têm sido realçados e considerados verdadeiros pela maioria dos autores que se dedicaram a estudá-los. Silva (1997) e Adorno (1993), por exemplo, demonstram que a "menorização", ou seja, o encontro com as instituições que cuidam de adolescentes chamados de maneira pejorativa de "menores" é o ponto — numa trajetória de derivas que se constitui de (des/re)territorializações — em que há a institucionalização do ser delinqüente, uma espécie de reconhecimento simbólico de sua existência.

Essas instituições são, dessa forma, produtoras dos delinqüentes, que encontram nelas seu lugar na sociedade, num processo semelhante ao que Sartre encontra na biografia de Genet (Laing e Cooper, 1969) e que Becker examina em *Outsiders* (1977), em que o desvio é efeito da rotulação e não causa. Esse processo de construção da identidade pessoal pela estigmatização (Goffman, 1980:61) ocorre depois de uma acusação e, em alguns casos, se constitui numa vivência de "reconhecimento" que persevera por toda a vida; geralmente curta no caso dos infratores, como o mais marcante traço do ser daqueles atingidos por essa experiência. Adorno mostra também que há até uma escolha pela instituição daqueles que serão menorizados: negros, pobres, sem família.

Também Assis (1999) realça a importância das agências de contenção e controle na assunção da identidade delinqüente. Para Adorno, "o encontro entre ambas as histórias — a das crianças e a das agências de controle da ordem — constitui marco demarcatório na construção de carreiras e na demarcação de identidades delinqüentes" (1993:206). Por questões da busca de identidade e de "visibilidade social" através de qualquer reconhecimento do Outro: "as crianças e jovens estabelecem vínculos afetivos com estas instituições" (ibidem: 206) e acabam tornando-se clientes com vínculos quase indissolúveis de amor e ódio (ibidem: 183).

Soares afirma que há um tipo de exclusão social importante na carreira criminosa, uma exclusão caracterizada pela invisibilidade social em uma sociedade do espetáculo, ou seja, "a fome que leva ao crime é a fome de ser alguém visto, reconhecido e respeitado, e não a fome propriamente dita" (Soares, 2000:158). Filiar-se ao tráfico, usar armas pesadas, matar ou mesmo ser preso e identificado como "criminoso" é uma forma de obter recursos simbólicos para tornar-se visível e afirmar sua identidade pelo medo. A internação pode funcionar como aval desse poder de visibilidade: "eu sou bandido, já estive em Padre Severino". O poder simbólico adquirido é agregado à identidade e ao vínculo com a instituição.

POLÍTICA SOCIAL, FAMÍLIA E JUVENTUDE

Na prisão de adultos, posteriormente, tais antecedentes contam. Os egressos das escolas do Departamento de Ações Sócio-Educativas (DEGASE), principalmente aqueles com história de muitas e longas internações, são líderes da *massa do crime* (os presos que assumem e parecem se orgulhar da identidade criminosa), que controla o poder dentro das prisões (Ramalho, 1979).

Silva examina algumas dezenas de histórias de vida de pessoas — que, como é o seu próprio caso, foram confinadas nessas instituições de amparo ao menor antes dos sete anos de idade e seguiram posteriormente carreiras criminosas, coroadas por importantes estadas na prisão —, para defender a hipótese de uma "pedagogia do crime", uma institucionalização que confirma a tese de uma "criminalização" das crianças (1997:143).

Esses argumentos que mostram o fracasso das instituições de internação em nosso meio se associam à constatação de que as medidas que preservam a liberdade e buscam mediar a reintegração comunitária dos jovens, além de serem mais econômicas, obtêm muitos melhores resultados; e de que a evitação da internação tem se mostrado a melhor maneira de recuperá-los.

Para Dimock (1998), aqueles que advogam um endurecimento das leis contra os jovens infratores devem se lembrar que o custo de se manter um jovem em custódia fechada (internação) é muito maior (cerca de 50%) do que em custódia aberta e esses recursos serão desviados dos programas sociais de saúde, educação, suporte familiar e outros, gerando maior violência. Além disso, mais de três quartos dos jovens internados na América do Norte e na Europa cometeram infrações menores e não-violentas, o que invalida a idéia de controlar a violência através da prisão (Dimock, 1998).

Concordamos com Dimock que o dinheiro público será melhor aplicado em educação, saúde e assistência social. E que — mesmo se não podemos abolir totalmente a prisão como meio de incapacitar os membros perigosos da sociedade, jovens ou adultos — a ênfase deve mudar para a custódia comunitária ou programas não-custodiais, que propiciem assistência a longo termo para jovens em situação de risco e seus familiares. A pior solução tem sido prender os jovens que cometeram atos em desesperadas circunstâncias e sujeitá-los a instituições penais e a práticas corretivas, que, sabemos, produzem uma maior criminalidade (Dimock, 1998).

Apesar dessas considerações, no estado do Rio de Janeiro, aliás na maioria dos estados brasileiros, cerca de 80% dos jovens das classes mais baixas que cometem infração, mesmo sem violência, como furto ou envolvimento com drogas, continuam sendo condenados a medidas de internação.

A lei é clara nesse sentido: a internação só cabe nos casos em que há emprego de violência e a liberdade do adolescente representa, de fato, um risco à população. Mas os juízes, que são os que verdadeiramente decidem nesses casos, preferem internar. Essa preferência dos juízes pela internação caracteriza aquilo que Bragança Soares chamou de uma "cultura de internação", que se reflete fundamentalmente na internação "ilícita" dos jovens envolvidos com a venda ou o transporte de drogas (1998:3). Tais juízes invocam um "cochilo da lei" e usam de uma interpretação extensiva do sentido de "violência ou grave ameaça" para incluir aí tudo o que se relaciona ao envolvimento com as drogas.

Sabemos da impressionante escalada dos tráficos de drogas e de armas em termos globais e desejamos realçar aqui que não são poucos os autores que relacionam tal incremento às mudanças na organização do trabalho no mundo atual. Esses autores, de outras disciplinas e em outros países, também apontam a irrupção da banalização da injustiça social, do *trabalho sujo* como visto por Dejours, na organização do trabalho. Em sua maioria, atribuem a violência atual ao aumento do desemprego e da desigualdade social que leva à entrada no tráfico de drogas como "profissão de risco" (ABRASCO, 1999), e à reação das forças de segurança pública contra ele como causa direta do aumento dos conflitos com a lei, da prisão e da mortalidade entre os jovens.

Devemos associar, portanto, uma outra via de análise, de forma complementar, à que inicialmente seguimos. É aquela que considera o tema da violência e da criminalidade de adolescentes, associando-as às determinações macrossocietárias no contexto contemporâneo da globalização e das mudanças no mundo do trabalho.

Com relação à violência em geral, as mudanças na organização do trabalho, a guerra econômica e o consumismo imposto pela mídia, assim como a carência de relações face a face, substituídas pela impessoalidade, têm sido freqüentemente apontadas como importantes causas de seu incremento, principalmente entre os jovens, como indicou entre nós, por exemplo, o antropólogo Gilberto Velho (1996).

No campo da sociologia do trabalho, os textos de Ricardo Antunes (1996; 1999), entre outros, indicam como as mudanças da globalização, alia-

POLÍTICA SOCIAL, FAMÍLIA E JUVENTUDE

das à terceirização e precarização, podem configurar uma "crise da sociedade do trabalho" com repercussões sobre a violência, o aumento do consumo de drogas e das doenças do trabalho. Também Escorel aponta o "núcleo duro" da questão da exclusão social "em mudanças no processo produtivo e na dinâmica de acumulação capitalista" que geraram o desemprego, a precarização, os "inválidos pela conjuntura" e as fraturas na coesão social (Escorel, 1999:52).

Criminólogos como Batista (1999) e Del Olmo (1990) responsabilizam a economia liberal, a globalização e as modificações do mundo do trabalho pelo "mito da droga", que leva ao aumento de seu consumo e da violência e, conseqüentemente, da mortalidade jovem.

Finalmente, sanitaristas, como Yunes e Rajs (1994), vinculam diretamente o aumento da violência e da mortalidade entre os adolescentes por causas violentas, em muitos países das Américas, às profundas transformações na economia capitalista mundial desde o final dos anos 1970, com repercussão na qualidade de vida tanto nos países centrais quanto nos periféricos (ibidem: 89).

No mesmo sentido, Cruz Neto e Minayo (1994) vão além e fazem um estudo do extermínio, principalmente de jovens, na sociedade brasileira, apoiando-se, como Dejours, na obra de Arendt. Após descreverem os passos da constituição de diferentes grupos de extermínio, levantam a hipótese de uma "limpeza social" — aceita, legitimada ou até estimulada pela "massa" (no sentido de Arendt) — que atingiria uma população considerada "supérflua". Estar-se-ia construindo no país um senso comum de que os jovens das classes menos privilegiadas, de baixa escolaridade e sem maiores qualificações profissionais constituiriam um excesso populacional socialmente sem raízes e economicamente supérfluo, candidato à delinqüência e, portanto, sem utilidade numa sociedade moderna, civilizada e competitiva. A esses indesejáveis se somariam os desempregados e menos qualificados, também considerados supérfluos na medida de sua menor participação no mercado (1994:207).

Ora, essa "limpeza social" não seria senão outro nome para os aspectos de extermínio do grande "trabalho sujo social" (Hughes, 1964), assim como a "limpeza étnica" seria o nome da "solução final" nazista. Tal hipótese constituiria entre nós uma contundente união entre o "trabalho sujo social", que para os dois autores constituiriam os campos de concentração alemães, e o "trabalho sujo", que Dejours encontra na organização do trabalho no mundo globalizado, surgindo como uma cruel reprodução de ambos na situação brasileira atual.

Não podemos aqui aprofundar conceitualmente a discussão das diferenças, muito importantes ainda que sutis, entre as terminologias utilizadas pelos autores citados: trabalho sujo social; limpeza social; e extermínio. Chamaremos apenas a atenção para o estatuto de normalidade e universalidade sociais que o conceito de "trabalho sujo" recebe de seus autores, em contrapartida às características de regimes de totalitarismo e de exceção que Arendt atribui às sociedades praticantes do extermínio e da limpeza social (Arendt, 1990). Lembramos ainda que a expressão *trabalho sujo* é utilizada nas mais diferentes línguas como referência ao cotidiano do trabalho e das relações pessoais na maioria das sociedades, o que também reafirma essa característica de "normalidade" que atribuímos ao conceito, ou seja, o trabalho sujo social constitui-se de mecanismos de controle social encontráveis em toda e qualquer sociedade (Hughes, 1964). Situações de limpeza social ou de extermínio, no entanto, podem representar exageros, deformações ou perversões de tais mecanismos e instituições.

Toda sociedade tem suas normas e suas leis que garantem a estrutura social, a organização de mundo e a convivência pacífica entre seus membros. Porém, sempre existem os que contrariam essas leis, os desviantes, marginais ou criminosos, e "a imposição das leis, por meios legais e legítimos, é uma condição inescapável da vida pacífica em coletividade" (Soares, 2000:49), ou seja, "famílias, escolas, locais de trabalho, círculos de amizade ou até Estados-nações, todos punem seus membros desviantes de tempos em tempos, usando sanções que podem ir de uma reprimenda moderada a uma ofensiva militar em grande escala" (Outhwiate e Bottomore, 1996:632).

"Como a punição judicial acarreta a deliberada cominação de danos por funcionários do Estado a cidadãos individuais; é uma prática social suscetível de críticas e que necessita de legitimação" (Outhwiate e Bottomore, 1996:632). Essa legitimação, em termos filosóficos, utilitários ou deontológicos, encontra seus argumentos éticos e sua justificação do ponto de vista da ordem social. Porém, em termos "profissionais" — com relação à subjetividade pessoal dos funcionários ou agentes que executam a punição —, introduz conflitos e é causa de patologias que repercutem em sua saúde física e mental, em sua moral e em sua ética.

O trabalho sujo social está, assim, ligado às ocupações, às instituições e aos profissionais encarregados de fazer cumprir a lei, principalmente, as forças de segurança e as instituições oficiais existentes em todas as sociedades, com as funções de: identificação, isolamento, detenção, punição ou recuperação dos desviantes ou suspeitos, pessoas culpadas ou inocentes, que ponham em risco a segurança, o patrimônio, a saúde ou a integridade jurídica, física ou psíquica dos cidadãos. Com esses propósitos, é delegado a alguns grupos profissionais o poder do uso da violência — até mesmo física —, do uso de armas e de intervirem, acima de alguns dos direitos básicos dos cidadãos, se isso é necessário à preservação do bem geral e se os atingidos por essa violência não se adequam ou oferecem riscos à ordem social.

No interesse do bem-estar comum e segundo o código de leis vigente numa dada sociedade, essa restrição pode ir do direito de ir e vir — caso da detenção — ao direito à própria vida, nos países em que existe ainda a pena de morte.

Estamos, portanto, sempre à beira da violência, da limpeza social e do extermínio, se é rompida a função de mediação, de que o trabalho sujo necessariamente deve se constituir, mesmo no campo da saúde. O trabalho sujo social inclui ainda, necessariamente, a obediência a um código de leis e a uma ideologia, uma racionalidade, que dá sentido e interesse social ao "trabalho". Mas, o que o mantém contido em seus limites aceitáveis de convivência social é uma ética de respeito aos Direitos Humanos e um controle estrito dos grupos a quem é delegado esse poder.

Ora, conforme vimos, a conceituação do trabalho sujo social está estreitamente vinculada à divisão moral do trabalho, gerando uma perigosa tendência a deixar que essa violência social acabe, grande parte das vezes, em mãos pouco preparadas para com ela lidar.

O DEGASE e os agentes educacionais

No Brasil, até 1988, todas as questões relacionadas à infância e à adolescência pertenciam à esfera do Ministério da Justiça. Com o Estatuto da Criança e do Adolescente (ECA), a atribuição dos cuidados — tanto das crianças e dos adolescentes em situação de risco social quanto daqueles "em conflito com a lei" — passa aos diferentes estados da Federação.

Em muitos estados brasileiros ocorreu, como uma resposta ao ECA, a substituição dos antigos monitores ou agentes de disciplina por *agentes educacionais*, ou por outros profissionais, com a função de mediadores entre os adolescentes em conflito com a lei e a sociedade maior. Essa mediação, realizada através da relação personalizada desses profissionais com o jovem e com a comunidade, adaptava-se à precariedade própria das soluções que o Estado brasileiro tenta dar aos graves problemas sociais que enfrentamos e, simultaneamente, tentava impedir que as escolas de internação de adolescentes continuassem a funcionar como prisões.

No Rio de Janeiro, criou-se o Departamento de Ações Sócio-Educativas (DEGASE) — que sucedeu à antiga FEBEM —, com o propósito principal de diminuir ou acabar com as escolas de internação, transformando-as ou substituindo-as, gradativamente (a partir de 1994), pelos Centros de Recursos Integrados de Atendimento ao Menor (CRIAM). Os estudos que deram origem ao ECA confirmaram a eficácia das *penas alternativas* em lugar da internação. Diminuir as internações e aumentar os CRIAM, para privilegiar as penas de semiliberdade e liberdade assistida, afiguraram como a melhor solução (Assis, 1999). Atualmente, os CRIAM são dezesseis (quatro na capital e doze no interior) em todo o estado. As escolas de internação, porém, que eram três, são agora cinco. E o número de menores internados de, no máximo, duas ou três centenas, passa de mil adolescentes nove anos depois.

A categoria agente educacional surgiu num primeiro concurso em setembro de 1994 e foi saudada como a mais importante e visível mudança da filosofia do trabalho com adolescentes internados, considerando-se as expectativas de que pudesse influenciar a prática cotidiana dos atores sociais tradicionalmente encarregados dessa prática (Oliveira, 1994:15). Inspirada nos agentes comunitários e de saúde, a criação dessa categoria profissional tenta mudar as bases de ação daqueles que tradicionalmente são os únicos a terem contato com os adolescentes internados. Deles é exigido que conheçam psicologia, pedagogia e socioeducação e não que saibam revistar prisioneiros ou vigiar pontos de fuga.

O agente educacional deveria ser um profissional que — em contato constante com os adolescentes com problemas legais —, através de relações face a face e de algum interesse vocacional educativo e assistencial, possibilitasse a reinserção dos jovens em suas comunidades ou em uma nova (se fosse o caso), sua alfabetização ou escolarização, sua profissionalização e o restabelecimento de suas identificações morais e éticas.

POLÍTICA SOCIAL, FAMÍLIA E JUVENTUDE 123

Mesmo que criticável para muitos, o projeto visava a evitar a exclusão social que, paradoxalmente, resulta da internação. Deve-se considerar que mais de 80% dos jovens que incorrem em atos que contrariam a lei não voltam a praticá-los, mesmo sem a intervenção de qualquer agência social, enquanto, entre os que recebem medidas socioeducativas de internação, o número que reincide em atos infracionais costuma ser muito maior (Adorno, 1993).

O grande número de candidatos de melhor formação — alguns estudantes, ou mesmo graduados, em psicologia, pedagogia, serviço social —, além de outras mudanças, como o uso de agentes do sexo feminino em contato direto com os adolescentes do sexo masculino, foram valorizados e pareciam corroborar esse clima de mudanças e de respeito pelos internos.

Os antigos monitores federais, porém, que participavam da transmissão, orientando os novos agentes, não aceitavam tais "novidades" que representavam a feminização de uma atividade tradicionalmente masculina e viril,[8] e afirmavam: "Perguntar o que eles querem comer, cobrir à noite com cobertor... Isto não vai dar certo, porque (...) o garoto não gosta de ser tratado dessa forma, ele gosta de ser tratado como adulto, ele é um marginal, quer ser respeitado como malandro" ("federal", citado por Oliveira e Assis, 1999:840).

Outros consideravam que não haveria qualquer mudança enquanto a estrutura do trabalho socioeducativo e o regime de internação fossem mantidos. A questão não dependeria do preparo ou do tipo de funcionários, mas sim do sistema correcional (Volpi, 1997:37).

Alguns incidentes, contudo, prejudicaram profundamente tais modificações. A substituição dos funcionários federais — que se queria gradativa, visando à adaptação dos internos à nova organização do trabalho — ocor-

---

8. A feminização da instituição pode ocorrer por mudança das funções e das tarefas prescritas em uma organização do trabalho masculina — que deixa de ser viril ou paramilitar (no caso dos agentes) — ou diretamente pela entrada de mulheres em funções antes reservadas exclusivamente a homens. Na observação dos estudiosos da psicodinâmica do trabalho, as mudanças que levam à feminização têm encontrado grande resistência, principalmente nos órgãos de segurança dedicados ao trabalho sujo (departamentos de combate ao tráfico de entorpecentes, polícias secretas, guardas florestais, por exemplo), em função das importantes modificações na organização do trabalho que se tornam obrigatórias, para a absorção das mulheres no desempenho de tarefas dessas categorias profissionais. A feminização parece impedir a transformação dos grupos em coletivos viris e a eclosão de violência por parte deles (Molinier, 1996).

reu de uma só vez em outubro de 1994, por intervenção direta do governador do Estado, diante da rivalidade que estava se criando entre os funcionários federais e os novos agentes educacionais. Como não houve novos concursos, os agentes educacionais tiveram também de desempenhar funções de vigilância e disciplina. O que lhes foi cobrado, então, pela direção, pelos juízes e mesmo pela mídia foi que mantivessem a disciplina entre os jovens e que evitassem fugas e rebeliões. Nada lhes foi, de fato, exigido quanto à sua principal função, que deveria ser de trabalhar no sentido do desenvolvimento da educação, da profissionalização e da obtenção de uma maturidade ética e moral dos adolescentes.

Essas circunstâncias geraram uma dualidade de funções não prevista, e, como foram contratados novos agentes sem concurso para preencher as vagas criadas com as desistências e as aposentadorias, surgiu também uma dualidade de categorias profissionais: os concursados e os contratados.

Com a indefinição do novo concurso e a quase oficialização dos contratados, os concursados exigiram tratamento diferenciado e se negaram a continuar desempenhando as funções consideradas menos "nobres" (como a vigilância).

A maior parte dos concursados optou pela socioeducação, e dos contratados pela repressão. Essa diferença foi tornada aparente através do uso de coletes pretos e de estilo paramilitar — como os usados por seguranças particulares ou tropas policiais de choque — pelos que cuidavam da vigilância e da disciplina. Os que cuidavam das tarefas educativas ou de lazer usavam coletes amarelos ou, em sua maioria, não os usavam.

Entre 1997 e 1998, já havia uma divisão nítida, sinalizada não apenas pelo vestuário paramilitar, que marcava a virilidade dos agentes de "segurança", mas também pela maledicência e pelas acusações mútuas. Essas acusações — de "mãezinha", "frouxo", "bicha" ou de "torturador", "perverso", "sádico" ou "tarado" — se apoiavam nas características femininas ou masculinas das atividades de cada um dos grupos e tinham relação com a liminaridade da função. Nesses casos, as rotulações ou o estigma sempre se manifestam como referidas à sexualidade (Duarte, 1981; Soares, 1979).

Em meados de 1998 iniciamos, a convite da coordenadora de psicologia do DEGASE — atendendo à demanda específica dos funcionários —, uma atividade de terapia institucional/pesquisa através de grupos operativos com os funcionários. Esse trabalho foi realizado naquela que é considerada a principal escola de internação da instituição, o Instituto Padre

POLÍTICA SOCIAL, FAMÍLIA E JUVENTUDE

Severino, e durou dois semestres, em sessões semanais de duas horas, com a participação voluntária de quaisquer funcionários interessados.

A razão da terapia eram as freqüentes confusões entre os agentes, a doença, a agressividade, os desentendimentos. A opinião dos diretores e mesmo dos próprios agentes, na ocasião, era de que os internos é que menos causavam problemas na instituição. A causa maior de impasses e conflitos era a relação entre os funcionários.

Na primeira entrevista com uma das coordenadoras, chamaram-nos a atenção os seguintes fatos que marcavam as diferenças entre os CRIAM e as escolas de internação:

> "os adolescentes são os mesmos aqui e lá (nos CRIAM), só que aqui eles causam medo e lá não! Parece, porém, haver um eco, uma sintonia, da atitude daqui para os CRIAM. Quando os diretores aqui são mais repressivos os adolescentes fogem de lá, ou não permanecem muito tranqüilos. Quando a coisa melhora aqui, o clima fica muito melhor lá. Os agentes daqui e dos CRIAM também são os mesmos, são freqüentemente transferidos. Só que aqui espancam e são maus, e nos CRIAM brincam, jogam futebol com os internos, ajudam e participam. Quando mudam de local, mudam também de comportamento. Se vêm para cá, pioram. (...) Aqui também (Padre Severino) parece haver deterioração de costumes, convivência com drogas, participação em fugas, roubos praticados pelos funcionários. Nos CRIAM, os funcionários levam as coisas de casa para atender aos internos" (depoimento da coordenadora técnica de uma das escolas, em maio de 1998).

Por que os agentes mudam, quando são transferidos das escolas de internação para os CRIAM ou vice-versa?

Hughes (1964) responde à pergunta, implícita no depoimento acima, explicando o trabalho sujo social pelo fechamento e transformação de um grupo em seita, que cria a racionalização explicativa de seus próprios atos, e propondo, como prevenção do problema, a manutenção permanente da abertura do grupo a outros grupos e à sociedade em geral. As próprias circunstâncias de fechamento das escolas — instituições totais que levam ao fechamento dos grupos (favorecido ainda pelo sistema de plantões e pelo machismo viril de ambas as categorias, funcionários e internos) — causam a transformação dos grupos de agentes ou equipes dos plantões em seitas de "durões", e dos adolescentes em "bandidões", como uma boa parcela deles prefere se afirmar, e não em equipes de mediadores abertos à negociação.

Nos CRIAM há o contato com outros grupos e com a comunidade e a possibilidade de reinserção dos adolescentes, que se somam à menor responsabilidade dos agentes pela disciplina e pelo risco de fugas, gerando vantagens diretas tanto para os internos quanto para os agentes, que se mantêm abertos à mediação e à integração.

Nas escolas fechadas, há a identificação imaginária entre as duas categorias, adolescentes e funcionários, e a rivalidade derivada, gerando disputas "infantis" dos agentes com os internos e, até mesmo, ciúmes e a competição pelas atenções de superiores ou visitantes, por parte dos agentes. Constitui-se, assim, uma relação composta de um amplo naipe de sentimentos, que pode variar abertamente de um grande carinho a um ódio mortal, por alguns internos especificamente ou por quase todos eles.

Considerações finais

Acreditamos que o conceito de trabalho sujo nos possibilitou entender, por outra via, como e por que tais conflitos acontecem com esses profissionais, bem como contribuiu para repensarmos algumas questões institucionais, que deverão ser melhor discutidas e mais elaboradas na pesquisa que estamos realizando. No entanto, foi possível pontuar, desde já, algumas delas e acrescermos alguns aspectos a serem considerados para sua compreensão. Dessa forma, os malefícios da internação e a razão pela qual ela obtém resultados opostos aos que se propõe, as vantagens das medidas que a evitam e as razões das modificações subjetivas produzidas em funcionários e internos foram relacionados ao conceito que nos propusemos estudar. Como melhorar as escolas, se for inevitável sua utilização, e que tipo de instituições poderiam substituí-las com melhor proveito também foram objeto de discussão.

A insistência na internação, os inúmeros projetos propondo a redução da idade de plena responsabilidade penal e o grande aumento das internações de adolescentes nas duas últimas décadas, além das razões já expostas, têm profundas motivações inconscientes, que dominam nossos atos e vontades. Os estudos antropológico e psicanalítico dos sujeitos humanos consideram a produção inconsciente como seu objeto. Acreditamos ser essa valorização dos impulsos e das defesas inconscientes a principal contribuição do conceito de "trabalho sujo".

Os adolescentes estão num estado de liminaridade por sua própria condição de adolescentes — limiar entre a infância e a idade adulta. O conflito com a lei, por outro lado, também é condição liminar. Dessa maneira, estão duplamente em uma situação de desordem social, moral e de identidade. São duplamente impuros e poluídos e, dessa forma, representam simbolicamente um grande risco para a ordem social, ativando todas as defesas dirigidas à função de evitar a sujeira, a desordem, a "bagunça".

Numa sociedade simples ou antiga, seriam duplamente tabu — tanto pela indefinição entre a infância e a idade adulta que representam, quanto pelo desvio da norma que desafia a ordem social —, o que, em quase toda tribo, obriga a evitações e a prescrições rituais agressivas, arriscadas e dolorosas destinadas a assegurar a virilidade necessária à transformação dos "meninos" em guerreiros, caçadores, pescadores. Machos adultos, em suma.

Nessa situação não admira a insistência no isolamento social, possibilitado pela internação ou pela prisão — a separação constitui a primeira etapa dos ritos de passagem e a internação representa uma segregação em um espaço ambíguo com relação aos limites sociais como segunda etapa desses ritos (Van Gennep, 1978) —, como importante fator ritual inconsciente para evitar a poluição mágica. A persistência, também mágica, de tais crenças no insconsciente social influiria nos rituais agressivos e "disciplinadores", que podem chegar à tortura física ou psíquica a que são submetidos os adolescentes em algumas dessas instituições.

As queixas constantes de muitos agentes de que os internos não querem ser bem tratados, de que eles querem ser respeitados como machos, como bandidos, e sua contrapartida, o respeito e a admiração que tais agentes recebem dos internos que os consideram "durões", porém justos, evidenciam, encoberta por um aparente desinteresse pelas medidas socioeducativas, uma refinada percepção daquilo que Soares nomeou como uma das principais razões da delinqüência e da criminalidade jovens: a afirmação da própria existência através do culto à violência e da difusão do medo.

Bibliografia

ABRASCO. *Oficina Nacional "Adolescentes Trabalhadores em Situações Extremas de Risco"* — Relatório Preliminar. Abrasco, mimeo., 1999.

ADORNO, Sérgio. "A experiência precoce da punição". In: MARTINS, José de S. *O massacre dos inocentes*. A criança sem infância no Brasil. São Paulo: Hucitec, 1993, pp. 181-208.

ANTUNES, Ricardo. "Dimensões da crise e as metamorfoses do mundo do trabalho". *Serviço Social & Sociedade*, n° 50, ano XVII, São Paulo: Cortez, abr. 1996.

_____. *Adeus ao trabalho*. São Paulo: Cortez, 1999.

ARENDT, H. *A condição humana*. Rio de Janeiro: Forense Universitária, 1981.

_____. *Origens do totalitarismo*. São Paulo: Companhia das Letras, 1990.

_____. *Eichmann em Jerusalém. Um relato sobre a banalidade do mal*. São Paulo: Companhia das Letras, 1999.

_____. *Sobre a violência*. Rio de Janeiro: Relume-Dumará, 2000.

ASSIS, S. G. *Traçando caminhos em uma sociedade violenta. A vida de jovens infratores e de seus irmãos não-infratores*. Rio de Janeiro: FIOCRUZ, 1999.

BATISTA, Vera Malaguti. "Os menores em conflito com a lei e o mercado ilegal de drogas". In: *Workshop: o mercado ilegal de drogas*. Rio de Janeiro: mimeo., 1999.

BECKER, Howard S. (org.). *The other side: perspectives on deviance*. New York: The Free Press, 1964.

_____. *Uma teoria da ação coletiva*. Rio de Janeiro: Zahar, 1977.

BULMER, M. *The Chicago School of Sociology. Institutionalization, diversity, and the rise of sociological research*. Chicago: University of Chicago Press, 1984.

COULON, A. *A Escola de Chicago*. São Paulo: Papirus, 1995.

CRUZ NETO, O. e MINAYO, M. C. S. "Extermínio: Violentação e Banalização da Vida". *Cadernos de Saúde Pública*, v. 10, supl. 1, Rio de Janeiro: FIOCRUZ, 1994.

DA MATTA, R. *Carnavais, malandros e heróis*. Rio de Janeiro: Zahar, 1980.

_____. *A casa e a rua. Espaço, cidadania, mulher e morte no Brasil*. Rio de Janeiro: Guanabara Koogan, 1991.

DEJOURS, Christophe. *A loucura do trabalho*. São Paulo: Cortez, 1987.

_____. *Psicodinâmica do trabalho*. São Paulo: Atlas, 1994.

_____. *O fator humano*. Rio de Janeiro: Fundação Getúlio Vargas, 1997.

_____. "La Souffrance au Travail: Entretien avec Christophe Dejours". *Critique Communiste*, n° 152, Paris, 1998a.

_____. *Souffrance en France, la banalisation de l'injustice sociale*. Paris: 1998b.

_____. *A banalização da injustiça social*. Rio de Janeiro: Fundação Getúlio Vargas, 1999.

DEL OLMO. *A face oculta da droga*. Rio de Janeiro: Revan, 1990.

DIMOCK, S., "Juvenile crime". In: *Encyclopedia of Applied Ethics*. Academic Press, 1998.

DOUGLAS, Mary. *Pureza e perigo*. São Paulo: Perspectiva, 1976.

_____. "The self as risk-taker: A cultural theory of contagion in relation to Aids". In: DOUGLAS, Mary. *Risk and blame*. London: Routledge, 1992, cap. 6, pp. 102-121.

DUARTE, L. F. "Identidade social e padrões de 'Agressividade Verbal' em um grupo de trabalhadores urbanos". Rio de Janeiro: *Boletim do Museu Nacional*, n° 36, out. de 1981.

DUMONT, Louis. *Homo hierarchicus*. Chicago: The University of Chicago Press, 1980.

ESCOREL, Sara. *Vidas ao léu, trajetórias de exclusão social*. Rio de Janeiro: Ed. FIOCRUZ, 1999.

GOFFMAN, Erving. *Manicômios, prisões e conventos*. São Paulo: Perspectiva, 1974.

_____. *Estigma*. Rio de Janeiro: Zahar, 1980.

HUGHES, Everett C. "Good people and dirty work". In: BECKER, Howard S. (org.). *The other side: perspectives on deviance*. New York: The Free Press, 1964, pp. 23-36.

_____. *The sociological eye: selected papers on institutions and race*. Chicago: Aldine Athernon, 1971.

LAING, R. D. e COOPER, D. G. *Razón y violencia, una década de pensamiento sartreano*. Buenos Aires: Paidós, 1969.

MARTINS, J. de S. *O massacre dos inocentes. A criança sem infância no Brasil*. São Paulo: Hucitec, 1993.

MOLINIER, Pascale. "Autonomie morale subjective et construction de l'identité sexuelle: l'apport de la psychodynamique du travail". *Revue Internationale de Psychosociologie*, v. III, n° 5, Eska Ed., 1996.

OLIVEIRA, M. B. de. *Implicações psíquicas presentes no ato infracional de repetição, Juizado da Infância e Juventude*. Rio de Janeiro: mimeo., 1994.

OLIVEIRA, M. B. de e ASSIS, S. G. "Os adolescentes infratores do Rio de Janeiro e as instituições que os 'ressocializam'. A perpetuação do descaso". *Cadernos de Saúde Pública*, v. 15, n° 4, Rio de Janeiro, 1999.

OUTWAITE, W. e BOTTOMORE, T. *Dicionário do Pensamento Social do Século XX*. Rio de Janeiro: Jorge Zahar, 1996.

PARK, Robert E. "A cidade: sugestões para a investigação do comportamento humano no meio urbano". In: VELHO, Otávio (org.). *O fenômeno urbano*. Rio de Janeiro: Zahar, 1967, pp. 29-72.

RAMALHO, José Ricardo. *Mundo do crime, a ordem pelo avesso*. Rio de Janeiro: Graal, 1979.

SILVA, R. *Os filhos do governo*. São Paulo: Ática, 1997.

SIMMEL, Georg. "A metrópole e a vida mental". In: VELHO, O. (org.). *O fenômeno urbano*. Rio de Janeiro: Zahar, 1967, pp. 13-28.

SOARES, J. J. B. *Algumas considerações sobre a medida socioeducativa de internação*". Rio de Janeiro: DEGASE, mimeo., 1998.

SOARES, L. E. "Futebol e teatro, notas para uma análise de estratégias simbólicas". *Boletim do Museu Nacional*, nº 33. Rio de Janeiro, jul. 1979.

_____. *Meu casaco de general. Quinhentos dias no front da segurança pública no Rio de Janeiro.* São Paulo: Companhia das Letras, 2000.

VAN GENNEP, A. *Os ritos de passagem.* Petrópolis: Vozes, 1978.

VELHO, Gilberto. "Violência, reciprocidade e desigualdade: uma perspectiva antropológica". In: VELHO, Gilberto e ALVITO, M. (org.). *Cidade e violência.* Rio de Janeiro: Ed. da UFRJ, 1996, pp. 10-24.

_____. *Mediação, cultura e política.* Rio de Janeiro: Aeroplano, 2001.

VELHO, Gilberto e ALVITO, M. (org.). *Cidade e violência.* Rio de Janeiro: Ed. da UFRJ, 1996.

VELHO, Gilberto e KUSCHNIR, Karina. "Mediação e Metamorfose". *Mana*, v. 2, nº 1. Rio de Janeiro: PPGAS Museu Nacional, 1996, pp. 97-108.

VELHO, Otávio. (org.). *O fenômeno urbano.* Rio de Janeiro: Zahar, 1967.

VOLPI, M. *O adolescente e o ato infracional.* São Paulo: Cortez, 1997.

WIRTH, Louis. "O urbanismo como modo de vida". In: VELHO, Otávio (org.). *O fenômeno urbano.* Rio de Janeiro: Zahar, 1967, pp. 97-122.

YUNES, J. e RAJS, D. "Tendencia de la mortalidad por causas violentas en la población general y entre los adolescentes y jóvenes de la región de las Américas". *Cadernos de Saúde Pública*, v. 10, supl. 1. Rio de Janeiro: FIOCRUZ, 1994.

Capítulo 3

O jovem trabalhador brasileiro e qualificação profissional: a ilusão do primeiro emprego

Tatiane Alves Baptista

O problema levantado neste trabalho refere-se ao processo de (des)institucionalização do sistema de educação profissional para formação do jovem trabalhador em nível técnico, em função das chamadas "novas exigências do mercado", relacionando o acesso ou não ao primeiro emprego à qualificação ou desqualificação do trabalhador.

Partimos da hipótese de que o agravamento do desemprego é um fenômeno que compõe a atual etapa da acumulação capitalista, dependendo pouco da qualificação ou da desqualificação do trabalhador. Sendo assim, a nova concepção de qualificação corresponde politicamente a essa etapa, na medida em que revela a atual configuração do Estado e das políticas sociais. Por outro lado, sua implementação, ao passo que se inscreve no âmbito das políticas neoliberais, distancia-se, do ponto de vista da efetividade, dos objetivos mesmos a que se propõe.

Para melhor compreensão do debate acerca da qualificação e da requalificação do jovem aluno egresso do ensino fundamental, bem como o trabalhador em geral, jovem ou adulto, partimos da reconstrução do cenário político-econômico e sociocultural onde tais fenômenos estão incluídos. Relacionando a especificidade dos processos de qualificação no Brasil a fenômenos mais gerais, rememetemo-los assim às suas determinações fundamentais. Aprofundamos uma reflexão crítica acerca da reestruturação do mundo do trabalho e ingressaremos naquilo que consideramos o eixo central deste artigo: a idéia que vem se difundindo de que o fenômeno do desemprego em massa é conseqüência da desqualificação técnica do trabalhador. Tal idéia vem justificando os altos investimentos de recursos públicos, sobretudo advindos do Fundo de Amparo ao Trabalho (FAT), em programas dessa natureza. É na análise desses programas que pautaremos este último momento do texto.

Plano Nacional de Formação Profissional: nova institucionalidade da educação profissional

Inserido no contexto da reestruturação produtiva, ou melhor, concebido como uma das respostas às requisições da reestruturação produtiva no Brasil, o Plano Nacional de Formação Profissional (PLANFOR) tem se orientado pelas diretrizes de política social do governo federal e do Sistema Público de Trabalho e Renda (SPTR). A meta principal do programa é ofertar educação profissional permanente para qualificar ou requalificar, a cada ano, pelo menos, 20% da População Economicamente Ativa (PEA), ou seja, 15 milhões de trabalhadores ao ano. O programa pretende, com as palavras do Ministério do Trabalho:

> "a) formação e atualização profissional em contextos de mudança e modernização tecnológica; b) aumento da probabilidade de obtenção de emprego e de geração ou elevação de renda, reduzindo os níveis de desemprego e subemprego; c) aumento da probabilidade de permanência no mercado de trabalho, reduzindo os riscos de demissão e as taxas de rotatividade; d) elevação da produtividade, da competitividade e renda".

Nessa perspectiva, o Plano caracteriza-se como uma política pública de emprego e renda, e, portanto, uma política pública de trabalho. Contudo, sua proposta altera radicalmente um horizonte que esteve historicamente presente no contexto das políticas públicas de educação. Há aqui uma significativa alteração. A "institucionalidade" da educação profissional, historicamente sob a responsabilidade do Ministério da Educação (MEC), passa a ser redimensionada e administrada pelo Ministério do Trabalho (MTE). Inegavelmente, o que temos é expressão da reforma mesmo do Estado, o próprio aparelho vai sendo reconfigurado em função das no-

POLÍTICA SOCIAL, FAMÍLIA E JUVENTUDE

vas determinações do processo mais geral de reestruturação produtiva e globalização.

Com o Decreto nº 2.208, de 17 de abril de 1997, o governo regulamentou o parágrafo segundo do artigo 36 e os artigos 39 a 42 da nova Lei de Diretrizes e Bases da Educação (LDB), que reforma a educação profissional.[1]

Tendo sido destacado da LDB o conteúdo da educação profissional, percebemos que se coloca para a educação do trabalhador não apenas a perversidade de uma reforma que pensa apenas na capacitação superficial para demandas emergenciais — ou seja, oferecimento de cursos curtos, descolados de uma formação mais crítica, com vistas a uma suposta especialização —, mas, por outro lado, sugere, como pano de fundo, a proliferação de pequenos "cursinhos", conformando assim uma nova e estratégica fatia de mercado.

O Decreto nº 2.208/97 reforça a lógica e os princípios consolidados na nova LDB. Expressando o retrocesso, o artigo 11 do Decreto nº 2.208/97 estabelece:

"Os sistemas federais e estaduais de ensino implementarão, através de exames, certificação de competência, para fins de dispensa de disciplinas ou módulos em cursos de habilitação profissional que dará direito ao diploma correspondente ao técnico de nível médio" (Brasil, 1997).

---

1. "Artigo 36, parágrafo 2º — o ensino médio, atendida a formação geral do educando, poderá prepará-lo para o exercício de profissões técnicas." Quanto aos artigos 39 a 42, integram o Capítulo III, que trata da educação profissional, de acordo com a LDB, Lei nº 9.394/96: "Artigo 39 — A educação profissional, integrada às diferentes formas de educação, ao trabalho, à ciência e à tecnologia, conduz ao permanente desenvolvimento de aptidões para a vida produtiva. Parágrafo único — O aluno matriculado ou egresso do ensino fundamental, médio e superior, bem como o trabalhador em geral, jovem ou adulto, contará com a possibilidade de acesso à educação profissional. Artigo 40 — A educação profissional será desenvolvida em articulação com o ensino regular ou por diferentes estratégias de educação continuada, em instituições especializadas ou no ambiente de trabalho. Artigo 41 — O conhecimento adquirido na educação profissional, inclusive no trabalho, poderá ser o objeto de avaliação, reconhecimento e certificação para prosseguimento ou conclusão dos estudos. Parágrafo único — Os diplomas de cursos de educação profissional de nível médio, quando registrados, terão validade nacional. Artigo 42 — As escolas técnicas e profissionais, além dos seus cursos regulares, oferecerão cursos especiais, abertos à comunidade, condicionada a matrícula à capacidade de aproveitamento e não necessariamente ao nível de escolaridade".

Como se vê, o centro da reforma da educação profissional implica a separação entre o ensino médio e o ensino técnico profissional. Consideramos tal separação um retrocesso, à medida que propõe uma educação diferenciada para os filhos da elite e os filhos da classe trabalhadora. Reafirma, dessa forma, práticas bastante corriqueiras na história do sistema educacional brasileiro — dualismo estrutural — e consolida um elitismo característico dessa história.

Um outro aspecto que merece destaque refere-se à total omissão da nova LDB às formas de financiamento da educação profissional. Nem a lei nem os decretos que a regulamentam citam, em uma linha que seja, a quem compete a questão do custeio do ensino técnico, particularmente os Centros Federais de Educação Tecnológica (CEFETs) e as Escolas Técnicas Federais de Educação Tecnológica (ETFs). Ao se referir ao capítulo que trata da educação profissional, na LDB, Saviani faz as seguintes ponderações:

"Em verdade, esse capítulo parece mais uma carta de intenções do que um documento legal, já que não define instâncias, competências e responsabilidades. (...) A cargo de quem estará essa educação profissional? Da União, dos Estados, dos Municípios, das empresas, da iniciativa privada indistintamente? Localiza-se aí o chamado 'sistema CNI', isto é, o SENAI, o SESI? E também o SENAC e o SESC etc.? A nível da União o órgão responsável será o Ministério da Educação ou o Ministério do Trabalho? Ou ambos? A lei é omissa em relação a questões desse tipo" (1997: 216).

As indagações postas pelo autor parecem começar a encontrar respostas. É, pois, na problemática do desemprego que a atual política baseia sua argumentação e justificação para a redefinição da função social, estrutura organizacional, modelo pedagógico e, principalmente, da gestão e financiamento da educação profissional.

Partindo de uma leitura crítica acerca do processo de reforma da educação nacional, Gentilli (1998) propõe um raciocínio para nos mostrar como vem se dando o processo de privatização da rede pública de ensino, sem que, com isso, se tenha estabelecido uma relação de compra e venda, própria dos processos clássicos de privatização. O autor nos explica que:

"a privatização envolve uma dinâmica onde se combinam três modalidades institucionais complementares: 1) fornecimento público com financiamento privado (privatização do financiamento); 2) fornecimento privado com finan-

POLÍTICA SOCIAL, FAMÍLIA E JUVENTUDE

ciamento público (privatização do fornecimento); e 3) fornecimento privado com financiamento privado (privatização total)".

Uma definição ampla da privatização permite compreender como a atual reforma escolar envolve, apesar da retórica tecnocrática dos governos neoliberais, um também amplo e progressivo processo de transferência de responsabilidades políticas em matéria educacional para entidades privadas, que começam a invadir espaços que vinham sendo historicamente ocupados pelo Estado, revelando assim uma mudança na própria cultura política do país. Essa delegação de responsabilidades e funções envolve uma série de mediações que torna a privatização educacional mais difusa e indireta que a privatização das instituições produtivas.

Há, na essência desse processo, um conteúdo estrutural que redimensiona o papel do Estado frente às instituições educacionais, colocando-as em sintonia com as demais instituições que compõem o cenário político de reforma do Estado brasileiro.

No discurso, categorias como institucionalidade, modelo pedagógico, estrutura organizacional e financiamento ganham novas definições em função das demandas colocadas pelo processo de reestruturação produtiva, pois é preciso qualificar um jovem cujo perfil se enquadre nos moldes advindos desse novo paradigma produtivo.

Como conseqüência dessas novas definições, é engendrada uma série de novas ações no âmbito do Estado, revelando a sintonia existente entre a base material — os processos de reestruturação da produção — e a base político-ideológica — em razão do projeto político-social do neoliberalismo.

Tal modelo pôs em questão a noção do que vem a ser qualificação, sugerindo, assim, uma ruptura com aquilo que se convencionou como qualificação no período da produção/reprodução baseada no modelo denominado taylorismo/fordismo. A formulação do atual modelo é engendrada em "competências". À medida que valoriza o "saber ser", em detrimento de um "estoque de saberes", coloca a qualificação hipotecada a uma necessidade, ou a um conjunto delas, estando não na sociedade, mas no mercado seu ponto de partida. É nesse sentido que pensar hoje a noção de qualificação e desqualificação leva a pensar na idéia de "empregabilidade", definida como:

"a capacidade da mão-de-obra de se manter empregada ou encontrar novo emprego quando demitida. O princípio que está por trás do conceito é de que o desemprego tem como causa a baixa empregabilidade da mão-de-obra, ou seja, sua inadequação em face das exigências do mercado" (Leite apud Souza, 1999:48).

Tal concepção é tida como condição de inserção do jovem no seu primeiro emprego e aparece como o objetivo a ser atingido à formação junto ao trabalhador. É nessa perspectiva que se constituem, numa só esfera e ao mesmo tempo, uma política nacional de educação profissional e uma política pública de emprego e renda, uma política voltada para o jovem trabalhador no acesso ao primeiro emprego e, ao mesmo tempo, uma política de enfrentamento do desemprego do trabalhador em geral. O entendimento, portanto, é de que, através de uma política educacional, se alcançam resultados esperados de uma política de emprego e renda. Dessa forma, temos que:

> "O que a noção de Empregabilidade traria seria um deslocamento da idéia de que o desemprego se daria através do descompasso entre a população economicamente ativa e a oferta de trabalho. O desemprego seria, para aquela visão, resultado das inadequações desta população às exigências de qualificação colocadas como requisitos no interior do novo paradigma produtivo. Com isso, estaria implícita a idéia de que haveria oferta de trabalho para toda a população economicamente ativa, contanto que a mesma se adapte às demandas do novo quadro" (Souza, 1999:48-49).

Segundo o mesmo autor, a "empregabilidade" — como conceito que reúne uma série de capacidades e competências que tornam o trabalhador apto a se inserir ou se manter num emprego — aponta para o que ele chamou de "neo-TCH", ou seja, uma nova Teoria do Capital Humano, que o autor explicita, quando escreve: "Nesse sentido, estaríamos mais uma vez frente ao entendimento da educação como um 'capital adstrito a cada sujeito', ou seja, presenciando uma reedição da TCH" (ibidem: 65).[2]

A neo-TCH sublinha a perspectiva do desenvolvimento e — no discurso presente — a perspectiva da modernização através da reconversão da formação profissional, no sentido de proporcionar à economia nacional um grau de competitividade satisfatório em relação às exigências do mercado internacional.

---

2. Sobre a Teoria do Capital Humano, ver: "A educação alçada a capital humano — uma esfera específica das teorias do desenvolvimento". In: FRIGOTTO, Gaudêncio. *A educação e a crise do capitalismo real*. São Paulo: Cortez, 1995.

POLÍTICA SOCIAL, FAMÍLIA E JUVENTUDE

Com isso, há uma individualização do problema "desemprego" com acento em dois aspectos. Um diz respeito ao esvaziamento do problema como expressão da Questão Social, responsabilizando o trabalhador por sua inclusão/exclusão no mercado; outro diz respeito ao que estão chamando de "cidadão produtivo", em que os trabalhadores passam a entrar no mercado não como trabalhadores, mas como colaboradores, criando assim novas bases de exploração e de consentimento.

O discurso que justifica o desemprego pela desqualificação da mão-de-obra, em função das mutações impostas pelo processo de globalização e reestruturação produtiva, está, em certa medida, colocando na qualificação uma promessa de "reinclusão" social. Nesse sentido, e mediante a dinâmica exclusão/inclusão, o Estado neoliberal ganha, do ponto de vista da construção de hegemonia, novas formas para manter tal dinâmica num "equilíbrio aceitável".

Sob responsabilidade da Secretaria de Formação e Desenvolvimento Profissional (SEFOR), vinculada ao Ministério do Trabalho e Emprego, o Plano Nacional de Qualificação compôs o leque das políticas do governo Fernando Henrique Cardoso que integravam o chamado "Avança Brasil: mais 4 anos de desenvolvimento para todos". Estruturado em 1995, e com sua implementação iniciada em 1996, o PLANFOR institucionalizou-se como um dos mecanismos do Sistema Público de Trabalho e Renda, financiado pelo Fundo de Amparo ao Trabalhador (FAT).

Com um orçamento que não chegou a 30 milhões de reais em 1995, a chamada Rede de Educação Profissional (REP), essencialmente composta pelas Escolas Técnicas Federais (CEFETs), nem de longe estavam no campo das prioridades do governo federal. Tentaremos mostrar como esse horizonte se reconfigura a partir da implementação do PLANFOR. E, ainda, como o Estado passa a exercer papel de articulador, normatizador e fiscalizador das políticas educacionais; estas últimas tendo sua execução cada vez mais privatizada através das chamadas "fundações".

O Plano Nacional de Qualificação no Rio de Janeiro: prioridades na elaboração x prioridades na execução

O Plano Nacional de Qualificação do Trabalhador (PLANFOR) passa a ter reconhecimento legal, redefinido a partir da Resolução nº 194, de 23 de setembro de 1998. Tal resolução, além de estabelecer a fonte de financiamento do programa, com a transferência de recursos do Fundo de Amparo ao Trabalhador (FAT), no âmbito do Programa do Seguro-Desemprego até o ano de 2002, estabelece, no seu artigo 2º, as seguintes orientações:

"O PLANFOR tem o objetivo de construir, gradativamente, oferta de educação profissional (EP) permanente, com foco na demanda do mercado de trabalho, de modo a qualificar ou requalificar, a cada ano, articulado à capacidade e competência existente nessa área, pelo menos 20% da PEA — População Economicamente Ativa, maior de 14 anos de idade, com vistas a contribuir para: aumento da probabilidade de obtenção de trabalho e de geração ou elevação de renda, reduzindo os níveis de desemprego e subemprego; aumento da probabilidade de permanência no mercado de trabalho, reduzindo os riscos de demissão e as taxas de rotatividade; elevação da produtividade, da competitividade e renda".[3]

O texto da resolução deixa claro as metas e os objetivos do programa. Trata-se, de fato, de uma política que visa, através da qualificação ou requalificação, enfrentar o problema do desemprego. A despeito das implicações políticas de tal raciocínio,[4] importa percebermos como ele tem se expressado na execução do programa.

Segundo o Relatório de Avaliação gerencial de 1999, publicado pelo Ministério do Trabalho em 2000, o PLANFOR mobilizou uma população de 2,6 milhões de pessoas em 1999; desde 1995, quando foi iniciada a implementação do PLANFOR, até o referido ano, foram 8,3 milhões de pessoas. No ano de 1999 foram investidos cerca de R$ 356 milhões do FAT que, somados a outras fontes (Estados e parceiros), perfaz um investimento total de R$ 457,2 milhões. As atividades voltadas para o jovem trabalhador foram centralmente as seguintes: supletivo e telecurso, abrangendo 370 mil treinandos e com investimento igual a R$ 60,8 milhões; jovem em situação de risco social e a chamada capacitação solidária, com 253,3 mil treinandos e R$ 37,7 milhões investidos. Segundo o relatório o "Jovem em busca do primeiro emprego" e o "Jovem em risco social", somam 24,8% da população treinada pelo programa.

---

3. Publicado no *Diário Oficial*, em 29.9.98.

4. Estamos nos referindo ao raciocínio que atribui à desqualificação da mão-de-obra a causa mesmo da sua exclusão do mercado de trabalho; e, ainda, ao processo mesmo de substituição da formação generalista por uma especialista, com foco exclusivamente no mercado.

POLÍTICA SOCIAL, FAMÍLIA E JUVENTUDE

O PLANFOR está estruturado a partir de Planos Estaduais de Qualificação (PEQ) e de Parcerias Nacionais e Regionais. Pretendemos, a partir dos dados levantados, uma reflexão acerca do PEQ — Rio de Janeiro.

O perfil do treinando que compõe o PEQ no Rio de Janeiro é marcado pelas seguintes características: 92,3% localizam-se na região urbana e 7,7%, na região rural. São, na maioria, mulheres — dos 67.830 treinandos, 61,6% são do sexo feminino; a maioria, 71,6%, possui entre 22 e 49 anos de idade. Dentre eles, 32.762, ou seja, 48,3%, estão desocupados, sendo que 15,2% dessa população possui o terceiro grau completo, 52,1% o segundo grau completo, 20,5% o primeiro grau completo e 11,5% o primeiro grau incompleto. Apenas 0,7% não conta com nenhum grau de escolaridade.[5]

O Rio de Janeiro, só no ano de 1997, contou, em termos de aplicação, com R$ 17,2 milhões investidos em ações de qualificação. Com esses recursos, o estado mobilizou uma população de treinandos de 67,8 mil jovens e trabalhadores em geral.

Tendo em vista o objetivo de qualificar e requalificar para inserção e reinserção no mercado, analisamos o que tem sido o *locus* do investimento, em termos de oferecimento dos cursos no Rio de Janeiro.

Observando as figuras a seguir, temos um quadro que, relacionado às metas estabelecidas pelo PLANFOR, aponta algumas contradições. Segundo o PLANFOR, na proposta de qualificação estabelecida por ele busca-se, através das ações de qualificação profissional, "novas competências", "capacidade de diagnóstico", "capacidade de ação e reação diante de eventos imprevisíveis", "capacidade de ir além do domínio de tarefas prescritas" etc., sem os quais o trabalhador estará "condenado" a permanecer à margem, ou melhor, desempregado.

Entretanto, é o chamado "Serviço Civil Voluntário", o programa de maior peso, em termos de investimento no Rio de Janeiro. Dos R$ 17,2 milhões investidos em ações de qualificação no Rio de Janeiro, R$ 5,5 milhões foram para esse programa, ou seja, 34,3% dos recursos.

Sob responsabilidade da Organização Não-Governamental "Viva Rio", o programa aparece em quinze municípios do estado do Rio de Janeiro,

---

5. Ministério do Trabalho — Secretaria de Formação e Desenvolvimento Profissional — SEFOR, PLANFOR 1997: Anuário dos Planos Estaduais de Qualificação. Brasília, abril de 1998.

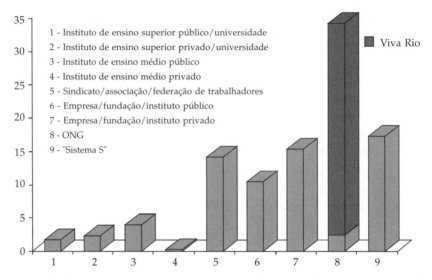

Figura 1.1 — Entidades executoras dos programas de qualificação no Rio de Janeiro, de acordo com "Tipo/Natureza Jurídica"

Investimentos em valores percentuais x natureza jurídica
Fonte: Ministério do Trabalho e do Emprego
Relatório Gerencial do PLANFOR 1995/1999

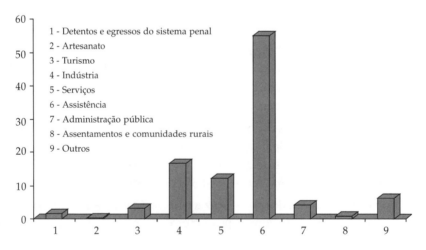

Figura 1.2 — Investimentos em qualificação por natureza dos cursos oferecidos no Rio de Janeiro

Investimentos em valores percentuais x tipo/área de qualificação oferecida
Fonte: Ministério do Trabalho e do Emprego
Relatório Gerencial do PLANFOR 1995/1999

POLÍTICA SOCIAL, FAMÍLIA E JUVENTUDE 141

dentre eles os municípios que compõem a região metropolitana do estado, ou seja, Rio de Janeiro e Baixada Fluminense. O "serviço" é definido como:

"Educação profissional para jovens dispensados do serviço militar, retribuída pelos participantes com prestação de serviços para comunidade. Prevê a criação de 600 centros de serviço civil voluntário (Estações para o Futuro), a serem instalados em sindicatos, igrejas, escolas e associações de moradores. Envolve parcerias com as Forças Armadas, movimento Viva Rio, Fundação Roberto Marinho, SEBRAE, Federação das Indústrias do Estado, Associação Comercial e Comunidade Solidária. Executora: Viva Rio"[6].

Os dados mostram uma disparidade entre o discurso e a realidade. A concepção política que perpassa o programa de "Serviço Civil Voluntário" está longe de representar uma alternativa efetiva de qualificação para a juventude carioca, menos ainda para as qualificações estabelecidas no PLANFOR; e tampouco garante a sua inserção ou reinserção no mercado de trabalho.

Esse dado é para nós o que há de mais expressivo para revelar quão falacioso tem sido o Plano Nacional de Educação (PLANFOR). De acordo com a Resolução 194/1998, o Plano tem o objetivo de construir oferta de educação profissional em três eixos: a) aumento da probabilidade de obtenção de trabalho, geração ou elevação de renda, reduzindo os níveis de desemprego ou subemprego; b) aumento da probabilidade de permanência no mercado de trabalho; c) elevação da produtividade, da competitividade e renda.

No entanto, o programa de maior investimento, tanto em recursos quanto em número de treinandos, está voltado para o desenvolvimento de "valores de cidadania, nacionalidade e solidariedade através de ações efetivas de prestação de serviços comunitários".

Além da Viva Rio, temos também no Rio de Janeiro outras entidades de fim assistencial, mas que aparecem como agentes de qualificação. São elas: Centro de Ação Comunitária (CEDAC), com R$ 32,2 mil; Associação de Pais e Amigos dos Excepcionais (APAE), com R$ 17,6 mil; Associação Promocional Entre Nós (APEN), com R$ 301,4 mil; Sociedade Pestalozzi do

---

6. Ibidem, p. 308.

Estado do Rio de Janeiro, com R$ 14,3 mil; Fundação Santa Cabrine, com R$ 272,9 mil; Legião da Boa Vontade (LBV), com R$ 1,8 milhão. Contabilizam-se, assim, R$ 2,5 milhões, que, se somados aos recursos do Viva Rio, atingem 46,8% do total de recursos investidos no período em políticas de assistência e não de qualificação, conforme a Figura 1.1.

Observando ainda a Figura 1.2, que mostra a natureza dos cursos oferecidos no Rio de Janeiro, vemos que o investimento em áreas como turismo é de apenas 3% e na Indústria é de apenas 16,6%. Essas áreas, juntamente com os *serviços*, são, em função das características do estado e da capital, as mais promissoras no sentido da inclusão ou reinclusão no mercado de trabalho.

No Rio de Janeiro, segundo pesquisa com egressos realizada pelo Ministério do Trabalho/SEFOR, 74% dos egressos ocupados afirmaram que tiveram sua situação inalterada depois da realização do curso, 21% afirmaram receber mais depois da realização do curso e 5% afirmaram receber menos depois do curso. Ao serem perguntados se atribuem a mudança à realização do curso, 73% dos egressos responderam que não.

Quando perguntados acerca das razões de desocupação e desemprego, os egressos atribuem-no, em primeiro lugar, à falta de vagas no mercado de trabalho (razão básica de desocupação) e, em segundo lugar, à falta de experiência demandada pelo mercado de trabalho.

Partíamos da pergunta: "O problema do desemprego é o problema da desqualificação?"; percebemos aqui, ainda que como uma tendência, a resposta da nossa questão. Não há uma relação linear entre qualificar-se e obter um emprego. As parcas vagas existentes hoje no mercado de trabalho demandam um trabalhador superqualificado.

Observando os dados da pesquisa, temos que:

"Em Pernambuco, aumentou o número de egressos sem remuneração: 51% a 61%. É de se supor que a influência das dificuldades econômicas supere a influência dos esforços em melhorar as condições pessoais de trabalho. Na Paraíba, melhorou o salário médio — passou de R$ 201,00 para R$ 240,00 — e o mediano — passou de R$ 230,00 para R$ 240,00. (...) Há indícios de que tenham diminuído os ganhos salariais dos grupos mais pobres, posto que o primeiro quartil passou de R$ 145,00 para R$ 122,00" (*O que está acontecendo com os treinandos dos PEQs?*, Brasília:1999).

POLÍTICA SOCIAL, FAMÍLIA E JUVENTUDE

Sobre as vantagens de ter feito o curso, as mais citadas pelos estados são, por ordem de maior número de indicações:

- Melhorou a eficiência e a qualidade do trabalho realizado
- Melhorou o relacionamento pessoal
- Melhoraram as chances de conseguir trabalho
- Aumentou a autoconfiança/iniciativa/autodesenvolvimento
- Melhorou o rendimento
- Conheceu mais pessoas/aumentou a integração social
- Aumentaram as informações sobre mercado de trabalho
- Melhorou o relacionamento no trabalho
- Foi promovido
- Aprendeu um trabalho/adquiriu profissão
- Qualificou-se/especializou-se
- Aumentou/atualizou o conhecimento
- Ajudou a organizar o próprio negócio

Observa-se que nessa ordem o "qualificou-se/especializou-se" aparece entre os últimos itens apontados pelos egressos. No Rio de Janeiro, essa vantagem não foi percebida por nenhum trabalhador.

A qualificação oferecida pelo PLANFOR, segundo a mesma pesquisa com egressos, teve como "pontos críticos" apontados pelos trabalhadores entrevistados os seguintes itens:

- Limitação ou desarticulação dos conteúdos
- Duração reduzida
- Ausência de estágio
- O curso não acrescentou nada à vida profissional

Sem apelar para generalizações, podemos perceber que, de modo geral, a política de qualificação em curso está longe de resolver o problema do desemprego, mais que isso, tem contribuído para um processo sociopolítico mais amplo de privatização do Estado e de reforma das políticas sociais, incluída a política educacional.

O quadro anterior demonstra o que tem sido a gestão das políticas sociais no Brasil contemporâneo. Em todos os seus níveis, o que se tem no discurso nem de longe se verifica na prática. O uso do recurso público para fins de clientelas, a volta ao "primeiro damismo", o incentivo à prática voluntarista, a volta à filantropia, e, paralelamente a isso, a desconstrução daquele parco patrimônio acumulado, expresso fundamentalmente na Constituição de 1988. Poderíamos citar, dentre outros, o caso do desmonte dos CEFETs.

Finalmente, cabe observar que o discurso atual, que atribui à qualificação ou requalificação do trabalhador a sua condição de emprego ou desemprego, tem tom retórico. Fato que reafirma nossas hipóteses iniciais e vem sublinhar uma crise que é estrutural, não do trabalho ou do trabalhador, mas sim do capitalismo.

Bibliografia

ANDERSON, P. "Balanço do neoliberalismo". In: SADER, E. e GENTILLI, P. *Pós-neoliberalismo — As políticas sociais e o Estado democrático*. Rio de Janeiro: Paz e Terra, 1995.

ANTUNES, Ricardo. *Adeus ao trabalho? Ensaio sobre as metamorfoses e a centralidade do mundo do trabalho*. 2ª ed. São Paulo/Campinas: Cortez/Ed. da UNICAMP, 1995.

BAPTISTA, Tatiane Alves. "Considerações sobre a reforma educacional do neoliberalismo, a legislação atual e os seus impactos para o ensino técnico: a desconstrução dos programas assistenciais do CEFET-RJ como expressão da reforma". Rio de Janeiro, 1998, 61 p. Monografia de conclusão de curso (Graduação em Serviço Social), UERJ/FSS, mimeo.

BOTTOMORE, Tom (ed.). *Dicionário do pensamento marxista*. Rio de Janeiro: Zahar, 1998.

BRAGA, Ruy. *A restauração do capital: um estudo da crise contemporânea*. São Paulo: Xamã, 1996.

BRASIL. Congresso Nacional. Plano Nacional de Educação (PNE). Brasília, 1998.

BRASIL. "Lei nº 9.394, de 20/12/96, estabelece as Diretrizes Nacionais da Educação". *Diário Oficial da União*, ano CXXXIV, nº 248, de 23/12/96.

BRASIL. SEFOR — Secretaria de Formação e Desenvolvimento Profissional. Plano Nacional de Educação Profissional, 2000.

CARDOSO, Fernando Henrique. *Avança Brasil: proposta de governo/Fernando Henrique Cardoso*. Brasília: s./ed., 1998.

POLÍTICA SOCIAL, FAMÍLIA E JUVENTUDE

CONED. *Plano Nacional de Educação: proposta da sociedade brasileira.* Belo Horizonte, II Congresso Nacional de Educação, 1997.

CUNHA, Luís Antônio. "Ensino médio e ensino profissional: da fusão à exclusão". Caxambu, 20ª Reunião Anual da ANPed, 1997, 24 p.

FERRETTI, C. J. (org.). *Novas tecnologias trabalho e educação: um debate multidisciplinar.* Petrópolis: Vozes, 1994.

FRANCO, Maria Ciavata. *Estudos comparados e educação na América Latina.* São Paulo: Livros do Tatu, Cortez, 1992.

FRIGOTTO, Gaudêncio. *Trabalho e conhecimento, dilemas na educação do trabalhador.* São Paulo: Cortez, 1987.

_____. *Educação e crise do capitalismo real.* São Paulo: Cortez, 1995.

_____ (org.). *Educação e crise do trabalho: perspectivas de final de século.* Petrópolis: Vozes, 1998. (Coleção Estudos Culturais em Educação)

GENTILLI, P. (org.). *Pedagogia de exclusão: crítica ao neoliberalismo na educação.* Petrópolis: Vozes, 1998.

GENTILLI, P. e SILVA, T. T. (orgs.). *Neoliberalismo, qualidade total e educação: visões críticas.* Rio de Janeiro: Vozes, 1994.

GRAMSCI, Antônio. *Concepção dialética da história.* Rio de Janeiro: Civilização Brasileira, 1978.

_____. *Os intelectuais e a organização da cultura.* 7ª ed. Rio de Janeiro: Civilização Brasileira, 1989.

KUENZER, A. *Educação e trabalho no Brasil: o estado da questão.* Brasília: INEP/MEC, 1987.

_____. *Educação profissional: tendências e desafios.* Documento final do II Seminário sobre a Reforma do Ensino Profissional, [27 e 28 de novembro de 1998, Curitiba]; Domingos Leite Lima Filho (org.). [Curitiba]: SINDOCEFET-PR, c 1999.

LEITE, Marcia de Paula. "A qualificação reestruturada e os desafios da formação profissional". *Novos Estudos CEBRAP*, nº 45, 1996.

LEITE, Marcia de Paula e POSTHUMA, Anne Caroline. "Reestruturação produtiva e qualificação. Reflexões sobre a experiência brasileira". *São Paulo em Perspectiva*, v. 10, nº 1, jan.-mar. 1996.

_____. "Qualificação, desemprego e empregabilidade". *São Paulo em Perspectiva*, v. 11, nº 1, 1997, pp. 49-64.

LEHER, Roberto. "Um novo senhor da educação? A política educacional do Banco Mundial para a periferia do capitalismo". *Outubro*, nº 3, 1999.

LIMA, Claudia Gonçalves de. "Plano Nacional de Educação: dois projetos em debate". *ADVIR*, revista da Associação dos Docentes da UERJ. Rio de Janeiro, 1998.

MARX, Karl. *O capital.* Rio de Janeiro: Civilização Brasileira, 1968, 6 vols.

MINISTÉRIO DO TRABALHO/SEFOR. *Educação profissional: um projeto para o desenvolvimento sustentado.* Brasília, 1995.

_____. *Reconstruindo a institucionalidade da educação profissional no Brasil.* Brasília, 1999.

MOTA, Ana Elizabete (org.). *A nova fábrica de consensos.* São Paulo: Cortez, 1998.

NETTO, José Paulo. "FHC e a política social: um desastre para as massas trabalhadoras". In: LESBAUPIN, I. (org.). *O desmonte da nação. Balanço do governo FHC.* Petrópolis: Vozes, 1999.

PAIVA, V.; POTENGY, G. e CHINELLI, F. "Qualificação e inserção alternativa no mundo do trabalho. A sociologia do trabalho para além da indústria". *Novos Estudos CEBRAP*, nº 48, 1997.

SADER, E. e GENTILI, P. (orgs.). *Pós-neoliberalismo. As políticas sociais e o Estado democrático.* Rio de Janeiro: Paz e Terra, 1995.

SAVIANI, Demerval. *A nova lei da educação — LDB, trajetória, limites e perspectivas.* Campinas: Autores Associados, 1997. (Coleção Educação Contemporânea)

SOUZA, Donaldozello; SANTANA, M. Aurélio e DELUIZ, Neise. *Trabalho e educação: centrais sindicais e reestruturação produtiva no Brasil.* Rio de Janeiro: Quartet, 1999.

Capítulo 4

O Estatuto da Criança e do Adolescente e a Lei de Diretrizes e Bases da Educação como marcos inovadores de políticas sociais

Maria Cristina Leal

No Brasil, a luta dos educadores e especialistas comprometidos com as causas populares e envolvidos em políticas de educação escolar e demais políticas socioeducativas esteve marcada, em geral, pelo embate entre o público (como sinônimo de estatal) e o privado (setores empresariais interessados na mercantilização da educação, saúde, previdência etc., ou por setores religiosos interessados no monopólio do campo educacional). Pelos modelos de políticas sociais plurais que tanto podem ser caracterizados, segundo Pereira (2001:40), por um pluralismo residual (o Estado se desobriga de seus deveres e responsabilidades e as transfere para a sociedade, o que pode resultar em um desmonte ou mesmo restrição dos direitos sociais), ou por um pluralismo institucional (o Estado busca parceiros na sociedade, sem fugir de suas responsabilidades), as normas que regem as políticas sociais podem ajudar a garantir desenhos mais democráticos para essas políticas. Nesse sentido torna-se importante iniciar este debate com algumas apreciações sobre algumas das principais leis que hoje orientam as políticas para crianças e adolescentes no Brasil.

O Estatuto da Criança e do Adolescente, Lei federal nº 8.069, 13 de julho de 1990, pode ser considerado um dos desdobramentos mais importantes da Constituição de 1988, a qual no seu artigo 277, determina que é dever da família, da sociedade e do Estado garantir, com absoluta prioridade, direitos considerados essenciais: saúde, alimentação, educação, lazer, respeito à liberdade e à convivência familiar e comunitária. O artigo determina, também, que crianças e adolescentes devem ser protegidos contra toda forma de negligência, discriminação, violência, crueldade e opressão.

O Estatuto da Criança e do Adolescente, o ECA, regulamentou conquistas presentes na Constituição, e a sua implantação, mesmo que morosa, dados os entraves e resistências de setores da sociedade brasileira, vem promovendo uma revolução nas áreas jurídica, social e política

A primeira delas está na mudança da concepção de infância e adolescência, anteriormente compreendidas como fases da vida destituídas de direitos e que, portanto, precisavam simplesmente de tutela. Pela nova concepção, instituída pelo ECA, crianças e adolescentes passam a ser vistos como sujeitos em situação peculiar de desenvolvimento e pessoas portadoras de direitos.

Para dar sentido à discussão que pretendemos trazer, vamos destacar do ECA os direitos assegurados a crianças e adolescentes relativos à educação e ao trabalho.

No que diz respeito à educação, o Estatuto afirma que, para o pleno desenvolvimento da criança e do adolescente, é preciso uma educação que garanta o exercício da cidadania e da qualificação para o trabalho. Para isso, devem ser assegurados a crianças e adolescentes igualdade de condições para acesso e permanência na escola, o respeito dos educadores a esses sujeitos, o direito de serem contestados os critérios avaliativos da escola e de se recorrer às instâncias escolares superiores para garantir esses direitos; o direito de organização e participação em entidades estudantis; o direito de acesso à escola pública gratuita próxima de sua residência. Para democratizar a informação sobre o que os filhos aprendem, os pais ou responsáveis devem estar cientes do processo pedagógico. Podem, para isso, participar das definições das propostas educacionais das escolas.

A fim de garantir o direito à educação, o Estado tem o dever de assegurar à criança e ao adolescente o ensino fundamental obrigatório e gratuito, inclusive para os que não tiveram acesso a ele em idade própria; a progressiva extensão da obrigatoriedade e gratuidade do ensino médio; o atendimento especializado aos portadores de deficiência (preferencialmente na

POLÍTICA SOCIAL, FAMÍLIA E JUVENTUDE

rede regular de ensino); o atendimento em creches e pré-escola às crianças até seis anos de idade; o atendimento a crianças, no ensino fundamental, através de programas suplementares, transporte, alimentação e assistência à saúde.

Para assegurar o direito ao ensino obrigatório, o Estatuto chama à responsabilidade o poder público e os pais ou responsáveis, no sentido de que haja oferta de vagas nas escolas, e de que os pais cumpram a obrigatoriedade de matricular os filhos e de assegurar a freqüência deles às aulas.

Os casos de reiteradas faltas injustificadas, de evasão escolar, de elevados níveis de repetência e de maus-tratos deverão ser comunicados pelos dirigentes de estabelecimentos de ensino fundamental ao Conselho Tutelar.

O capítulo V, sobre direito à profissionalização e à proteção no trabalho, apresenta várias inovações. Com relação a crianças e adolescentes até 14 anos de idade, só é permitido trabalho na condição de aprendiz, assegurada a bolsa de aprendizagem.

Ao adolescente aprendiz maior de 14 anos, são assegurados direitos trabalhistas e previdenciários; um adolescente portador de deficiência tem direito a trabalho protegido. No artigo 63, estão definidos: orientações de formação técnica e profissional, começando pela garantia de acesso e freqüência obrigatória ao ensino regular; o desenvolvimento de atividades compatível com o desenvolvimento do adolescente e um horário especial para o exercício das atividades.

Ao adolescente empregado é vedado o trabalho noturno, realizado entre 22 horas e 5 horas do dia seguinte; o trabalho perigoso insalubre ou penoso; o trabalho realizado em locais prejudiciais à sua formação e ao seu desenvolvimento físico, psíquico, moral e social, e a realização de trabalho em locais e horários que não permitam a freqüência à escola.

O artigo 68 estipula as condições do trabalho educativo nos programas sociais, sob a responsabilidade de entidade governamental ou não governamental, sem fins lucrativos. Destaca-se nele a necessidade de se assegurar ao adolescente a capacitação para o exercício de qualquer atividade regular remunerada. O trabalho educativo é definido como "uma atividade laborial em que as exigências pedagógicas relativas ao desenvolvimento pessoal e social do educando prevalece sobre o aspecto produtivo".

Outro documento legal, que reforça ou complementa algumas das determinações do ECA, é a Lei de Diretrizes e Bases da Educação Nacional,

Lei nº 9.394, de 20 de dezembro de 1996. No seu título III — do direito à educação e do dever de educar —, apresenta o acesso ao ensino fundamental como direito público subjetivo e, para garanti-lo, qualquer cidadão, grupo de cidadãos, associações, organizações ou entidades pode acionar o Ministério Público (artigo 5°). Em outros artigos e parágrafos, a LDB reitera e aprofunda aspectos relativos ao direito à educação já mencionados no ECA, como a obrigação dos pais de garantirem a matrícula dos filhos nas escolas.

Sobre a educação profissional, a LDB, nos artigos 39 a 42, afirma que a educação profissional destina-se ao desenvolvimento de aptidões para a vida produtiva e que essa educação pode ser desenvolvida em articulação com o ensino regular, inclusive no ambiente de trabalho. Esse conhecimento adquirido, inclusive no trabalho, pode ser objeto de avaliação, reconhecimento e certificação para prosseguimento ou conclusão de estudos.

Como bem observam Chieco e Cordão (1994), essa concepção de educação profissional da LDB apresenta novidades importantes como a certificação e a modulação, que reconhece, pela primeira vez, a possibilidade de aproveitamento dos conhecimentos adquiridos no exercício profissional e no autodidatismo; e, além disso, abre a possibilidade de se trabalhar com currículos modulados ou módulos de formação. Os autores destacam também que as políticas de educação profissional, pelo que determina a LDB, não podem mais estar sendo implementadas sem articulação ou sintonia com as políticas de educação básica e mesmo de desenvolvimento científico e tecnológico.

Com referência às políticas de capacitação voltadas para segmentos populares e que incluem tanto a necessidade de oferta de cursos de capacitação, quanto o reconhecimento, se possível com certificação, de capacitação no exercício profissional, destacamos aqui as contribuições de Jacinto e Suarez (1994). As autoras estudam a situação educacional e de qualificação para jovens pobres de setores urbanos na América Latina. Consideram que os dados disponíveis apontam, de um lado, uma ligeira melhoria na formação geral desses jovens, indicando que eles estão permanecendo mais tempo na escola, e, de outro, que esse fato tem contribuído para o aumento da taxa de desocupação juvenil:

> "(...) aqueles que conseguem permanecer no sistema educacional formal, têm acedido habitualmente aos segmentos mais deteriorados do sistema, obtendo credenciais que não implicam ganhos educacionais semelhantes aos de seus

pares de outros setores sociais. (...) Não obstante a permanência dos jovens no sistema educacional estar em geral condicionada pela entrada no mercado de trabalho, no caso do grupo em questão, o acesso não pode ser postergado, dada a necessidade familiar de contar com novos rendimentos. Mas quase sempre esta entrada leva a inserções ocupacionais muito precárias e nos segmentos mais informais do mercado" (Jacinto e Suarez, 1994:138).

Para Jacinto e Suarez, em face desta realidade, a capacitação pode representar uma experiência crucial no sentido de poder modificar as chances desses jovens, de forma positiva, em relação aos mecanismos de seleção do mercado de trabalho.

Para garantir que essas chances sejam favoráveis aos jovens oriundos dos setores populares, é necessário que essa capacitação seja mais flexível, não estabeleça requisitos rígidos em termos da relação capacitação e escolarização, e, na medida do possível, atrele a capacitação em serviço a cursos modulados. Nas duas instâncias de aprendizagem deve-se estar contemplando conteúdos relativos à socialização no trabalho, formação pessoal e social em sentido amplo, capacitação de gestão e trabalho em equipe, entre outros:

"Os programas de formação profissional se vêem frente a múltiplos desafios para se adequar às necessidade de jovens dos setores marginalizados. Para isto resulta imprescindível levar em consideração suas particulares condições de vida, fundamentalmente suas desvantagens, relativas ao capital cultural e social, sua deficiente formação geral e a necessidade familiar de que contribuam com novos rendimentos. Também devem-se ter presentes as tendências do mercado de trabalho, particularmente sua crescente informalização e as mudanças nas ocupações, que se refletem em uma demanda cada vez maior de trabalhadores polivalentes" (Jacinto e Suarez, 1994:141).

Pensar a educação formal e a capacitação para os setores populares exige, sobretudo, levar em conta a especificidade dessa população, a fim de se garantir os requisitos mínimos necessários para que os jovens pobres tenham uma preparação capaz de fazê-los enfrentar suas necessidades mais imediatas e, ao mesmo tempo, dar garantias de acesso a melhores condições de vida.

Tanto as determinações do ECA quanto as da LDB apontam para a perspectiva de se redesenharem as políticas sociais voltadas para a infância e juventude. Elas apresentam alternativas para o desenvolvimento educacional e laborial, de modo a garantir que estudo e trabalho possam estar sintonizados e voltados para o desenvolvimento pleno das novas gerações.

Entendemos aqui que as políticas sociais tanto estão voltadas para o controle e a dominação, quanto para o atendimento de determinadas demandas dos setores subalternos da sociedade, fato que expressa o traço contraditório dessas políticas:

> "(...) ao brindar um conjunto de bens e serviços necessários para a sobrevivência dos subalternos, o Estado busca reforçar a sua capacidade de impor à sociedade como um todo os interesses políticos e sociais das classes hegemônicas. Ao mesmo tempo e na mesma ação, os subalternos introduzem, no interior dos mesmos aparatos estatais, questões relevantes para os seus interesses" (Yazbek, 2000:126).

Destacamos duas políticas sociais, uma voltada para educação formal e outra de educação para o trabalho, para descrever e analisar algumas práticas instituintes que estão emergindo, inspiradas, em certa medida, nas orientações do ECA e da LDB.

O primeiro tipo de política descrita é oriunda de uma rede municipal de ensino de pequeno porte. O município, recentemente emancipado no estado do Rio de Janeiro, tem uma rede de oito escolas atendendo cerca de 3 mil alunos.

Segundo relato da diretora da Divisão de Apoio Técnico da Secretaria Municipal de Educação, há um programa inovador de combate à evasão escolar, implementado em 2001. Sua meta é garantir a permanência das crianças na escola. O programa é desenvolvido da seguinte maneira:

> "A professora fica atenta às primeiras faltas dos alunos. O aluno com 45 faltas ininterruptas é considerado evadido. Não se pode esperar tanto. Na primeira semana, quando a professora vê que o aluno falta, comunica à orientação educacional. A escola envia carta à família. Se a família não dá retorno, manda uma segunda comunicação ao pai, colocando-se à disposição para saber o que aconteceu. A escola recorre à equipe de visitadores: o orientador educacional, pessoas da escola e voluntários. A equipe vai à família já preparada para saber como chegar à família. Há uma parceria com o Conselho de Direitos da Criança e do Adolescente, pois não temos ainda o Conselho Tutelar. A equipe da escola foi preparada pela assistente social. Chegando lá, ela tem o que regis-

POLÍTICA SOCIAL, FAMÍLIA E JUVENTUDE

trar, o que observar. Caso encontre a casa fechada, vai saber como se articular com o vizinho. Ela persiste nas visitas. Se não tem sucesso, a diretora da escola comunica ao Conselho de Direitos da Criança e do Adolescente que comunica à Promotoria. Mas a escola vai continuar insistindo, para que a criança volte" (Depoimento da diretora da Divisão de Apoio Técnico).

Para acompanhar o movimento de matrículas, foi elaborado um formulário para cada escola preencher com dados sobre matrículas renovadas e novas, dados de evasão, desistência e transferência. A tabulação desse movimento é realizada, por escola, a cada semana e fechada por semestre.

O depoimento mostra como o ECA tem redesenhado a política educacional, no que diz respeito à responsabilidade da escola, dos pais/responsáveis e da própria sociedade, em relação à garantia do direito à escolarização básica para crianças e adolescentes. Além do envolvimento da escola e da família, há a orientação de especialistas em educação e profissionais de serviço social e direito, constituindo uma equipe interdisciplinar para tentar resolver um dos grandes desafios da educação: manter a criança e o adolescente na escola, efetivando, assim, a possibilidade de socialização secundária, de formação e instrução para o exercício da cidadania.

Para relatar e examinar o caso de educação para o trabalho, precisamos fazer breve referência ao projeto no qual a experiência de educação para o trabalho, oferecida aos jovens, foi construída. Trata-se de um projeto para a juventude, criado no estado do Rio de Janeiro, em 2000.

A decisão de se definir uma política para a juventude, por parte do governo do estado, justificou-se nos altos índices de morte violenta da juventude fluminense e na oportunidade de o estado instituir um projeto original do Ano Internacional da Paz, conforme decisão da UNESCO.

No Rio de Janeiro, alguns estudos sobre a distribuição de homicídios identificaram a maior distribuição destes nas áreas de maior pobreza e de maior concentração de favelas. Nesses estudos, o Rio de Janeiro é um dos estados que se destaca pela alta mortalidade de jovens, causada sobretudo pela violência. A violência torna-se, desse modo, também um grave problema de saúde pública. Já nos anos 1990, os indicadores mostravam que, para os jovens do sexo masculino, as taxas de mortalidade por causas externas eram mais altas que a dos Estados Unidos, e que morriam praticamente dois jovens brasileiros para cada jovem canadense, italiano ou francês. Os principais fatores causadores das mortes violentas apontados foram: consumo exagerado de bebida alcoólica, uso de drogas e o fácil acesso às armas de fogo.

Para fazer frente a esse grave problema, foi formulado um programa para a juventude fundamentado na Cultura de Paz. Vale lembrar aqui o conceito de Galtung (1998) de paz, um dos mais utilizados, inclusive pela UNESCO, quando se quer falar de uma abordagem ampla de paz. Ele foi sintetizado na fórmula "Paz = paz direta + paz estrutural + paz cultural". A paz positiva direta consistiria na bondade física e verbal, boa para o corpo, a mente e o espírito do próprio e do outro; seria orientada para todas as necessidades básicas, a sobrevivência, o bem-estar, a liberdade e a identidade. A paz positiva estrutural substituiria a repressão pela liberdade, e a exploração pela eqüidade, reforçando-as com diálogo em vez de imposição, integração em vez de segmentação, solidariedade em vez de fragmentação e participação em vez de marginalização. A paz positiva cultural substituiria a legitimação da violência pela legitimação da paz na religião, no direito e na ideologia, na linguagem, na arte e na ciência, nas escolas, universidades e mídia, construindo uma cultura de paz positiva.

A paz aparece, desse modo, como antítese da violência e pressupõe um entendimento dinâmico de paz. Para Galtung, paz é condição de transformação do conflito em um modo criativo e não violento de convivência. A paz é um caminho para uma forma construtiva de abordagem do conflito.

Galtung afirma também que, sem a erradicação da pobreza, a redução da desigualdade, a melhoria das condições de vida dos grupos menos favorecidos, o acesso à educação e a todos os meios necessários ao desenvolvimento humano e sustentável, a cultura de paz não poderá ser exercida. Por essa razão, para se caminhar em direção à construção de uma cultura de paz, é necessário chamar todos os setores da sociedade à responsabilidade e à participação em um programa de educação para a paz, baseado em estratégias preventivas que se fundam em três orientações: reações antecipadas em face do indício de problemas; um enfoque de previsão amplo para se contrapor aos fatores de risco que desencadeiam os conflitos violentos e um esforço prolongado para resolver as causas subjacentes da violência.

Para enfrentar a violência de maneira preventiva, é preciso levar em conta seus múltiplos níveis: estrutural, conjuntural, cultural e individual. No plano estrutural fazem-se necessárias medidas de promoção de eqüidade social, de direitos civis e humanos fundamentais, o acesso à educa-

POLÍTICA SOCIAL, FAMÍLIA E JUVENTUDE

ção, saúde, oportunidade de emprego e trabalho digno; as medidas de prevenção da violência e as medidas punitivas para controle da criminalidade devem ser consideradas como complementos para busca da cultura de paz.

Com o objetivo de atender às necessidades de setores da juventude mais pobre do estado, marcados por estigmas que dificultam gravemente a sua inclusão social, foi decidido que aquela parcela da juventude em conflito com a lei[1] e a portadora de necessidades especiais teriam acesso a uma bolsa-auxílio para participar de uma experiência de educação para o trabalho.

De cerca de dois mil jovens que participaram da oportunidade oferecida pelo projeto, fizemos um levantamento em 366 questionários preenchidos pelos jovens, correspondendo a 100% do total de questionários devolvidos, avaliando a experiência do projeto. Também analisamos, em conjunto com os questionários dos jovens, 366 formulários de avaliação preenchidos por funcionários públicos encarregados de acompanhar o desempenho desses jovens no trabalho. Vamos aqui mostrar esses resultados e comentá-los.

Um aspecto importante e que diz respeito diretamente ao jovens-alvo de nossa análise refere-se à formação da sua identidade ocupacional. Para Wickert (1999),[2] trabalhar estruturalmente dá identidade, enquanto o desemprego gera sofrimento psíquico e coloca em risco a saúde mental. Mas o trabalho só funciona como estruturante de identidade se puder proporcionar ao jovem um sentido em sua vida, facilitar suas escolhas profissionais (à medida que possa ser fonte de informação e aprendizagem), possibilitar novos contatos sociais e ampliar a rede de amizade e de convivência. Para jovens com baixo nível econômico-cultural, o trabalho muitas vezes representa o caminho para uma vida melhor, tem um sentido existencial quando proporciona perspectiva de futuro. A fim de que o trabalho adqui-

---

1. Há que se destacar também do ECA o capítulo 4, título III, relativo às medidas socioeducativas. Essas dizem respeito a procedimentos a serem aplicados aos adolescentes que cometem atos infracionais. As medidas incluem: advertência, obrigação de reparar o dano, prestação de serviço à comunidade, liberdade assistida, inserção em regime de semiliberdade, internação em estabelecimento educacional.

2. I. F. Wickert, O adoecer psíquico do desempregado. *Psicologia, Ciência e Profissão*, 19 (1), pp.66-75, 1999.

ra para esses jovens um sentido afirmativo, é importante que se realizem reflexões conjuntas sobre as possibilidades de garantirem aos jovens uma inserção no mercado de trabalho.

Os primeiros comentários dizem respeito a uma caracterização geral da população pesquisada. De 366 jovens, objetos de nossa análise: 65,48% são do sexo masculino e 34,52%, do sexo feminino.

Em termos de escolaridade, o maior contingente (25%) está cursando o segundo segmento do ensino fundamental; 16,6% estão em alguma série do ensino médio; 12,5% estão estudando no primeiro segmento do ensino fundamental; 10,11% têm o ensino médio completo; 10,11% estão freqüentando a educação especial; 15,76% não preencheram essa informação.

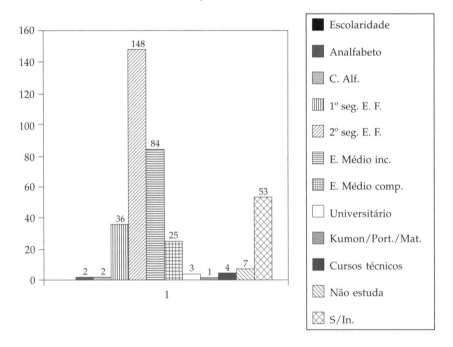

As representações, entendidas como espaço entre o vivido e o concebido (Lefèbvre, 1991), desses jovens sobre o trabalho estão ordenadas no quadro a seguir.

Quadro I — Representações dos jovens sobre o trabalho

Representações	Nº	%
Trabalho: oportunidade de aprendizado de novos conhecimentos e práticas	86	54,0
Trabalho: aquisição de novos hábitos e comportamentos	34	21,3
Trabalho: lugar de convivência, de novas amizades e de aprender a trabalhar em equipe	21	13,2
Trabalho: oportunidade de aplicação de conhecimentos adquiridos	6	3,8
Trabalho: lugar de troca entre gerações	5	3,2
Trabalho: oportunidade de desenvolvimento pessoal	4	2,6
Trabalho: afirmação do jovem na família	3	1,9

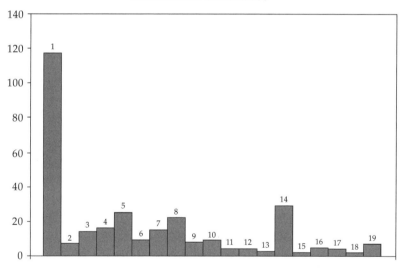

Dificuldades enfrentadas

1 - Nenhuma
2 - Nunca trabalhou
3 - Não respondeu
4 - Encontrar o setor de trabalho
5 - Comunicação
6 - Timidez, medo, curiosidade
7 - Adaptação ao ambiente de trabalho
8 - Transporte, preço passagem, distância de casa
9 - Horário, acordar cedo
10 - O início
11 - Entrar no projeto a ser avaliado
12 - Conciliar estudo e trabalho
13 - Regularizar documentação
14 - Desempenhar tarefas
15 - Discriminação no trabalho
16 - Alimentação, vestuário
17 - Dificuldades com chefe
18 - Rotina, trabalho em equipe
19 - Outras

Verificamos nos resultados que, para a maioria dos jovens, ou seja, 54% (86) dos 159 que responderam este quesito, o trabalho é uma oportunidade de aprendizado de novos conhecimentos e práticas. Em seguida, os jovens consideram o trabalho importante para a aquisição de novos hábitos de comportamentos; 21,3%, ou seja, 34 respondentes, consideram que vivenciar o mundo do trabalho foi importante para adquirir responsabilidade, saber conviver com os outros, aprender a cumprir regras, respeitar o semelhante, por exemplo.

Em terceiro lugar, o trabalho representa uma oportunidade de convivência, de aquisição de novas amizades, de produção em equipe, conforme responderam 13,2% (21) do jovens. As demais representações do trabalho que aparecem falam de sua importância como local de aplicação de conhecimentos adquiridos (3,8%), espaço de troca entre gerações (3,2%), oportunidade de desenvolvimento pessoal (2,6%) e mesmo afirmação do jovem diante de sua família (1,9%). Dominam, assim, representações que tendem a afirmar o trabalho educativo.

Em termos de dificuldades enfrentadas na experiência laborial, 117 jovens disseram que nunca tiveram dificuldades. Dos que responderam terem tido dificuldade, 59 afirmaram que esta se apresentou no desempenho das tarefas; 25 jovens disseram que tiveram dificuldades com a comunicação; 22 com transporte, preço da passagem e a distância da casa; 16 afirmaram que foi difícil encontrar um setor de trabalho; 15 apontaram dificuldade de adaptação ao ambiente de trabalho. As demais dificuldades foram as seguintes: iniciar o trabalho, problema de timidez, medo e curiosidade, problemas com o horário, dificuldade de conciliar estudo e trabalho, de entrar no projeto a ser avaliado, de regularizar documentação, dificuldade com alimentação e vestuário, dificuldades com o chefe e discriminação no trabalho, dificuldade de enfrentar a rotina e trabalhar em equipe.

Em relação a facilidades, ou possibilidades, o maior número de respostas (60) destaca o ambiente de trabalho ótimo. Depois, aparecem as aprendizagens específicas, facilidades de comunicação, possibilidade de novas amizades. Os jovens também destacaram a facilidade de aprender de tudo um pouco, desempenhar tarefas diárias, possibilidade de conhecer novos lugares, de combater a discriminação, atuar na função escolhida e a possibilidade de conciliar trabalho e estudo.

Perguntados sobre o que gostariam de aprender, os jovens responderam da seguinte forma: em primeiro lugar, gostariam de aprender informática (144) ou algum curso técnico (144); em segundo lugar, gostariam de ter

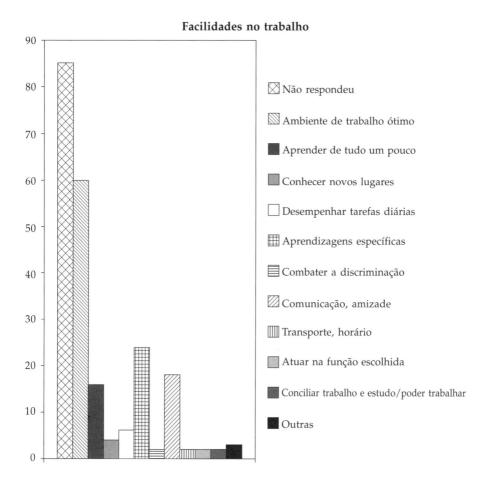

uma capacitação básica (44); em terceiro, aprender de tudo que puderem (22); em quarto lugar, aprender administração (17); por fim, alguns afirmaram que gostariam de melhorar a escolarização (7), fazer curso de relações humanas (4) e de educação ambiental (4).

Na opinião dos jovens, o projeto representou, em primeiro lugar, uma oportunidade de aprendizado de novos conhecimentos e práticas (299); um tempo de aquisição de novos hábitos e comportamentos (83); um espaço de convivência, de novas amizades, de aprendizado do trabalho em equipe (30); uma oportunidade de desenvolvimento pessoal (12); uma possibilidade de aplicação de conhecimentos adquiridos (8); um lugar de troca entre gerações (5); e, finalmente, uma afirmação perante a família (3).

Já para os avaliadores dos jovens, a experiência representou, também, em primeiro lugar, a oportunidade de aprendizado de novos conhecimentos e práticas (146); um espaço de convivência, de novas amizades e de aprendizado do trabalho em equipe (18); uma oportunidade de desenvolvimento pessoal (13); uma oportunidade de aplicação dos conhecimentos adquiridos (5); e a aquisição de novos hábitos e comportamentos (3).

Na opinião dos avaliadores, a experiência foi positiva, mas necessita de aperfeiçoamentos, principalmente em relação aos seguintes aspectos: 1. esclarecimentos sobre os objetivos do projeto e os direitos e as obrigações dos jovens; 2. necessidade de se preparar melhor tanto os jovens quanto os seus receptores, para que possam enfrentar melhor as dificuldades oriundas da convivência cotidiana com portadores de deficiências e jovens em conflito com a lei; 3. importância de serem aprimorados os mecanismos e os instrumentos de acompanhamento dos jovens em suas atividades; 4. finalmente, cuidados em garantir para os jovens alguma capacitação, bem como um registro formal, ao final do projeto, das atividades por eles desenvolvidas, além de uma avaliação do seu desempenho.

Para concluir, vamos destacar algumas falas de jovens e de avaliadores que expressam o significado do projeto.

"Continuar no serviço, porque eu não posso ficar desempregado, senão minha família poderá ter muita dificuldade. Eu, como sou diferente, para mim arrumar trabalho é muito difícil." (Depoimento de jovem)

"... mas é uma pena que pela minha dificuldade nunca posso fazer o que quero. Quero agradecer muito ao projeto por ter me ajudado a conseguir um emprego (estágio), pois emprego para deficiente é muito difícil." (Depoimento de jovem)

"Pelo cotidiano do jovem, durante o período que vem sendo acompanhado pelo projeto, mostra-se ressocializado e pronto para enfrentar novos desafios na vida. Sempre pelo bom caminho, até porque tem família constituída e não deseja o mesmo para o seu filho, nem preocupação para a mulher." (Depoimento de avaliador)

"Ele possui todos os requisitos para ser integrado à sociedade, pois é o desejo dele, antes de tudo. Já aconteceu de chegar aqui meio deprimido, mas conseguiu desfazer o mau momento. O diálogo e o apoio estão sendo de extrema importância." (Depoimento de avaliador)

POLÍTICA SOCIAL, FAMÍLIA E JUVENTUDE

Ainda como respostas importantes temos, jovens que manifestaram vontade de melhorar sua escolarização: ler e escrever, aprender português, aprender língua estrangeira, aprender a língua de sinais. Apenas um jovem manifestou desejo de fazer um curso superior (jornalismo). Os jovens explicitaram aqui algumas necessidades que estão no diagnóstico de Jacinto e Suarez, quando retratam a precária formação geral oferecida a eles.

As respostas apresentadas constituem importantes manifestações do protagonista juvenil e de um direito que o Estatuto da Criança e do Adolescente e a LDB garantem ao jovens inseridos em programas sociais: a capacitação. Essa necessidade foi destacada também, conforme pode ser constatado, pelos avaliadores dos jovens. A fim de aprofundar a leitura dos resultados que iremos apresentar, vale destacar a dimensão do protagonista juvenil para o projeto. Conforme assinala Ricci (2002), o termo *protagonista* designa o primeiro, o principal lutador, a principal personagem de um drama e, portanto, projetos voltados para incentivar o protagonista juvenil devem dar voz e voto aos jovens. O protagonismo juvenil pressupõe a criação de espaços e de mecanismos de escuta e participação em que os jovens vivenciam processos formativos e conquistas graduais. A importância de dar voz aos adolescentes foi assinalada na pesquisa "A voz das crianças", na qual mais da metade dos entrevistados afirmaram que não são ouvidos nem em suas casas nem em suas escolas (pesquisa UNICEF). Por essa razão, projetos que salientam o protagonista juvenil exigem a construção de uma nova institucionalidade pública capaz de ampliar o tempo e os espaços de aprendizagem identificados com os interesses pessoais e sociais dos jovens. Os resultados que analisamos, a partir da visão dos jovens sobre o projeto, estão enquadrados dentro dessa perspectiva de protagonista juvenil.

O referido projeto constitui um dos muitos exemplos de política social para a juventude que estão sendo implementados no país. Entre as suas limitações, destacamos: 1. os jovens, em geral, são utilizados nos serviços burocráticos e mais rotineiros das agências do Estado. O que eles, jovens, consideram como novidade, em termos de aprendizado em serviço, refere-se, geralmente, ao domínio de novas tecnologias, como aprender a operar o aparelho de fax, realizar serviços de informática, ou ao uso de aparelhos mais tradicionais (máquina de escrever, máquina xerox). Também fazem bastante referência ao aprendizado de tarefas rotineiras da burocracia: preparar processos, arquivar documentos, ler e recortar diário oficial etc.; 2. os setores onde jovens foram lotados só possibilitam avaliar habilidades e competências que estão afetas às necessidades das tarefas rotineiras da burocracia. Por isso, em geral, quando os avaliadores se referem ao que o jovem precisa aprender, ficam restritos a habilidades e competências exigidas nas repartições públicas; 3. não houve tempo nem preocupação em cumprir uma das determinações do ECA, isto é, pensar a política social com tempo e espaço suficientes para garantir cursos de capacitação para os jovens; 4. o protagonismo juvenil, um dos referenciais do projeto, não foi priorizado no contexto de trabalho, onde dominam preceitos característicos da burocracia: obediência, respeito à hierarquia, cumprimento de tarefas etc.; 5. percebe-se no discurso dos avaliadores dificuldades de compreender, avaliar e conviver no trabalho com jovens portadores de deficiência; 6. tanto os jovens quanto os receptores/avaliadores não se reportaram aos preceitos da cultura de paz, um dos eixos centrais do projeto, revelando falhas na divulgação deles.

Como aspectos favoráveis apresentados pelo projeto, temos: 1. o fato de os jovens em seus depoimentos revelarem que a experiência no mundo do trabalho é importante para aprendizagem e desenvolvimento de habilidades e competências; 2. ao lado do aprendizado de coisas práticas, tanto os jovens quanto os seus avaliadores afirmaram a importância do desenvolvimento e a prática de valores, crenças e atitudes fundamentais para as relações sociais desenvolvidas no contexto do trabalho. A valorização de manifestações como "saber se relacionar", "ser prestativo", "colaborar", "fazer amizades", "ser assíduo", "estar sempre querendo se aprimorar", entre outras, expressam a importância do trabalho educativo. Esses valores, conforme assinalam Jacinto e Suarez, são essenciais para o desenvolvimento da trajetória profissional dos jovens e, nesse sentido, o projeto tem dado uma contribuição positiva; 3. a convivência dos jovens com adultos tem sido positiva, conforme atestam os depoimentos dos jovens e de seus avaliadores. Há uma cumplicidade, vontade de ensinar e orientar da parte dos avaliadores, e de aprender da parte do jovem, que se estende na preocupação do que fazer com os jovens caso o projeto termine; 4. a experiência do trabalho educativo com a garantia da bolsa tem proporcionado aos jovens a melhoria de sua auto-estima, inclusive no ambiente familiar. Tem se apresentado como importante para que eles próprios percebam que são capazes, responsáveis e protagonistas do seu desenvolvimento pessoal.

Considerações finais

A apresentação e análise de duas experiências implementadas pelo poder público, voltadas para o atendimento das necessidades de crianças e adolescentes, demonstram que entre as determinações do Estatuto e a realidade ainda há um longo caminho a ser percorrido. No primeiro caso, da política educacional, percebe-se como está se instituindo uma relação entre família e escola, mediada por parcerias entre instituições públicas responsáveis para preservar alguns direitos e deveres essenciais de crianças e adolescentes. O segundo exemplo se caracteriza como uma política especialmente voltada para a preservação da vida de jovens através do encaminhamento deles ao trabalho educativo, sem, no entanto, cuidar para que esses jovens tenham uma capacitação prévia para o exercício de atividades laboriais.

Mesmo que tímidas, essas experiências revelam que antigas práticas, ou mesmo ausência de práticas, voltadas para preservação de direitos básicos de crianças e adolescentes, estão dando lugar a políticas inovadoras, certamente inspiradas na legislação internacional e nacional, que reconhece em crianças e adolescentes pessoas em desenvolvimento e, portanto, portadoras de direitos e deveres condizentes com as fases de vida em que se encontram.

Para finalizar, vale aqui mencionar algumas orientações apresentadas por Jacinto e Suarez em relação às políticas de capacitação para setores juvenis populares e que destacam: 1. a necessidade do desenvolvimento de qualificações técnicas e sociais voltadas para uma família de ocupações que tenham referências concretas no sistema produtivo; 2. a importância de se assegurar aos jovens o domínio de habilidades básicas como expressão oral e escrita, matemática aplicada, capazes de permitir a escrita de informes breves e o cálculo de custos, de materiais etc.; 3. a adoção de metodologias baseadas no uso e na valorização da prática; 4. inclusão de conteúdos de gestão e de comercialização de produtos; 5. o desenvolvimento de habilidades e competências voltadas para autonomia, auto-organização de tarefas, boas relações no trabalho e mesmo gestão de tarefas rotineiras e simples.

Bibliografia

CHIECO, N. W. e CORDÃO, F. A. A educação profissional e a LDB. In: *Em Aberto*, n° 65. Brasília: INEP, 1994, pp.144-150.

ESTATUTO DA CRIANÇA E DO ADOLESCENTE. 10 anos. Rio de Janeiro. Conselho de Defesa da Criança e do Adolescente, julho de 2000.

GALTUNG, J. *Tras la violencia, 3R: reconstrucción, reconciliación, resolución. Afrontado los efectos visibles e invisibles de la guerra y la violencia*. Bilbao: Bakeaz/Guernica Gogoratuz, 1998.

JACINTO, C. e SUAREZ, A. L. Juventude, pobreza e formação profissional na América Latina. In: *Em Aberto*, n° 65. Brasília: INEP, 1994, pp. 138-143.

LEFEBVRE, H. *A vida cotidiana no mundo moderno*. São Paulo: Ática, 1991.

LEI DE DIRETRIZES E BASES DA EDUCAÇÃO NACIONAL. In: *Educar para o sucesso e educar para transformar*. Rio de Janeiro, 2000.

PEREIRA, P. P. Estado, regulação social e controle democrático. In: BRAVO, Maria Inês S. e PEREIRA, Potyara A. P. (orgs.). *Política social e democracia*. São Paulo/ Rio de Janeiro: Cortez/Ed. da UERJ, 2002, pp. 25-42.

RICCI, R. *O protagonismo juvenil e a crise das instituições modernas*. São Paulo: Secretaria de Governo da Prefeitura de São Paulo, 5 a 7 de setembro de 2002.

YAZBEK, M. C. "Políticas sociales y asistenciales: estrategias contradictorias de gestión estatal de la pobreza de las clases subalternas". In: BORGIANNI, E. e MONTAÑO, C. *La politica social hoy*. São Paulo: Cortez, 2000, pp. 119-147.

Parte III

CONSELHOS E DEMOCRACIA

> *"Só há um meio de sair desse imobilismo, o qual consiste em aprender a conviver com a democratização da sociedade civil, do Estado e das demais instituições-chave. Deixar correr a revolução democrática (...) Depois disso a história encontrará outro percurso, sem precisar curvar-se à retórica, ao delírio e ao arbítrio dos donos do poder."*
>
> Florestan Fernandes

Capítulo 1
Participação e controle social*

Rodriane de Oliveira Souza

O objetivo deste artigo é apreender a essência, na atualidade, do termo *controle social*, tendo em vista o estabelecimento da nova relação Estado — sociedade, inscrita na Constituição Federal de 1988. Nesse sentido, faz-se necessário revisitar os diversos significados atribuídos ao termo *controle social*, tendo como contraponto a concepção clássica da sociologia e a concepção defendida pelo projeto de reforma democrática do Estado.

O termo controle social está intrinsecamente ligado à forma de participação da população na elaboração e fiscalização das políticas públicas. Carvalho (1995) apresenta três concepções de "participação",[1] presentes na história da sociedade política brasileira, a saber: a *participação comunitária*, a *participação popular*, e a *participação social*.

A novidade estabelecida na concepção de *participação social* é o controle do Estado realizado por meio de toda a sociedade, circunscrevendo a

---

* Este artigo constitui originalmente o Capítulo 3 — Participação e Controle Social em Saúde — de minha dissertação de mestrado, intitulada *Serviço Social na Saúde: contribuições políticas e profissionais ao exercício do controle social*, defendida na ESS/UFRJ, em 2001.

1. Carvalho (1995) apresenta concepções de participação em saúde. Neste artigo, entretanto, vamos nos apropriar das características mais gerais dessas formas de participação, que foram incorporadas em outras políticas do Estado, para além do setor saúde.

proposta dos mecanismos de controle social, principalmente, as conferências e os conselhos de política e de direito. Essa participação social só é possível se respeita também a descentralização do setor — princípios do pacto federativo contido na Constituição Federal de 1988.

Resgatando os variados significados do termo "controle social"

Ao longo dos tempos, a expressão "controle social" foi entendida como controle do Estado ou do empresariado sobre a população. Inicialmente, foi utilizada pela sociologia, tendo um significado radicalmente diferente do que é utilizado hoje, pois esse termo vem sofrendo algumas transformações durante a história das sociedades.

Carvalho (1995) faz, no Brasil, um importante resgate dos significados do termo "controle social", apontando Ross[2] como seu possível autor. Esse autor define controle social enquanto dominação social voluntária e planejada para cumprir determinada função na sociedade (Instituto de Estudos Políticos, 1976, apud Carvalho, 1995:9).

Na concepção da sociologia clássica, o termo "controle social" tem sido usado por vários autores para designar os processos de influência da sociedade (ou do coletivo) sobre o indivíduo (Carvalho, 1995:9).

Recuperando as idéias de vários autores, Carvalho (1995) aponta que Durkheim, preocupado com a manutenção da ordem social, concebe o controle como algo conquistado por meio da intensidade das obrigações ou pressões morais criadas no indivíduo pela sociedade. Tal sociedade, ameaçada de destruição pela irracionalidade humana, seria protegida por essa estrutura normativa obrigatória e efetiva.

Freud, por sua vez, discute a dimensão subjetiva do controle social, concebendo o "superego" como aquele que absorverá as normas sociais pela estrutura da personalidade, o que faz com que o indivíduo incorpore o próprio conteúdo do controle social.

---

2. Edward A. Ross (1866-1951) é "um dos pioneiros da sociologia americana. No plano científico, a sua contribuição é importante em vários domínios, em particular no estudo do controle social. Estudou nomeadamente as relações entre a estabilidade social e a liberdade individual na sociedade de massas" (Thines e Lempereur, 1984:814).

Já Parsons, buscando uma síntese entre a psicologia e a sociologia, sugere que o equilíbrio da sociedade[3] dependeria da efetividade do controle social, expressa pela ordem normativa e seus agentes de execução, assim como pela exitosa atividade dos mecanismos de internalização individual dos componentes da cultura comum (Instituto de Estudos Políticos, 1976, apud Carvalho, 1995:9-10). Cabe aos mecanismos de controle social impor limites aos comportamentos desviantes existentes na sociedade (Parsons, in Castro e Dias, 1978:224).

Para Hobbes, a noção de controle social, aplicada à relação Estado—sociedade, concebe o Estado como aquele que tem

> "o papel de conter as forças e tendências desagregadoras presentes na sociedade em estado natural, próprias do egoísmo e da irracionalidade característicos do indivíduo humano, constituindo-se quando os indivíduos renunciam ao uso do arbítrio e da força individuais — características do estado da natureza — potencialmente produtoras de anarquia, para se entregarem a um poder coletivo ao qual se reconhece o direito de impor ordens, recorrendo inclusive a força, caso necessário".

O controle social, então, é concebido como uma *limitação do agir individual na sociedade* (Bobbio et alii, apud Carvalho, 1995).

O termo controle social pode também dizer respeito ao conjunto de valores e normas utilizado para a resolução de conflitos entre indivíduos ou grupos, com vistas à manutenção da opinião de um grupo majoritário. São tipos de controle social: o costume e a opinião pública, a lei, a religião, a moral e a educação. Os agentes que veiculam esses tipos de controle social são: o sistema de educação, o sistema político, as instituições religiosas, a família etc. (Thines e Lempereur, 1984:213).

É nessa acepção de controle social, exercido pelo Estado sobre a sociedade, que as intervenções estatais no campo da saúde são inauguradas — primórdios do Estado moderno, na ocasião do monarquismo absolutista do século XVII. O Estado assumia novas funções relativas ao controle e à intervenção crescentes no plano econômico e social. Da mesma forma, precisava se adequar institucional e organizacionalmente a essas novas fun-

---

3. A sociedade, para Parsons, é entendida como um sistema social baseado na interação de personalidades (Parsons, in Castro e Dias, 1978).

ções, utilizando-se de alguns mecanismos como: uma centralização administrativa, um arcabouço jurídico-legal e uma burocracia estatal organizada, apta a atender os interesses do Estado, em um contexto em que o exercício do controle social sobre os indivíduos e grupos significava a melhor forma de a sociedade servir ao Estado (Carvalho, 1995:10).

Tinha-se, nesse período (século XVII), a preocupação em aumentar a população, pois esta significava força e prosperidade. Além disso, essa população, estando sob o controle do governo, poderia ser utilizada de acordo com as necessidades do poder estatal. Esse era um objetivo central dos governantes e ocupava um lugar de destaque na agenda pública da época (Carvalho, 1995). Essa concepção de controle social atravessou os séculos, havendo uma mudança significativa no último quartel do século XX.

Participação: da execução das ações à fiscalização e elaboração das políticas

Pressuposto fundamental para a práxis política, a participação consiste na busca de determinados objetivos (ou reivindicações), que se relacionam diretamente aos interesses das classes sociais. Em cada situação concreta, a realização desses objetivos está condicionada às possibilidades objetivas inscritas na própria realidade social (Vázquez, 1990:201).

A participação pode ser entendida como processo social, no qual o homem se descobre enquanto sujeito político, capaz de estabelecer uma relação direta com os desafios sociais. Não se trata de uma questão dos grupos marginalizados; deve ser pensada e discutida por todos os grupos sociais, por dizer respeito às decisões relativas às suas condições básicas de existência. Por isso, a participação deve ser observada enquanto questão social, e não como política de reprodução da ordem vigente. Na condição de questão social, a participação é constituída de contradições que desafiam o homem, fazendo-o assumir, dependendo da conjuntura, posições de enfrentamento ou a elaboração de proposições políticas para a melhoria das condições de vida e trabalho da população (Souza, 1991:82).

As posições de enfrentamento são tomadas quando as classes trabalhadoras se descobrem como exploradas, reagindo às iniciativas da burguesia, que visa criar mecanismos no sentido de que seus interesses e preocupações sejam assumidos como interesses e preocupações de todos os segmentos da sociedade, passando a ser uma questão pública, geral, de todos (ibidem).

Para Souza (1991:83), "a participação é requisito de realização do próprio ser humano. O desenvolvimento social do homem requer participação nas definições e decisões da vida social". Mas, para isso, há de se considerar outros pressupostos da existência humana:

> "O primeiro pressuposto de toda a existência humana e, portanto, de toda a história, é que os homens devem estar em condições de viver para poder 'fazer história'. Mas, para viver, é preciso antes de tudo comer, beber, ter habitação, vestir-se e algumas coisas mais. O primeiro ato histórico é, portanto, a produção de meios que permitam a satisfação destas necessidades, a produção da própria vida material, e de fato este é um ato histórico, uma condição fundamental de toda a história, que ainda hoje, como há milhares de anos, deve ser cumprido todos os dias e todas as horas, simplesmente para manter os homens vivos. (...). O segundo ponto é que, satisfeita essa necessidade, a ação de satisfazê-la e o instrumento de satisfação já adquirido conduzem a novas necessidades — e esta produção de novas necessidades é o primeiro ato histórico. (...) A terceira condição que já de início intervém no desenvolvimento histórico é que os homens, que diariamente renovam a sua própria vida, começam a criar outros homens, a procriar" (Marx e Engels, 1996:39-41).

O fato é que, em grande parte das mobilizações de massa, a participação sempre esteve comprometida com aquilo que Marx e Engels apontam como pressuposto da existência humana. E hoje não é diferente. Isso dá, mais uma vez, a esses autores o estatuto de contemporâneos. As lutas pelas condições básicas de vida e trabalho, e pela saúde em particular, são historicamente motivações para a participação. "Mesmo nesse nível as lutas são captadas e transformadas em ações a favor da legitimidade da dominação de alguns grupos sobre a maioria da população" (Souza, 1991:83).

No campo das políticas sociais, a idéia de participação acumula uma longa tradição, assumindo, entretanto, significados distintos de acordo com os contextos em que estavam inscritos. Carvalho (1995) distingue três concepções básicas de participação que se fizeram presentes na realidade sociopolítica brasileira, quais sejam: a *participação comunitária*, a *participação popular*, e a *participação social*, como já sinalizado no início deste capítulo.

Participação comunitária

A participação comunitária surgiu no início do século XX, compondo a ideologia e a prática dos centros comunitários norte-americanos (Bravo, 1991). Segundo Carvalho (1995), o trabalho comunitário desenvolvido nos tais centros comunitários americanos tinha como dimensões: a assistência social para os mais pobres; a educação, transmitindo conhecimentos para o autocuidado, conscientizando as pessoas sobre sua situação de marginalidade, estimulando a solidariedade, o coletivismo e outros valores no sentido da libertação e do progresso; a integralidade da atenção, oferecendo ações e serviços articulados em programas (materno-infantil, tuberculose, doenças venéreas, saúde mental...); a descentralização e organização comunitária, considerando que o êxito do trabalho dependia do grau de integração com as pessoas enquanto comunidade.

Em meados do século XX — anos 50 —, surge a proposta de *desenvolvimento de comunidade*, pensada por organizações internacionais[4] envolvidas com a política de ajuda e sedução a países subdesenvolvidos no contexto da guerra fria. Vários programas de desenvolvimento econômico e social foram espalhados pelos países, principalmente, nas áreas de educação e agricultura, onde a participação e a organização comunitária eram os eixos fulcrais.

Na América Latina, a ideologia desenvolvimentista indicava como seu principal objetivo o "equacionamento do atraso, do subdesenvolvimento, cuja superação se daria fundamentalmente pela via do crescimento econômico, marcado por categorias estruturais-funcionalistas" (Wanderley, 1993). Os resultados do desenvolvimento deveriam atingir, democraticamente, toda a sociedade e não apenas parcelas desta. A população foi chamada a participar desse esforço coletivo de construção de uma sociedade desenvolvida e moderna.[5]

Torna-se explícito o referencial teórico utilizado nas propostas de participação comunitária. A categoria "comunidade", de origem funcionalista,

---

4. Essas organizações internacionais eram: ONU, OEA, CEPAL, BID, FMI, Aliança para o Progresso.

5. Aponta Wanderley (1993) que, por outro lado, uma teoria mais ampla, baseada em uma leitura crítica da realidade, conformava uma segunda tendência de explicação do desenvolvimento no período. Expressa pela teoria da dependência, que privilegiava as contradições resultantes do processo histórico, a partir das relações sociais e da análise da própria estrutura social.

POLÍTICA SOCIAL, FAMÍLIA E JUVENTUDE

significa um "agrupamento de pessoas que coabitam num mesmo meio ambiente, ou seja, compartilham o que se deveria chamar de condições ecológicas de existência, independente dos fatores estruturais ou conjunturais que lhes dão origem" (Carvalho, 1995:16). O fato de ser definida como social e culturalmente homogênea confere à categoria "comunidade" uma identidade própria e uma suposta predisposição à solidariedade, ao coletivo, ao trabalho voluntário de auto-ajuda (ibidem).

O desenvolvimento de comunidade, pautado na vertente funcionalista, aponta a comunidade como uma unidade consensual, com problemas e interesses comuns; a integração do sistema é primordial para a manutenção da ordem, da harmonia e para o progresso; está intrínseco ao conceito de participação a definição de conceitos e papéis: cada um se envolve mais com as questões da comunidade, de acordo com as funções e papéis que lhes são oferecidos pelas classes dirigentes. Mascara-se, então, o antagonismo entre as classes, o que fortalece os interesses das classes dirigentes, que, por sua vez, visam à manutenção do sistema (Ammann, 1992; Wanderley, 1993).

No Brasil do período, as contradições geradas pelo crescimento econômico tornam-se cada vez mais evidentes: aumento da inflação, arrocho salarial, movimentos reivindicatórios da classe operária por melhores condições de vida e trabalho. A aceleração da industrialização, na perspectiva da "superação do atraso", exigia uma nova estrutura do mercado de trabalho: a requisição dos órgãos públicos de uma política de modernização, com ênfase na formação técnica e profissional competente e na especialização da mão-de-obra.

A participação, nesse contexto, consistia em envolver as comunidades na realização de atividades em que o trabalho da população teria uma direção desejável para o sistema, apontando para a redução das conseqüências causadas pelo desenvolvimento do capitalismo. Essa participação deixava intocada a estrutura de classes e as relações de produção e de dominação, organizando a demanda através do consumo de equipamentos urbanos. Ou seja, nesse período — décadas de 1950/60 — a *participação comunitária*, sobretudo na saúde, era entendida como a *sociedade completando o Estado*. Este, por sua vez, passou a *incentivar a colaboração da sociedade na execução das políticas sociais* por meio do *voluntariado* e do *apelo à solidariedade dos cidadãos*.

Participação popular

Wanderley (1993), parafraseando Weffort (1986), diz que os cidadãos brasileiros decepcionados com o Estado a partir de 1964 e, principalmente, após 1968, começaram a descobrir a *sociedade civil*, germinada a partir do "terror do Estado", que, por sua vez, proporcionou a perplexidade que tomou conta de todos, causando, inclusive e de imediato, um efeito paralisante. O final dessa década foi marcado pela emergência dos novos movimentos sociais — distintos sujeitos[6] coletivos que se transformaram em sujeitos sociopolíticos — fundamentais no processo de redemocratização da sociedade e Estado brasileiros.

A perversa situação instaurada no Brasil pela ditadura militar,[7] nesse momento, assim como em outros países da América Latina, incentivou movimentos de resistência, a maioria reivindicando melhor distribuição dos meios de consumo coletivo. Seus objetivos eram melhores condições de vida.

É no contraditório contexto da década de 1970 — quando ainda é possível perceber traços de uma política de liberalização e a presença de idéias da Doutrina de Segurança Nacional — que se engendra a *proposta de participação popular*, que significa o *aprofundamento da crítica* e a *radicalização das práticas políticas opositoras ao sistema dominante*, decorrente dos insatisfatórios resultados políticos e técnicos das práticas de participação comunitária (Carvalho, 1995:21).

O aprofundamento da crítica explica-se pela adoção de um novo referencial teórico, em que a categoria *comunidade* é substituída pela categoria *povo*,[8] em uma clara aproximação com a tradição marxista. Introduz-se, as-

---

6. O motivo que nos leva à utilização da categoria sujeito está explícito em Oliveira (1990:43): "Recusa-se, aqui, desde logo, a atenuação em moda, da redução de sujeitos para 'atores'; a velha lição gramatical ensina que, na oração, sujeito é quem faz a ação ou a comanda, enquanto 'atores' representam um script previamente ensaiado na tradição clássica; na moderna, a assimilação ou a elevação de um 'ator' a um conceito categoria analítica corre os riscos do teatro moderno ou do cinema: os atores mudam de papel, improvisam dentro do script ou o elaboram na forma de representação" (apud Wanderley, 1993).

7. A ditadura militar no Brasil tinha dois objetivos: a gerência do capital monopolista, com vistas a motivar o desenvolvimento do país, e o bloqueio ao desenvolvimento de instituições compatíveis com o grau de modernidade que suas estruturas produtivas iam adquirindo.

8. De acordo com Carvalho (1995:21), a categoria "povo" significa um determinado segmento da população excluído, marginalizado ou subalternizado no seu acesso aos bens e serviços essenciais.

POLÍTICA SOCIAL, FAMÍLIA E JUVENTUDE 175

sim, as classes sociais, não mais como elementos de descrição da distribui-ção dos problemas de saúde, mas como elemento determinante na sua ex-plicação (ibidem).

A *participação popular* que envolve a década de 1970 significa a *reação da população aos regimes ditatoriais existentes nesse período*. O controle social passa a ser entendido como o *combate ao Estado feito pela sociedade*. Isso é percebido pela atuação dos novos movimentos sociais, de caráter estrita-mente político, que manterão vínculos teóricos e práticos com as experiên-cias sociais no campo da participação social.

Trata-se de uma população alijada social, econômica e politicamente das decisões do Estado. Trata-se de uma mobilização pela luta contra o Estado, pelas melhorias sociais conquistadas, e o acesso conseguido por meio de pressão, via movimento organizado. A *participação* significa aqui *luta e contestação*. Contudo, é no final da década de 1970 e início da década de 1980 que essa *participação* começa a ser entendida como *participação nas decisões* e não na execução das ações, como fora anteriormente.

Participação social

Enquanto no período da ditadura militar a proposta de participação popular ganhou relevância, caracterizada como estratégia da oposição, o processo de democratização engendrou novas relações Estado—socieda-de, requalificando o processo de participação, que agora diz respeito ao reconhecimento e acolhimento da diversidade de interesses e projetos colo-cados na arena social e política. A essa nova *modalidade de participação dá-se o nome de "participação social". Sua categoria central* não *é* mais "comunidade" nem "povo", mas *"sociedade"*. E a *participação que se pretende* não é mais a de grupos excluídos (comunidades empobrecidas/carentes ou povo margina-lizado), mas sim a do conjunto da sociedade, formado por diversos interes-ses e projetos, conformando a disputa pelo poder do Estado (Carvalho, 1995:25). Seu objetivo é a universalização dos direitos sociais, a ampliação do conceito de cidadania e a interferência da sociedade no aparelho estatal.

O caldo cultural e político que permeou essa nova idéia de participa-ção orienta uma outra acepção de controle social do Estado, contrária àquela em que o controle privado ou particular é exercido por grupos com maior poder de acesso e influência. Isso é exatamente o que distingue os anos

1980 dos períodos anteriores, pois, agora, a idéia que se tem é que esse controle seja feito pela sociedade civil por meio da presença e da ação organizada de seus diversos segmentos.

A participação social, no Brasil, se institucionaliza na esteira do processo de democratização do país, incluindo-se no arcabouço jurídico-legal do Estado e interferindo nas estruturas de representação da sociedade. Essa participação visa à transformação do Estado, à superação do seu caráter politicamente autoritário e socialmente excludente, porque a realidade social e política brasileira, nessa época, ficou marcada pela desigualdade social e pelo caráter clientelista e privatizado do Estado. A fiscalização — idéia tão presente no controle social na saúde — nasce mais com o intuito de *impedir o Estado de transgredir* do que *induzi-lo a agir*, pois o Estado precisava ser vigiado, contido, corrigido em suas práticas habituais (Carvalho, 1995:27-28).

A inclusão da participação social enquanto princípio teórico-prático no arcabouço jurídico-legal do Estado diz respeito diretamente ao processo constituinte e à Constituição Federal de 1988, visto que estes representaram a intenção de ampliação e execução dos direitos sociais.

A Constituição Federal introduziu avanços e princípios na perspectiva da universalização dos direitos e da publicização do Estado, buscando, com isso, superar as históricas injustiças sociais acumuladas, além da longa tradição de privatizar a coisa pública pelas classes dominantes.

A redemocratização do Estado brasileiro fez surgir uma nova institucionalidade, um novo desenho do seu *sistema federativo* que aponta para a descentralização e para o fortalecimento da capacidade decisória das instâncias de governos subnacionais — estados e municípios —, ao contrário da trajetória histórica das políticas sociais brasileiras, que, desde 1930, tiveram uma gestão centralizada pelo governo federal.

O *federalismo*, de acordo com Almeida (1996:14), é um *sistema de distribuição territorial de poder e autoridade entre as instâncias de poder*. É definido e assegurado pela Constituição Federal de 1988, garantindo à unidade nacional e às unidades subnacionais autonomia na sua esfera de ação. São características do federalismo: a *não-centralização do poder*, que passa a ser difundido por várias unidades subnacionais; o poder da unidade nacional e das subnacionais é conferido pelo *sufrágio universal*; as instâncias de governo possuem *competências comuns*.

POLÍTICA SOCIAL, FAMÍLIA E JUVENTUDE

O tipo de arranjo federativo é definido pela forma de geração e distribuição dos recursos fiscais; sendo assim, tem-se: o *federalismo dual*, "no qual os poderes do Governo geral e do Estado, ainda que existam e sejam exercidos nos mesmos limites territoriais, constituem soberanias distintas e separadas, que atuam de forma separada e independente, nas esferas que lhes são próprias" (apud ACIR, 1991:3). Dependendo do processo de centralização do governo federal, o arranjo dual pode resultar no *federalismo centralizado* ou no *federalismo cooperativo*.

O *federalismo centralizado* consiste na transformação das unidades subnacionais em agentes administrativos do governo federal. Já o *federalismo cooperativo* consiste na ação conjunta da unidade nacional e subnacionais, tendo as últimas autonomia decisória e capacidade própria de financiamento. Esse é o arranjo federativo que inscreve, no Brasil, uma nova institucionalidade política e administrativa, na qual se quer superar a centralização — concentração do poder por parte da instância federal — por meio da descentralização. Para Stein (2000), esta última vem sendo entendida como sinônimo de democracia, principalmente quando o assunto é referente às políticas de proteção social.

A descentralização é um dos princípios mais importantes e, estrategicamente, utilizados na definição desse novo pacto federativo. Somente dessa forma os municípios foram incorporados como entes autônomos da federação. Para o âmbito local passaram a ser transferidas novas competências e recursos públicos, capazes de fortalecer o controle social e a participação da sociedade civil nas decisões políticas.

De acordo com Uga (1991:97), a descentralização é um processo de distribuição do poder. Implica a existência da redistribuição dos espaços de exercício de poder, isto é, das atribuições inerentes a cada esfera de governo, e a vontade política de redistribuir também os meios para exercitar o poder, os recursos humanos, financeiros, físicos (apud Stein, 1997a:6).

É também Stein quem afirma que a descentralização pode ser relacionada à ampliação da democracia e à participação social, desde que como reação contrária ao autoritarismo e à centralização. Mas essa relação só pode ser feita se contemplada, concretamente, com a participação e o controle social, o que pressupõe o embate de idéias políticas divergentes — na busca de uma hegemonia — como um instrumento da lógica democrática. Por isso, a descentralização constitui um pré-requisito fundamental do processo democrático (ibidem).

A descentralização tem, portanto, vários significados. Pode ser utilizada como transferência de responsabilidades e atribuições, sem deslocamento de poder decisório, fazendo emergir dessas práticas a desconcentração (Jovchelovitch, 1998:39). E pode ser entendida também como transferência de poder decisório (Stein, 2000:74). Pode-se, então, considerar que a essência da descentralização está na transferência de responsabilidades, com autonomia de poder decisório.

Stein (2000:74), apropriando-se de Pimenta (1995), afirma que os diferentes significados se expressam nos seguintes tipos de descentralização:

1. *quando a descentralização é restrita ao âmbito do aparelho de Estado*:

1.1. *descentralização intragovernamental*: acontece, geralmente, no mesmo nível de governo, conformando uma relação vertical entre os diferentes níveis hierárquicos, com delegação de competências e responsabilidades;

1.2. *descentralização intergovernamental*: é a transferência de responsabilidades entre os níveis de governo: da União para os estados e municípios;

2. *quando a descentralização do aparelho do Estado é feita para a sociedade*: de dentro para fora da estrutura do Estado. Nesse caso, destacam-se algumas iniciativas de redução das responsabilidades do Estado, em nome de uma certa "descentralização": transferir empresas estatais para a propriedade privada, privatizando-as; terceirizar atividades-meio da administração pública bem como atividades-fim; solicitar a participação da população na gestão dos serviços públicos e no controle social;

3. *quando a descentralização é utilizada no sentido mais amplo*, combinando aspectos dos dois tipos anteriores. Essa descentralização é norteada pelos princípios da democratização das informações e da participação da população no exercício do controle social, respeitando os termos constitucionais.

É importante fazer a distinção entre a participação da população na gestão dos serviços públicos e no exercício do controle social. Por gestão de serviços entende-se a capacidade técnica de elaborar, coordenar, executar e avaliar políticas, programas e projetos. Enquanto por *controle social* entende-se a participação da população na elaboração e fiscalização das políticas públicas. Portanto, o termo "participação" tem na atualidade da sociedade brasileira uma dupla tendência, que é de: ora exercer o que chamamos controle social, ora colaborar na gestão dos serviços sociais, via voluntariado. Essa última tendência recupera o caráter de participação comunitária da década de 1950/60, quando o Estado reclamava a colaboração da socieda-

POLÍTICA SOCIAL, FAMÍLIA E JUVENTUDE

de, por meio do voluntariado, para, assim, ter condições de executar as políticas sociais.

Em decorrência dessa "participação", chamamos atenção para o uso do termo *controle social*. Para várias entidades da sociedade civil, o termo é entendido como a participação da sociedade na elaboração e fiscalização das políticas públicas, políticas essas executadas pelas próprias ONGs. Correto, se essas ações não fossem financiadas com dinheiro público, do governo federal, em nome da descentralização. Cabe dizer que esse financiamento, futuramente, será repassado para os estados e municípios habilitados para acompanhar a execução dessas ações. Ou seja, o governo federal dará maiores condições objetivas aos estados e municípios para financiarem projetos que serão executados pela sociedade civil, sendo vedada a utilização desse financiamento para a execução de projetos governamentais.

A descentralização, na sua essência, significa partilhamento de poder, uma aproximação do Estado com a população, ou seja, implica o desenvolvimento de duas posturas: a *estadualização* ou a *municipalização*.

Stein (1997b:89), apropriando-se de Lobo (1990:488), sustenta que, para o aprofundamento da descentralização, é preciso ter esferas estaduais fortes e eficientes. É bom lembrar que esses governos também sofreram conseqüências drásticas na centralização de recursos e encargos no governo federal. Para se colocar em prática o federalismo cooperativo, é necessário que os estados sejam inseridos no sistema como agentes fortes e atuantes, superando uma perspectiva fragmentada do sistema político.

Por outro lado, Stein (ibidem) considera a municipalização como uma articulação de forças do município, na sua totalidade, para a prestação de serviços sociais, cujos co-responsáveis seriam a prefeitura municipal e as entidades da sociedade civil. O *conceito ampliado de municipalização*, presente nessa concepção, *vislumbra uma forma de poder mediador que não engloba somente a figura do prefeito municipal ou de seus assessores, e sim, do poder local.*[9] Dessa forma, o conceito ampliado de municipalização se fundamenta nos princípios da descentralização, do fortalecimento administrativo, da participação social e do enfoque integrador da administração local (Sposati e Falcão, 1990:26).

---

9. Massolo entende poder local como uma relação de forças, por meio da qual se constroem as divergências e consensos entre os diversos grupos de interesse com poderes diferentes (1988:47).

O conceito restrito de municipalização consiste na *prefeiturização*, que significa a "incorporação e gestão, pela prefeitura, dos recursos institucionais federais e estaduais instalados no município. Seria, pois, a 'descentralização' atrelada ideologicamente aos interesses centrais, em detrimento dos locais" (ibidem: 21).

Dessa maneira, a institucionalização da participação no Brasil inscreve o estágio concreto da reforma democrática do Estado democrático brasileiro e, particularmente, as propostas dos setores mais comprometidos com ela.

As décadas de 1980 e 90 demonstram um significativo avanço do termo. Nesse período, o controle social é concebido como elemento constitutivo da gestão das políticas públicas, da gestão pública, ou melhor, *a população participa e fiscaliza as decisões do Estado*. Outra questão importante vai marcar esse novo conceito que será a inserção política das entidades representativas da sociedade civil em órgãos, agências ou serviços do Estado responsáveis pelas políticas públicas na área social (Valla, 1993:63). Essa participação social trará para o debate político algumas implicações: se, por um lado, significa a legitimação do Estado frente à população; de outro, quer dizer um canal pelo qual as entidades populares disputarão e decidirão o controle e a destinação do dinheiro público (ibidem).

A resolução dessa contradição, diz Valla (ibidem: 63-64), constitui um processo no qual as entidades populares precisam manter sua autonomia, tendo condições de utilizar as formas de luta que lhes são próprias e garantir a mais ampla participação das massas, demarcando o seu espaço naquelas instituições públicas destinadas, prioritariamente, a atender às necessidades sociais das classes trabalhadoras.

A proposta conselhista

Buscar-se-á, agora, introduzir o debate acerca dos conselhos de política e de direitos enquanto mecanismos de controle social, espaços esses tensionados pela correlação de forças existente entre poder público e sociedade civil. Para além dos conselhos regulamentados por lei federal, apresentamos também outros mecanismos de controle social que podem ser acionados, quando sujeitos políticos individuais e coletivos são lesados nos seus direitos.

Nos dias atuais, o controle social é um direito conquistado, um princípio contido na Constituição de 1988. Contudo, só na década de 1990 serão implementados a partir da promulgação das diferentes leis complementares, a exemplo do Estatuto da Criança e do Adolescente (1990), Lei Orgânica da Saúde (1990), Lei Orgânica da Assistência Social (1993), entre outras.

Tais leis instituem o controle social em duas instâncias formais, que são também espaços de luta: as conferências e os conselhos. As conferências são eventos que devem ser realizados periodicamente para discutir a política em cena, em cada esfera de governo, e propor diretrizes de ação. As deliberações das conferências devem ser entendidas enquanto norteadoras da implantação dessas políticas, portanto, devem influenciar as discussões travadas nos conselhos.

Já os conselhos são espaços compostos por sociedade civil e poder público, de caráter permanente, deliberativo e paritário. Dessa forma, têm que ser compostos por 50% de membros da sociedade civil e outros 50% compostos pelo governo O principal objetivo dos conselhos é discutir, elaborar e fiscalizar a política social em tela, em cada esfera de governo.

Mas estes não são os únicos espaços para o exercício do controle social. Pode-se dizer que estes são os principais mecanismos. Como aponta Barros (1994), são os únicos obrigatórios para todo o país, haja vista sua previsão em lei federal, mas existem outros mecanismos que, se acionados, podem e devem ser entendidos enquanto espaços de exercício de controle social, tais como:

- *Ministério Público*, que "é uma instituição permanente, existente na União e nos Estados, incumbida da 'defesa da ordem jurídica, do regime democrático e dos interesses sociais e individuais indisponíveis' (art. 127 da CF/88)" (Barros, 1994:36). As razões pelas quais o Ministério Público pode ser acionado são: o mau funcionamento dos serviços por falta de profissionais, a má conservação ou inexistência de materiais e equipamentos, falta de medicamentos ou má administração dos recursos públicos ou desvio destes (ibidem);

- *PROCON* — como órgão de proteção e defesa do consumidor, dedica-se para além do consumidor de bens e objetos. Protege também o consumidor de *serviços*: "o mau atendimento nos serviços de saúde, as condições precárias de funcionamento devem ser notificadas ao PROCON, que irá, uma vez recebida a denúncia, verificar e exigir as providências necessárias para resolver o problema" (ibidem);

- *Conselhos profissionais*: constituem um recurso utilizado em casos de mau atendimento, descaso ou irresponsabilidade de profissionais, pois essas entidades são as responsáveis pela fiscalização do exercício profissional (ibidem: 36-37). Assim, se qualquer usuário for mal atendido por um determinado profissional — como o assistente social —, ele pode recorrer ao conselho desse profissional (nesse caso, o CRESS — Conselho Regional de Serviço Social) e denunciá-lo, porque esse profissional está infringindo o seu Código de Ética Profissional;
- *Meios de comunicação*: a mídia alternativa, rádios comunitárias e jornais populares, de partidos, sindicatos e movimentos sociais, geralmente, abrem espaço para a divulgação de denúncias, principalmente aquelas que envolvem autoridades públicas. Existe, porém, uma grande dificuldade de denunciá-las na mídia oficial, à medida que estas são, em geral, pessoas que têm grande influência junto aos jornais, às emissoras de rádio e televisão, ou seja, a mídia oficial. Utilizar aqueles instrumentos alternativos e buscar transformar a denúncia pública em um fato político é uma tarefa urgente e constitutiva do processo de democratização da sociedade e do Estado, que ainda quer acontecer.

Para Barros (1994), essas são instâncias parceiras no exercício do controle social. São instituições que podem orientar os defensores do projeto da reforma democrática do Estado brasileiro na defesa da qualidade dos serviços públicos. Mas, o controle social não é apenas uma luta legal por um direito adquirido. Trata-se de potencializar a criatividade da sociedade civil na elaboração das políticas públicas, uma vez que é ela quem percebe no cotidiano dos serviços prestados a efetividade ou não das suas políticas, e principalmente, as lacunas deixadas pelos serviços públicos.

Para além desses mecanismos parceiros no exercício do controle social, a possibilidade de criação de conselhos em diferentes instâncias fortalece a descentralização e a participação da população na construção de uma esfera pública democrática. Publiciza um determinado paradigma de participação social na gestão pública, que visa estabelecer novas relações "entre espaço institucional e práticas societárias, não como polaridades que se excluem, mas como processos conflituosos que se antagonizam e se complementam, pondo em relevo a luta pela inscrição de conquistas sociais na

POLÍTICA SOCIAL, FAMÍLIA E JUVENTUDE

institucionalidade democrática" (Raichelis Degennszajh, 2000:66). Por isso é que se acredita no potencial de intervenção dessas entidades, já que as entendemos enquanto espaços de ampliação e fortalecimento do poder local, de socialização do poder, e, portanto, aprofundamento e expansão de democracia (Bravo, 2000). Significam, acima de tudo, uma conquista da sociedade civil.

Os conselhos são espaços estratégicos de participação coletiva e de criação de novas relações políticas entre governos e cidadãos, proporcionando um processo de interlocução permanente, que ora objetiva a proposição de políticas públicas e a criação de espaços de debate públicos; e ora visa ao estabelecimento de mecanismos de negociação e pactuação, permitindo a penetração da sociedade civil na lógica burocrática estatal para transformá-la, visando exercer o controle socializado das ações e deliberações governamentais (Raichelis Degennszajh, 2000:66).

Diante dessas demandas, o desafio vem sendo a modificação da sociedade civil, no que se refere à construção de alianças em torno de pautas realmente coletivas, transcendendo a realização de interesses particularistas e corporativistas, sendo, então, interpelada ao exercício de mediações sociais e políticas para o atendimento de demandas populares. Pode-se dizer, portanto, que os conselhos são inovações que requerem a modificação tanto do Estado quanto da sociedade civil, pois aqui estes caminham na direção da construção da esfera pública autônoma e democrática no campo das decisões políticas (ibidem).

Para Carvalho (1998:23), os conselhos são "expressões institucionais de um processo mais amplo de reordenamento das relações Estado—sociedade, impulsionado por forças e fatores tanto endógenos quanto exógenos ao aparelho de Estado". Podem ser traduzidos como paradigmas de inovação institucional para além do setor a que se refere, estendendo-se a outras políticas sociais — no caso de conselhos de políticas, como de assistência social ou saúde — e segmentos da sociedade, no caso dos conselhos de direitos da criança e adolescente, da mulher, do negro...

Os conselhos surgem na condição de *arranjos institucionais inovadores*, com o objetivo de dar ao Estado ânimo institucional e estrutura organizacional para implantar as políticas sociais universalistas. Significa, portanto, uma reforma do Estado, não nos termos de Bresser Pereira (1988), mas nos marcos de um pacto de democracia substantiva, no qual ganha centralidade a distribuição de poder na esfera pública (Carvalho, 1997:103).

Raichelis Degennszajh (2000) atenta para o fato de que os conselhos não podem ser considerados como únicos condutos da participação política e nem exemplos modelares de uma sociedade civil organizada. Os conselhos não podem substituir os movimentos sociais, lembra Bravo (2000). Esta é uma das formas de luta que o movimento social conseguiu conquistar. Sua inserção nesses espaços é fundamental, mas precisa ser combinada com outras modalidades de organização e mediação política, exigindo um diálogo constante com as bases que representa.

Bravo (2000) sinaliza que a escolha das entidades representativas dos usuários não tem sido precedida de elegibilidade de critérios, tais como: tradição política, base de sustentação, interesses representados, organização e dinâmica de funcionamento, o que abre possibilidades para uma participação elitista e burocrática, na qual a intervenção dos seus representantes enfatiza opiniões pessoais, subjetivas e arbitrárias, não debatendo com as bases da sua entidade, muito menos com as bases do seu segmento, as temáticas em pauta nas reuniões dos conselhos.

O acompanhamento da prática dos conselhos, nas diferentes políticas sociais e nos vários níveis governamentais, aponta para o risco de burocratização e rotinização do seu funcionamento. A centralização do poder nas mãos do executivo fragiliza, em muitos casos, a autonomia dos conselhos diante das condições que os governos reúnem para interferir, neutralizar ou mesmo minar as ações e decisões do colegiado.[10]

O clientelismo e o paternalismo ainda são características presentes nas relações entre governo e população, principalmente nas pequenas cidades, nas áreas rurais e nas áreas menos industrializadas do interior do país (Cortes, 1998). Barros (1998:18), entretanto, aponta que, mesmo nessas realidades, o poder local vem experimentando mudanças que têm permitido avanços significativos na possibilidade de participação da população no processo decisório setorial, com menor comprometimento dos interesses oligárquicos e com governos progressistas apoiando tais iniciativas.

---

10. A título de exemplo acerca de tais interferências, cabe citar: sonegação de informações, principalmente sobre a utilização do orçamento, nomeação de conselheiros sem a mediação de um processo eleitoral democrático, mudanças unilaterais nas regras da eleição, cooptação de conselheiros, presidências impostas etc. (Raichelis Degennszajh, 2000).

Todos os aspectos levantados colocam, ao mesmo tempo, uma meta a ser perseguida: a gestão democrática das políticas sociais. Para sua sustentação, Bravo (2000) destaca algumas estratégias fundamentais na defesa da esfera pública, a saber:

- a democratização das informações e serviços, o que dá à população o poder do conhecimento;

- a realização de encontros populares ou pré-conferências;

- a dinamização de conselhos comunitários de saúde e/ou fóruns populares;

- a mobilização das entidades dos trabalhadores para participarem dos conselhos;

- a construção de planos de ação, com a participação dos movimentos populares e de trabalhadores das áreas;

- a mobilização e/ou iniciativas para modificar a composição dos conselhos não paritários, garantindo 50% de representação do segmento dos usuários;

- a articulação entre os conselheiros representantes dos usuários e trabalhadores em saúde;

- a articulação dos conselhos municipais de uma mesma região, em prol de serviços públicos que possam ser comuns à população de toda a área;

- a capacitação dos conselheiros na perspectiva crítica e propositiva, principalmente os representantes da sociedade civil, que precisam incorporar novas competências políticas, culturais, éticas e técnicas, porém sem esquecer a combatividade dos movimentos que representam, desempenhando seu papel com seriedade e compromisso social com a *coisa pública*.

Bibliografia

ALMEIDA, Maria Hermínia Tavares de. "Federalismo e políticas sociais". In: AFFONSO, Rui de Brito Álvares e SILVA, Pedro Luis Barros (orgs.). *Descentralização e políticas sociais*. São Paulo: FUNDAP, 1996.

AMMANN, Safira Bezerra. *Ideologia do desenvolvimento de comunidade no Brasil.* 8ª ed. São Paulo: Cortez, 1992.

BARROS, Elizabeth Diniz. "O controle social e o processo de descentralização dos serviços de saúde". In: MINISTÉRIO DA SAÚDE. *Incentivo à participação popular e controle social no SUS (Textos técnicos para conselheiros de saúde)*. Brasília, 1994.

_____. "Os conselhos de saúde e a responsabilidade cidadã". *Revista Ciência e Saúde Coletiva*, n° 3. Rio de Janeiro: ABRASCO, 1998.

BOBBIO, Norberto; MATTEUCCI, Nicola e PASQUINO, Gianfranco. *Dicionário de Política*. Brasília: Ed. UnB, 1995.

BRASIL. "Título VIII: Da Ordem Social. Seção II: Da Saúde. Artigos 196-200". In: Constituição da República Federativa do Brasil: promulgada em 5 de outubro de 1988. Brasília, 1988.

BRAVO, Maria Inês Souza. "Saúde, serviço social e capitalismo. Determinações históricas". In: _____. *Questão da saúde e serviço social. As práticas profissionais e as lutas no setor*. Capítulo 1. Tese de doutorado. Departamento de Serviço Social da Pontifícia Universidade Católica: São Paulo, 1991, pp. 8-89.

_____. *O serviço social na contemporaneidade: desafios para a construção de uma esfera pública democrática*. Rio de Janeiro, 2000 (mimeo.).

BRESSER PEREIRA, Luiz Carlos. Reforma do Estado para a cidadania. A reforma gerencial brasileira na perspectiva internacional. São Paulo/Brasília: Ed. 34/ENAP, 1998.

CARVALHO, Antonio Ivo de. *Conselhos de saúde no Brasil: participação cidadã e controle social*. Rio de Janeiro: FASE/IBAM, 1995.

_____. "Conselhos de saúde, responsabilidade pública e cidadania: a reforma sanitária como reforma do Estado". In: FLEURY, Sonia (org.). *Saúde e democracia: A luta do CEBES*. São Paulo: Lemos Editorial, 1997.

_____. "Conselhos de saúde, participação social e reforma do Estado". *Revista Ciência e Saúde Coletiva*, n° 3. Rio de Janeiro: ABRASCO, 1998.

CASTRO, Ana Maria e DIAS, Edmundo Fernandes. *Introdução ao pensamento sociológico*. 6ª ed., Rio de Janeiro: Eldorado, 1978.

CORTES, Soraya Maria Vargas. "Conselhos municipais de saúde: a possibilidade dos usuários participarem e os determinantes da participação". *Revista Ciência e Saúde Coletiva*, n° 3. Rio de Janeiro: ABRASCO, 1998.

JOVCHELOVITCH, Marlova. "O processo de descentralização e municipalização no Brasil". *Serviço Social & Sociedade*, n° 56. São Paulo: Cortez, 1998.

MARX, Karl e ENGELS, Friedrich. *A ideologia alemã (Feuerbach)*. 10ª ed. São Paulo: HUCITEC, 1996.

MASSOLO, Alejandra. "Em direção às bases: descentralização e município". *Revista de Estudos Regionais e Urbanos*, n° 24. São Paulo: Espaço & Debate, 1988.

OLIVEIRA, Francisco de. São Paulo, HUCITEC, 1990.

PIMENTA, C. C. "Novos modelos de gestão descentralizada e de parcerias para as administrações estaduais. *Revista de Administração Pública*. Rio de Janeiro, n° 3, v. 29, jul./set. 1995.

RAICHELIS DEGENNSZAJH, Raquel. "Organização e gestão das políticas sociais no Brasil: desafios na gestão democrática das políticas sociais". In: V.V.A.A. *Capacitação em serviço social e política social. Módulo 3: Política Social.* Brasília: UnB, Centro de Educação Aberta, Continuada à Distância, 2000.

SOUZA, Maria Luiza. *Desenvolvimento de comunidade e participação.* 3ª ed. São Paulo: Cortez, 1991.

SPOSATI, Aldaíza e FALCÃO, Maria do Carmo. *A assistência social brasileira: descentralização e municipalização.* São Paulo: EDUC, 1990.

STEIN, Rosa Helena. "Descentralização e assistência social". *Cadernos ABONG*, n° 20. São Paulo: CFESS/ABONG/CNTSS-CUT, 1997a.

_____. "A descentralização como instrumento de ação política e suas controvérsias (revisão teórico-conceitual)". *Serviço Social & Sociedade*, n° 54. São Paulo: Cortez, 1997b.

_____. "Implementação de políticas sociais e descentralização político-administrativa". In: V.V.A.A. *Capacitação em serviço social e política social. Módulo 3: Política Social.* Brasília: UnB, Centro de Educação Aberta, Continuada à Distância, 2000.

THINES, G. e LEMPEREUR, Agnés. *Dicionário geral das ciências humanas.* Lisboa: Edições 70, 1984.

UGA, Maria Alice de. Brasília: IPEA, 4.5.1991.

VALLA, Victor Vincent. "Participação popular e saúde: a questão da capacitação técnica no Brasil". In: VALLA, Victor Vincent e STOTZ, Eduardo Navarro. *Participação popular, educação e saúde: teoria e prática.* Capítulo III. Rio de Janeiro: Relume-Dumará, 1993.

VÁZQUEZ, Adolfo Sánchez. *Filosofia da práxis.* 4ª ed. II Parte, Caps. I e II. Rio de Janeiro: Paz e Terra, 1990.

WANDERLEY, Mariangela Belfiore. *Metamorfoses do desenvolvimento de comunidade.* São Paulo: Cortez, 1993.

WEFFORT, Francisco. *Por que democracia?* 4ª ed. São Paulo: Brasiliense: 1986.

Capítulo 2

Conselhos de direitos: democracia e participação popular*

Aline de Carvalho Martins

Pelos conselhos de direitos e de políticas sociais passam hoje as questões contemporâneas de cidadania. Nosso estudo pretende contribuir para uma análise desses instrumentos e de suas questões, uma vez que os conselhos redefinem as relações instituídas entre sociedade e governos. Trata-se principalmente de uma tentativa de captar as reais possibilidades de ações desses instrumentos no rumo da democratização do Estado.

As questões discutidas sobre participação popular e democracia vêm se consubstanciar na política social brasileira a partir da Constituição Federal de 1988. Trata-se de um movimento nacional destinado a garantir uma nova lógica na gestão das políticas sociais, entre elas, a da criança.

Nesse sentido, os conselhos enquanto instrumentos firmadores de valores democráticos devem merecer especial reflexão. No bojo dessas questões, vale um especial destaque para a área da criança e do adolescente, enfocando as especificidades desses conselhos, os empecilhos e resistências que eles vêm enfrentando e algumas sugestões para o fortalecimento desses espaços.

---

* Este artigo se constitui em síntese da minha dissertação de mestrado, intitulada "O Conselho Municipal dos Direitos da Criança e do Adolescente no Rio de Janeiro: um novo caminho para elaboração de política", defendida na FSS/UERJ, em 2001.

Os conselhos e a democracia no Brasil

A Constituição Federal de 1988 condensa todo um movimento em prol da participação popular, que ganha força e viabilidade ao final de décadas de ditadura militar. Aquela incorpora o princípio da participação popular direta e da descentralização do poder político.

Nesse contexto, as leis orgânicas criadas para regulamentar a Constituição Federal instituíram os conselhos, como mecanismos de discussão/ deliberação das políticas sociais[1] de cunho eminentemente democrático e participativo, que irão criar um novo tipo de relacionamento entre a sociedade civil e o Estado no que diz respeito à política social.

Os conselhos constituem-se novidade no campo de gestão das políticas sociais claramente embasadas em uma concepção de democracia participativa. Sua institucionalização permite um novo tipo de participação da sociedade civil, que não se esgota no processo eleitoral. São instrumentos para deliberar, controlar e fiscalizar as políticas desenvolvidas nas três esferas de governo, firmando bases empiricamente viáveis para a construção de uma nova cultura política democrática.

Esses instrumentos foram revestidos de responsabilidades de controle popular, enquanto mecanismos capazes de assegurar a intervenção do conjunto da sociedade nas decisões acerca das políticas sociais. Os espaços coletivos para a apresentação e discussão dessas demandas — como os conselhos — permitem a otimização do atendimento das necessidades sociais, através das políticas públicas. A introdução de novos agentes na esfera pública, apresentando legitimamente os seus interesses para que sejam incorporados pelo Estado, não se efetiva sem conflitos. Muitas são as resistências à ampliação da participação popular no Brasil. As maiores críticas concentram-se nos impedimentos que esta participação traria à governabilidade.

---

1. Cabe aqui salientar que os conselhos não são o único espaço de luta pela conquista e manutenção e controle dos interesses sociais (Bravo, 2000:8). O Ministério Público, conselhos de profissionais, órgãos de defesa do consumidor, meios de comunicação (ibidem) e movimentos sociais podem contribuir ativamente nesse processo de garantia de direitos. Cada um desses atores (inclusive os conselhos) tem limites, no que tange ao alcance de suas ações, o que aponta para a necessidade de uma articulação cada vez maior entre eles, em prol da universalização dos direitos e da garantia das conquistas firmadas na última carta constitucional.

POLÍTICA SOCIAL, FAMÍLIA E JUVENTUDE

Em que pese não ser este nosso foco principal de estudo, há que se ressaltar que, atualmente, a governabilidade é um tema considerado central na discussão da democratização. Muitas vezes, a questão da governabilidade é apresentada como um pré-requisito para a concretização da cidadania e para o atendimento das necessidades humanas, ao mesmo tempo como obstáculo à capacidade administrativa de absorver e responder às demandas sociais. Marshall (1967) já apontava as dificuldades dos limites dos recursos nacionais no atendimento de um número cada vez maior de reivindicações, mostrando que, à medida que a demanda pelos serviços governamentais aumenta, as obrigações para os governos se tornam mais pesadas, o que sugere a necessidade de que os direitos individuais estejam subordinados aos planos nacionais (ibidem: 96).

Essa afirmativa pode conduzir a perigosas armadilhas. A primeira e principal delas é a possibilidade de desrespeito aos princípios democraticamente instituídos, ou seja, em nome dos limites de implementação das ações, pode-se negligenciar a soberania popular e seus preceitos, ignorando o princípio da cidadania, que é "o reconhecimento da soberania da Nação sobre o Estado, do povo sobre o governo" (Faleiros, 1991:20). Outra possibilidade daí advinda é a utilização do produto coletivo para privilegiar alguns grupos em detrimento da coletividade, sob o argumento da escassez de recursos e impossibilidade de viabilização das decisões coletivas:

> "O tema hoje tão debatido da governabilidade, das sociedades complexas pode ser interpretado também nos termos da clássica dicotomia sociedade civil/ Estado: uma sociedade torna-se tanto mais ingovernável quanto mais aumentam as demandas da sociedade civil e não aumenta correspondentemente a capacidade das instituições de a elas responder, ou melhor, a capacidade de resposta do Estado..." (Bobbio, 1999:36).

Ora, muito se tem dito sobre a falência dos mecanismos tradicionais da democracia representativa, que não têm respondido eficazmente às demandas sociais cada vez mais crescentes. Nesse contexto, os conselhos podem se apresentar como importantes mediadores entre as demandas sociais e o modo como elas podem ser absorvidas pelo aparelho estatal, possibilitando uma discussão sobre essas demandas e ampliando a participação social (Souza, 1999).

Com a participação popular na deliberação e implementação de políticas sociais, garante-se a eleição — pelos mais interessados — de prioridades municipais a serem atendidas. Constituem, portanto, espaços necessários para o desenvolvimento de novas práticas de ação em torno da garantia dos direitos previstos na Constituição.

A participação popular nos conselhos pode, assim, ajudar a redefinir a correlação de forças no interior de uma instância governamental, através de sua ação no âmbito das políticas públicas, visando controlar o seu processo de elaboração e discussão, criando de modo mais intenso uma cidadania pautada na participação direta ou semidireta.

Os conselhos constituem uma inovação em termos de avanços democráticos e possuem grandes potencialidades. São espaços que institucionalizam a participação, deliberação, fiscalização e controle sobre as políticas sociais. Possibilitam, portanto, uma redefinição nas relações entre o Estado e a sociedade civil, viabilizam a ampliação da participação social para além das eleições[2] e um indiscutível aprendizado de cidadania (Cohn, 1998:163). Possibilitam, ainda, uma redefinição nas relações existentes entre o Estado e a sociedade civil, acabando com a limitação que existia, até então, da participação popular apenas no período da eleição e com a deliberação das políticas feita somente pelos representantes eleitos pelo povo. Procura-se, através desses conselhos, reverter a tendência de secundarização da sociedade civil, através da ação de novos sujeitos políticos que muito podem contribuir para redimensionar as relações estatal/privado, na busca da construção da esfera pública.

Com a participação popular na deliberação e implementação de políticas sociais, garante-se a eleição de prioridades a serem enfrentadas, bem como a continuidade das ações desenvolvidas em uma determinada política social. Desse modo, é possível evitar a descontinuidade das ações durante, por exemplo, as mudanças governamentais, fato este que nos possibilita vislumbrar, através dos conselhos, possibilidades para a construção de uma nova cultura política democrática.

---

2. Bravo (2000) aponta que é necessário evitar o entendimento dos conselhos como espaço de consenso, visto que, como espaço de controle público e deliberação de interesses conflitivos, estes se constituem principalmente como espaços tensos. Efetivamente estes são espaços tensos e conflitivos, entretanto, há a necessidade de se formar alguns consensos em seu interior, para que as deliberações possam se efetivar, de modo que se partilha, assim, do conceito gramsciano de *hegemonia*, que é constituído pela coerção e pelo consenso.

Além disso, os conselhos possibilitam a existência da democracia direta, quando implementam as conferências,[3] e permitem a participação da população na discussão e na deliberação das prioridades para a área. Bravo (2000) aponta que as deliberações das conferências devem ser entendidas enquanto norteadoras da implantação das políticas e, assim, influenciar diretamente as discussões travadas nos conselhos.

A institucionalização dos conselhos dá continuidade e eficácia à ação dos movimentos sociais (Soares e Gondin, 1998). Essa institucionalização não deve, no entanto, substituir os movimentos sociais ou tampouco limitar os movimentos a uma participação consentida, visto que se corre o risco de enfraquecer essas instâncias (Bravo, 2000; Soares e Gondin, 1998).

Instrumentos de participação popular nas decisões do Estado, entretanto, não constituem a tônica da sociedade brasileira. Importa salientar que não foi (e nem é) um consenso nacional instituir novas formas de participação da sociedade civil no bojo do Estado, que ultrapassem o processo eleitoral em uma sociedade marcada por constantes ditaduras e pela presença de uma intensa centralização imposta à sociedade civil, de modo a neutralizar, dificultar ou esvaziar o exercício da cidadania (Jovchelovitch, 1997).

Desde a sua gênese, pode-se identificar resistências por parte de alguns setores tradicionais da política brasileira em atribuir aos diversos conselhos de política social um caráter deliberativo. Não é difícil perceber os motivos que levam a tantas resistências. No Brasil, a concretização de experiências que consagrem a democracia participativa tem, em geral, menor adesão do que a democracia representativa. Isto porque a democracia representativa já está de certa forma incorporada no cotidiano da população, e as experiências da democracia participativa são pontuais e incipientes (Souza Filho, 1996).

Não se pode negar que, no Brasil, a criação dos instrumentos de participação está profundamente ancorada em processos de reivindicação e luta pela hegemonia gestados no interior da sociedade civil, que conseguiram se firmar durante o período da redemocratização. A análise de instituições como os conselhos encontra-se, então, situada no interior da contradição

---

3. Concordamos explicitamente com Paul Singer (1998), quando este afirma que as conferências são promovidas com base no entendimento de que as pessoas são sujeitos ativos e co-responsáveis por suas ações. Por isso, a discussão aberta a toda a sociedade nas conferências parte do princípio de que estes devem ser sujeitos ativos das políticas que os atingem (pp.138-140).

social e é permeada, interna e externamente, pelos processos de luta de diferentes segmentos da sociedade civil pela hegemonia das ações no âmbito dessa política social.

É nesse contexto que se pode afirmar que os conselhos sofreram (e ainda sofrem) muitas resistências, principalmente por parte de alguns segmentos que viram seu poder diminuído por uma política que preconizava a participação da sociedade no acompanhamento e fiscalização das políticas sociais:

> "Os juízes, por exemplo, podem manter-se à distância desse processo, temendo o estreitamento de suas atribuições e a conseqüente redução de seu poder e prestígio na comunidade. Os vereadores, por sua vez, podem vislumbrar na participação comunitária via conselhos um possível esvaziamento do seu papel como porta-vozes da sociedade local. Os grupos de benemerência podem ver nos conselhos uma ameaça às suas entidades e/ou concepções de atendimento (...) O prefeito e os titulares das secretarias municipais, finalmente podem identificar o novo dispositivo institucional como fonte de restrições ao seu poder de propor políticas, destinando recursos materiais e humanos de acordo com seu parecer e conveniência" (Vogel, 1995:330).

Além disso, pode-se apontar que esses conselhos sofrem dificuldades para se firmar e implementar suas atribuições. Dentre as mais comuns, é possível apontar dificuldades materiais, políticas, organizacionais e obstáculos próprios do contexto político e do seu processo de criação.

As dificuldades relativas à criação dos conselhos têm suas raízes em alguns processos concretos empiricamente verificáveis. Em relação à maior parte das áreas de política social, a União estabelece como condição necessária para o repasse de verbas para os municípios a existência dos conselhos. Isso demonstra que se a demanda da população pela participação pode criar, muitas vezes, a oferta desses canais por parte do Estado, o inverso também é viável: o Estado pode estimular a participação através da oferta de financiamento (Tommasi, 1996:26). Se a formação dos conselhos pode ser um estímulo à participação, pode ser também um mecanismo de concentração de recursos nas mãos do prefeito, quando ele, violando a legislação (o que não é incomum em muitos municípios), cria conselhos compostos por seus "amigos", ou somente cria conselhos em lei, sem que exista o seu real funcionamento. Esse fato garante ao município o recebimento dos recursos, mas não consolida a efetivação de uma gestão democrática, em que a sociedade civil se firma como um ator realmente participante.

POLÍTICA SOCIAL, FAMÍLIA E JUVENTUDE   195

Criados os conselhos, observam-se, em alguns casos, as dificuldades materiais que têm para se instalar. Muitas vezes, não lhes é proporcionado espaço físico para se instalar ou mesmo uma mínima mobília e telefone necessários para seu funcionamento.

Quando o conselho existe e começa a funcionar, ainda tem que enfrentar alguns obstáculos políticos e organizacionais. Dentre as dificuldades políticas, podemos destacar os casos em que o poder executivo municipal não proporciona aos conselhos condições mínimas de funcionamento ou ignora as suas deliberações. Há casos em que o conselho é composto por parentes/amigos pessoais do prefeito, o que não garante a participação efetiva da comunidade nesses órgãos. Outras vezes, o executivo municipal oferece resistência ao conselho e apresenta obstáculos para o seu funcionamento, tentando impor condições ilegais, como, por exemplo, a escolha da presidência do conselho.[4]

As dificuldades organizacionais derivam de obstáculos mais sutis, muitos deles externos ao funcionamento dos conselhos. É o caso da designação de conselheiros governamentais sem o mínimo domínio do assunto ou sem competência sobre as atribuições de suas secretarias. Outras vezes, as dificuldades são internas ao funcionamento do conselho. Nesse caso, o maior exemplo é o da falta de diálogo entre os conselheiros governamentais e não governamentais, o que acaba por retardar as deliberações do conselho. Acrescente-se a isso a dificuldade dos conselheiros não governamentais na elaboração e implementação de políticas públicas (Souza, 1999), uma vez que possuem pouca tradição nesse sentido. São comuns também as dificuldades dos conselheiros em compreender suas próprias tarefas e limites. Ressentem-se, muitas vezes, de material sistematizado sobre suas práticas e apontam a necessidade de troca de experiências.

Cohn (1998) e Bravo (2000) apontam outros entraves para o desenvolvimento dos conselhos, como a distribuição desigual das informações, dificultando, assim, os processos de discussão das políticas, visto que os atores que têm pouco acesso à informação tendem a ter uma participação mais tímida. Outras vezes, observa-se que as pautas de reuniões decididas ex-

---

4. Cabe aqui afirmar, que o secretário gestor *pode* ser o presidente do conselho. Entretanto, o fato de poder ser o presidente não significa que somente ele *necessariamente tenha que sê-lo*. Desse modo, entendemos que se ele é eleito pelos diversos conselheiros para ocupar tal cargo, sua atuação é legítima, entretanto é ilegal o prefeito tentar impor essa condição, que não está prevista em lei.

clusivamente pelo presidente do conselho tendem a se restringir sobretudo à distribuição dos parcos recursos. Além disso, a falta de quórum durante as reuniões e a burocratização do conselho tendem a restringir sua ação e se refletem no seu posicionamento, por vezes, tímido frente a questões relativas às políticas sociais.

É preciso, entretanto, evitar o superdimensionamento do espaço dos conselhos, visto que seu funcionamento vem acompanhado de grandes dificuldades em se concretizar. Os conselhos e a participação popular têm reais limites para sua ação. Quanto ao nível municipal, é preciso destacar que é impossível para os governos locais enfrentarem as questões estruturais de pobreza e desigualdade social, embora não possam renunciar ao enfrentamento dessas questões (Cohn, 1998:189).

É importante ressaltar os limites e as possibilidades dos conselhos, enquanto instâncias de transformação e de participação social, que propiciam a efetivação de políticas baseadas no referencial da democracia participativa. Nesse contexto, o Poder Executivo vem se apresentando como uma instância que opera de maneira relevante (porém não determinante) no fortalecimento ou no enfraquecimento do conselho.

Embora as ações do Poder Executivo sejam tidas como fundamentais para incentivar ou dificultar a participação da sociedade no conselho e a viabilidade do controle público,[5] é fundamental que o conselho se utilize de suas prerrogativas legais e de alianças com outros setores da sociedade, no sentido de fazer valer suas deliberações e garantir o reconhecimento social de suas ações.

Embora os limites apontados sejam muitos, eles não são intransponíveis e apontam a necessidade de capacitação para um enfrentamento efetivo nesse espaço, para que essas questões possam ser superadas.

Se as questões relativas aos conselhos possuem questões que se assemelham, também é necessário destacar que, dependendo da área, os conselhos enfrentarão questões diferentes para firmar suas atribuições. Assim, as questões não estão descontextualizadas da forma como essas políticas foram historicamente enfrentadas e pensadas. Observemos mais detidamente a área da infância.

---

5. Aqui nos referimos a Soares e Gondin (1998:68-82), Singer (1998) e Bravo (2000).

Os conselhos dos direitos da criança e do adolescente

A questão da criança é uma questão singular, quando se fala de formulação política. Há que se destacar algumas peculiaridades da defesa dos direitos das crianças. Essa área possui um forte potencial mobilizador pela natureza da causa defendida, atraindo uma militância que, em geral, não irá se beneficiar diretamente dessa política.[6] Além disso, os direitos da criança possuem ainda duas peculiaridades básicas: supõem necessariamente um conjunto de ações que atravessam diversas políticas setoriais (saúde, educação etc.), e sua defesa é capaz de articular diversas tendências políticas, religiões diferentes, e grupos sociais de orientações distintas.

Nesse contexto, seria viável pressupor uma grande participação e mobilização de toda a sociedade na construção de políticas voltadas para o pleno desenvolvimento desse público. Entretanto, não é isso que acontece. Há que se examinar cuidadosamente a história para não incorrer nesse erro.

No Brasil, é empiricamente verificável uma grande desigualdade no acesso à cidadania da criança. As ações públicas voltadas para esse segmento jamais se orientaram por princípios de justiça, sendo revestidas por contradições e peculiaridades históricas, na qual a diferenciação entre o "menor" e a "criança" pode-se constituir um exemplo ímpar. Segundo essa tradição, o conceito jurídico de *menor* passou a designar toda a infância pobre, entendida como potencialmente perigosa e que deveria ser contida. Essa classificação opunha-se ao conceito de criança, pelo qual eram definidos aqueles que viviam em famílias burguesas.

Nesse contexto, a gestão das políticas para esse segmento não possuía características inclusivas. Pelo contrário: a formulação das políticas tratou principalmente de segregar e excluir a população pobre do acesso às decisões sobre o seu destino e sobre os serviços oferecidos a ela.

Historicamente, a decisão das ações nesse campo esteve restrita às elites letradas ou a tecnocratas, que, distantes da realidade da maioria da po-

---

6. E aqui afirmamos "em geral" por que, algumas vezes, as próprias crianças/adolescentes participam da discussão da sua política, como é o caso das crianças em situação de rua e sua participação no Movimento Nacional de Meninos e Meninas de Rua, em que as crianças e adolescentes também eram partícipes das discussões. Evidentemente, esta é uma exceção, visto que, em geral, não se considera a criança como uma pessoa com maturidade suficiente para discutir políticas, a não ser no seu sentido mais amplo. Notadamente, quando a discussão as inclui, esta discute os direitos políticos e não as formas de implementação.

pulação, não conseguiam formular uma política de direitos universais para a criança. Tampouco era essa a preocupação em voga. Tratava-se, até a década de 1980, principalmente, de conter os "menores", quer segregando-os quer adestrando-os pelo trabalho subalterno para um futuro ainda mais subalterno.

Contra essa lógica, entretanto, desenvolve-se na década de 1980 um movimento de resistência no sentido de garantir formal e substancialmente a libertação da infância da miséria, desigualdade e opressão. Colocaram-se em xeque as práticas tuteladas, segregadoras e paternalistas, baseadas no atendimento asilar e internação maciça dos adolescentes.

Cabe destacar que este não foi um movimento exclusivo da sociedade brasileira. A movimentação nacional em prol de uma nova lógica para as políticas de atenção à infância e juventude foi bastante influenciada pela Convenção Internacional dos Direitos da Criança e do Adolescente. Essa convenção foi discutida a partir de 1978, quando a Polônia apresentou às Nações Unidas a iniciativa de elaborar uma convenção[7] sobre os direitos da criança e do adolescente, que se pretendia aprovar no ano seguinte, o Ano Internacional da Criança (O'Donnell, 1990). A tarefa, entretanto, não era simples. Foram necessários vários anos de estudos e reuniões para que essa convenção fosse finalmente aprovada. E, embora ela tenha sido assinada em 1989, pode-se observar no Brasil os efeitos de seus dez anos de trabalho. A própria Assembléia Constituinte Brasileira incorpora, já em 1988, muito desse tratado.

A inclusão dos direitos da criança no corpo da Carta Constitucional e a aprovação do Estatuto da Criança e do Adolescente (ECA) resultam de um processo de emancipação política. Essa nova legislação revoluciona, abolindo termos e práticas características da tutela e da segregação historicamente imposta à infância pobre.

A "prioridade absoluta" dada à criança, pela Constituição de 1988, bem como a firmação da universalidade das categorias "criança e adolescente", pelo Estatuto da Criança e do Adolescente, expressam essa intenção política de "cidadania" da criança, de universalização do atendimento e

---

7. É necessário salientar aqui que a convenção tem força de lei para os países signatários, à medida que seu conteúdo se transforma em campo de direito internacional. Desse modo, as convenções apresentam um "conteúdo jurídico mais específico, [sendo] elaboradas no âmbito das Nações Unidas e posteriormente ratificadas pelos Estados..." (USP/NEV-CTV, 1993:9).

garantia dessas pessoas enquanto sujeitos de direitos que devem ser protegidos pela ação do Estado, da sociedade e da família.

Nesse processo de construção de um novo paradigma para a área, os conselhos constituem espaços necessários para o estabelecimento de novos mecanismos de ação política que se proponham a assegurar os direitos fundamentais previstos no Estatuto. Têm como objetivo implementar a política de atenção à criança enquanto ação integrada, uma vez que as políticas sociais destinadas a crianças e adolescentes têm a necessidade de se articular às políticas das mais diversas áreas, como saúde, educação, assistência social, trabalho e garantia de direitos, para haver um atendimento realmente efetivo para essa população. Nas palavras de Arno Vogel:

> "O Conselho Municipal de Direitos, por exemplo, surge aí como um órgão deliberativo e controlador das ações com a participação popular por meio de organizações representativas, assegurada em lei municipal. O que, no entanto, significa isto senão que a tal Conselho cabe o poder decisório em todas as questões relativas ao atendimento dos direitos da criança e do adolescente no município, além de efetivo controle das ações governamentais e não governamentais, em todos os níveis. Mas isso não é tudo. Ao Conselho de Direitos, vincula-se ainda o Fundo Municipal, cujos recursos só podem ser destinados de acordo com os critérios estabelecidos pelos conselhos" (1995:330).

No Brasil, os conselhos dos direitos da criança e do adolescente fazem parte da nova estrutura da política social para a criança e o adolescente. O Conselho dos Direitos da Criança e do Adolescente tem diversas características que o diferenciam de outros mecanismos de participação popular. O Conselho deve ser criado por lei federal, estadual ou municipal, conforme determina o artigo 88 do Estatuto. Tem natureza paritária, ou seja, é formado pelo mesmo número de representantes da sociedade civil e da esfera governamental.

Souza (1997:60) aponta que, uma vez que o município é considerado um âmbito privilegiado de atendimento a crianças e adolescentes no Brasil, este possui autonomia para determinar como o conselho deve ser composto. Entretanto, é necessário que se preservem, em quaisquer condições, os critérios de representatividade institucional, isonomia e paridade.

No caso dos conselhos municipais, observa-se que a intervenção da população pode ser efetivada através de participação nas reuniões dos conselhos — abertas a qualquer pessoa —, de modo que todos possam estar presentes, atuar, participar, discutir e discordar sobre os temas. Importante pesar que essa questão da participação popular não é uma questão menor. Como se trata de um espaço criado para a participação popular, todos os interessados devem poder expressar seu ponto de vista em relação ao tema discutido. Essas contribuições servirão, inclusive, para que os conselheiros possam fundamentar sua posição para o voto, levando em consideração todos os argumentos ali apresentados.

Podem-se eleger como conselheiros apenas os membros dos setores governamentais ou de ONGs vinculados a essa área. Essa restrição tem o objetivo de garantir que a participação seja mais qualitativa, com base na experiência de pessoas envolvidas cotidiana e diretamente com a política em questão.

As tensões entre essas duas esferas chama-nos a atenção, devido à sua natureza histórica. Vogel nos lembra que não podemos supor integração absoluta sequer entre os membros de uma mesma área. Segundo o autor: "É freqüente (...) que aí se ajuntem pessoas de diferentes áreas, que não se conhecem e cujos interesses, posições ideológicas e ponto de vista técnico-profissional podem divergir bastante, chegando mesmo ao conflito aberto" (1995:333).

Cyrino e Liberati (1997), examinando o funcionamento de alguns conselhos, afirmam que, embora existam divergências, as ações são sempre frutos de deliberações conjuntas, pois, uma vez votada a questão, ela passa a ser uma deliberação do conselho, que deve ser respeitada por todos os envolvidos, inclusive pelo Estado, que se torna destinatário das deliberações do conselho.

A implementação das deliberações do conselho oferece especiais desafios, quando se trata de conselhos de direitos. Como estes tratam principalmente de *pessoas*, e se revestem de características de direitos difusos ou coletivos, sua ação possui interface com diversas secretarias, atravessando diversas políticas sociais, para que se delibere uma política de atenção integral para esse segmento (Oliveira, 1997:21). Nesse sentido, é flagrante a dificuldade que esse espaço tem para deliberar suas decisões, em relação aos conselhos de políticas sociais, que estão interagindo mais claramente com uma única secretaria e por isso conseguem mais facilmente estabelecer um canal de interlocução reconhecido.

Esse conselho conta ainda com um recurso destinado para a área, que pode utilizar com autonomia para implementar políticas na área. O Fundo para a Infância e Adolescência (FIA) é constituído por recursos especiais destinados à efetivação de políticas de atendimento para crianças em situações especialmente difíceis, em situação de risco pessoal e social. As políticas sociais básicas são de responsabilidade do governo municipal, que deve contar com outros recursos destinados no seu orçamento anual, a fim de não comprometer recursos do FIA com tais políticas.

De acordo com Araujo:

> "esse é um fundo específico, para ser necessariamente aplicado no âmbito da política de atendimento aos direitos, uma vez que não se destina à cobertura de políticas sociais básicas e nem das políticas de assistência social. Essas deverão ser asseguradas por verbas orçamentárias próprias aplicadas em consonância com o parágrafo único do art. 4º do ECA, que assegura à criança e ao adolescente a destinação privilegiada de recursos públicos" (1998:239).

O modo como o FIA vai ser gerido depende de regulamentação da prefeitura, embora o Estatuto determine que a gerência do Fundo é atribuição do conselho. Em muitos casos, o que se observa é que o conselho possui autonomia política para gerir o Fundo (ou seja, é ele quem determina onde o dinheiro pode ser utilizado), mas a gerência administrativa fica a cargo da prefeitura — assim, é a prefeitura que libera as verbas e a quem se deve a prestação de contas.

Para deliberar sobre as matérias de sua alçada, muitas vezes o conselho necessitará do trabalho de assessoria de profissionais especializados. Entretanto, o conselho não possui personalidade jurídica, estando, assim, impossibilitado de realizar contratações (Cyrino e Liberati, 1997). Quando essa necessidade se manifesta, o conselho pode se utilizar da máquina administrativa do Poder Executivo.

A fim de que se efetive o processo de deliberação do conselho sobre os assuntos, é de grande importância que este elabore um diagnóstico sobre as condições de vida das crianças e adolescentes daquela localidade. O diagnóstico constitui um instrumento de vital importância para o bom funcionamento do conselho, pois é a partir dele que se irá determinar quais as prioridades de políticas sociais destinadas à infância no município.

Outra função dos conselhos é o controle da política social destinada à infância e à juventude. Essa função é efetivada através do cadastro de todas as ONGs que prestam atendimento no âmbito das ações do conselho. As instituições não governamentais só podem funcionar depois de registradas no conselho. No caso das instituições públicas não há essa exigência, mas, em ambos os casos, o conselho é o responsável pelo controle dos programas desenvolvidos. Assim, o conselho desenvolve seu papel de articulador das entidades que prestam serviços às crianças e adolescentes, a fim de que se crie efetivamente uma rede de serviços que torne possível um sistema de proteção integral.

Considerações finais

O Brasil vivencia, nas décadas de 1980 e 1990, um movimento que visa alterar tradições históricas na área da infância, retirando a atenção à criança das ações assistencialistas, coercitivas e correcionais que se exerciam até então sobre ela.

Esses fatores pressionam o Brasil na adoção de políticas sérias, pautadas por uma outra forma de participação popular. A experiência que vem se operando nos conselhos, embora tenha um caráter inaugural, apresenta grandes possibilidades na construção de políticas sociais para o segmento infanto-juvenil.

Os conselhos possuem poder expresso em lei para deliberar políticas para a área, o que lhes dá possibilidades até então impensáveis. Trata-se de um espaço onde diferentes interesses permeiam a área em confronto na busca pela hegemonia. Nesse contexto, não se podem negar os reais benefícios da participação da sociedade no conselho, principalmente no sentido da garantia dos direitos e da manutenção das políticas para esse segmento.

O conselho, nesse sentido, pode garantir a necessária continuidade para o exercício de políticas sociais de qualidade, garantindo que a sociedade opine sobre as suas próprias necessidades, recuperando, assim, o sentido fundamental da democracia.

Por fim, cabe aqui pensarmos alguns elementos que podem ser utilizados para o fortalecimento do espaço do conselho. Sem querer apresentar conclusões exaustivas, propomo-nos aqui a apresentar alguns elementos que permitam fortalecer esse espaço, com vistas a facilitar sua legitimidade e reconhecimento social e institucional.

Nesse contexto, cabe uma afirmação: o Executivo vem se apresentando como uma instância que opera de maneira relevante no fortalecimento ou no enfraquecimento do conselho, embora não seja o único fator determinante da autonomia e do bom funcionamento deste.

As ações do fortalecimento do conselho se expressam em duas ordens de questões: aquelas que podem ser incentivadas pelo próprio Executivo e outras, de iniciativa do próprio conselho, no sentido de otimizar suas ações.

Quanto ao Executivo, cabe incentivar — quer durante atividades realizadas em parcerias com outros órgãos, quer autonomamente — o reconhecimento social do conselho.

Além disso, é bastante relevante a necessidade de democratização do orçamento municipal, bem como dos mecanismos a serem mobilizados para a utilização efetiva do Fundo para a Infância e Adolescência. Essas dificuldades podem, muitas vezes, ser supridas com trabalhos de assessoria, que podem ser feitos, inclusive, por funcionários capacitados da prefeitura, estado ou governo federal, dependendo da instância em que atue o conselho.

No interior dos conselhos, existem alguns desafios que podem ser superados com algumas medidas simples para uma melhor operacionalização de suas tarefas, como, por exemplo, um maior controle dos conselheiros faltosos, com incentivo para que as instituições das secretarias participantes garantam a efetiva liberação de seus membros para as atividades do conselho ou a substituição dos mesmos.

Além disso, pode-se, com pequenas medidas, operar uma melhor estruturação das atividades do conselho, evitando que este se limite às atividades puramente imediatistas, garantindo, assim, a efetivação da discussão e deliberação das políticas. A divulgação da existência e das competências do conselho junto à população, bem como das atividades ali realizadas, incentiva o reconhecimento e viabiliza a participação popular nesses locais.

Outra sugestão refere-se ao incentivo das parcerias realizadas junto às universidades e centros de estudos, que proporcionem melhores critérios para a implementação de políticas sociais relacionadas às necessidades do município. Nesse sentido, muitos conselhos têm conseguido felizes iniciativas, porém estas se realizam em períodos determinados de tempo e não regularmente.

Finalmente, a apresentação e discussão junto aos conselheiros dos dados estatísticos e das pesquisas relativas ao âmbito de funcionamento do conselho, no sentido de se apreender melhor as peculiaridades de seu campo de atuação, otimizando, assim, uma participação mais efetiva de todos, com vistas à realidade aqui vivenciada.

Entendemos que os itens enumerados são apenas apontamentos iniciais, que não esgotam todas as necessidades do conselho. Entretanto, são aspectos que podem ser facilmente resolvidos com recursos relativamente baixos, garantindo, assim, o reforço desse espaço em nossa sociedade.

Nesse sentido, nossa contribuição aponta, portanto, para a necessidade de pesquisas que sinalizem formas de implementar universalmente os direitos garantidos, bem como de elencar os avanços, limites e potencialidades dos conselhos, no sentido de fortalecê-los como espaços democráticos.

Bibliografia

ALENCAR, Mônica Maria Torres de e SALES, Mione Apolinario. "O Estatuto da Criança e do Adolescente e a política social para a infância e a juventude". *Em Pauta*, revista da Faculdade de Serviço Social da UERJ, nº 11. Rio de Janeiro: UERJ/FSS, 1997, pp. 33 -52.

ARAÚJO, Maria Cristina R. Nolasco de. "Conselhos de direitos — Os mecanismos para democratizar a política da infância em questão". In: *IX Congresso Brasileiro de Assistentes Sociais*: Goiânia, 1998, pp. 238-240.

BOBBIO, Norberto. *Estado, governo, sociedade. Para uma teoria geral da política*, São Paulo: Paz e Terra, 1999.

BRASIL. *Constituição da República Federativa do Brasil*. São Paulo: Saraiva, 1998.

_____. *Estatuto da Criança e do Adolescente. Lei 8.069/90.*

BRAVO, Maria Inês Souza. "Relatório nº 990.237". In: *Projeto: O controle social na saúde. Uma demanda ao serviço social*. Rio de Janeiro: UERJ, 2000.

CYRINO, Públio Caio Bessa e LIBERATI, Wilson Donizeti. *Conselhos e Fundos no Estatuto da Criança e do Adolescente*. São Paulo: Malheiros editores, 1997.

COHN, Amélia. "Os governos municipais e as políticas sociais". In: SOARES, José Arlindo e CACCIA-BAVA, Sílvio. *Os desafios da gestão municipal democrática*. São Paulo: Cortez/Centro Josué de Castro de Estudos e Pesquisas, 1998, pp. 46-67.

COSTA, Antônio Carlos Gomes da. *De menor a cidadão*. Brasília: CBIA, 1991.

FALEIROS, Vicente de Paula. "Infância e processo político no Brasil". In: PILOTTI, F. e RIZZINI, I. (orgs.). *A arte de governar crianças*. Rio de Janeiro: Ed. Universitária Santa Úrsula/Instituto Interamericano del Niño/Anais Livraria e Editora, 1995, pp. 47-98.

FALEIROS, Vicente de Paula. *O que é política social*. 5ª ed. São Paulo: Brasiliense.

FISHER, Tânia. "Poder local: um tema de análise". In: _____. (org.). *Poder local*. Rio de Janeiro: Fundação Getúlio Vargas, 1993, pp. 34-48.

GRAMSCI, Antônio. *Os intelectuais e a organização da cultura*. Rio de Janeiro: Civilização Brasileira, 1989.

GUIMARÃES NETO, Leonardo e ARAÚJO, Tânia Barcelar de. "Poder local, governos municipais e políticas de indução de crescimento no Brasil". In: SOARES, José Arlindo e CACCIA-BAVA, Sílvio. *Os desafios da gestão municipal democrática*. São Paulo: Cortez/Centro Josué de Castro de Estudos e Pesquisas, 1998, pp. 14-27.

JOVCHELOVITCH, Marlova. "O processo de descentralização e municipalização no Brasil". In: *Revista Serviço Social & Sociedade*, nº 56. São Paulo: Cortez, 1997, pp. 34-49.

MARSHALL, T. H. *Cidadania, classe social e status*. Rio de Janeiro: Zahar, 1967.

MARTINS, Aline de Carvalho. Os conselhos municipais dos direitos da criança e do adolescente: transformações na gestão das políticas? *Em Pauta*, revista da Faculdade de Serviço Social da UERJ, n º16. Rio de Janeiro: UERJ, 2000, pp. 49-64.

_____. *O conselho municipal dos direitos da criança e do adolescente do Rio de Janeiro — Um novo caminho para elaboração de políticas*. Rio de Janeiro: UERJ, 2001, mimeo. (dissertação de mestrado).

_____. *O conselho municipal dos direitos da criança e do adolescente: a trajetória de um espaço político*. Rio de Janeiro: Prefeitura da cidade do Rio de Janeiro, 2001.

MARTINS, Aline de Carvalho; JUNGER, Simone; COSTA, Michele Pontes. "Os conselhos e participação popular democrática no Brasil". In: *X Congresso Brasileiro de Serviço Social*. Brasília: CFESS, 2001.

O'DONNELL, G. "La convención sobre derechos del niño: estructura y contenido". *Boletin del Infancia*, nº 230, tomo 63. Montevidéu, 1990.

OLIVEIRA, Edivaldo. "Os conselhos de direitos e a implementação do Estatuto da Criança e do Adolescente no município do Rio de Janeiro". *Em Pauta*, nº 11, Rio de Janeiro: EDUERJ, 1997, pp. 17-23.

RAICHELIS, Raquel. *Esfera pública e conselhos de assistência social*. São Paulo: Cortez, 1998.

RIZZINI, Irene. "Crianças e menores: do pátrio poder ao pátrio dever". In: PILOTTI, F. e RIZZINI, I. (orgs.). *A arte de governar crianças*. Rio de Janeiro: Ed. Universitária Santa Úrsula/Instituto Interamericano del Niño/Anais Livraria e Editora, 1995.

RIZZINI, Irma. "A assistência à infância no Brasil — uma análise de sua construção". In: PILOTTI, F. e RIZZINI, I. (orgs.). *A arte de governar crianças*. Rio de

Janeiro: Ed. Universitária Santa Úrsula/Instituto Interamericano del Niño/ Anais Livraria e Editora, 1995.

SINGER, Paul. "Desafios com que se defrontam as grandes cidades brasileiras". In: SOARES, José Arlindo e CACCIA-BAVA, Sílvio. *Os desafios da gestão municipal democrática*. São Paulo: Cortez/Centro Josué de Castro de Estudos e Pesquisas, 1998.

SOARES, José Arlindo e GONDIN, Linda. "Novos modelos de gestão: lições que vêm do poder local". In: SOARES, José Arlindo e CACCIA-BAVA, Sílvio. *Os desafios da gestão municipal democrática*. São Paulo: Cortez/Centro Josué de Castro de Estudos e Pesquisas, 1998, pp. 68-82.

SOUZA, Renata Senna de. Conselho municipal de direitos da criança e do adolescente: um artífice fundamental da política de atendimento. *Em Pauta*, nº 11. Rio de Janeiro: UERJ, 1997, pp. 53-70.

_____. *Esfera pública e conselho municipal dos direitos da criança e do adolescente*: o caso do Rio de Janeiro. Rio de Janeiro: UERJ, 1999, mimeo.

SOUZA FILHO, Rodrigo. *Rumo à democracia participativa? A travessia do conselho dos direitos da criança e do adolescente*. Dissertação de Mestrado em Serviço Social, Universidade Federal do Rio de Janeiro. Rio de Janeiro, mimeo., 1996.

TOMMASI, Lívia de. *Em busca da identidade: as lutas em defesa dos direitos da criança e do adolescente no Brasil e a questão da participação*. Paris, 1996. Tese de Doutorado em Sociologia, Université Paris I, mimeo.

UNIVERSIDADE DE SÃO PAULO/NÚCLEO DE ESTUDOS DA VIOLÊNCIA E COMISSÃO TEOTÔNIO VILELA. *Os direitos humanos no Brasil*. São Paulo: NEV/CTV, 1993.

VOGEL, Arno. "Do Estado ao Estatuto: propostas e vicissitudes da política de atendimento à infância e adolescência no Brasil contemporâneo". In: PILOTTI, F. e RIZZINI, I. (orgs.). *A arte de governar crianças*. Rio de Janeiro: Ed. Universitária Santa Úrsula/Instituto Interamericano del Niño/Anais Livraria e Editora, 1995, pp. 299-349.

VOLPI, Mário. *O compromisso de todos com a proteção integral aos direitos da criança e do adolescente*. Rio de Janeiro, s/d.

Capítulo 3

Política e direitos de crianças e adolescentes: entre o *litígio* e a tentação do consenso

Mione Apolinario Sales

Quer-se discutir neste ensaio as tensões e contradições do exercício da *política*[1] e do fortalecimento da esfera pública na sociedade brasileira, com ênfase nos atores, espaços e processos da luta em defesa dos direitos de crianças e adolescentes, no ambiente político e cultural neoliberal da era FHC[2] (1994/2002), de retórica e prática ancoradas na ideologia do consenso.

---

1. De acordo com Ribeiro (1981), a *política* envolve o exercício do poder e revela: *quem manda, por que manda e como manda*. Revela os sujeitos, os projetos societários em jogo e a visão de mundo, mais as estratégias, de quem se organiza para se opor ou defender o *status quo*. Refere-se tanto ao *poder* que se manifesta e se torna visível, quanto àquele que se organiza em silêncio e veladamente. Trata-se, portanto, de uma práxis, cujas conseqüências são revestidas de extrema complexidade — passível de entendimento via análise dos discursos, fatos e interesses em disputa. A *política* concerne, em suma, à canalização e encaminhamento de interesses para a formulação e tomada de decisões que afetem de alguma maneira a coletividade.

2. O governo de Fernando Henrique Cardoso apresentou filiações e matizes políticos muito distintos. O Partido da Social Democracia Brasileira (PSDB) — partido ao qual pertence o ex-presidente da República — reivindica-se *social-democrata*, tendo, inclusive, FHC se posicionado internacionalmente junto a outros dirigentes e chefes de Estado no âmbito da *Terceira Via* (corrente ligada à London School of Economics, liderada por Antony Giddens). No entanto, localmente falando, o seu governo abrigou um amplo leque de correntes políticas de centro-direita, no qual o Partido da Frente Liberal (PFL) teve clara influência ao longo de quase toda a sua gestão.

Política e questão social no Brasil: desafios a uma cultura de direitos

O Brasil vive os percalços de uma nação que se modernizou pela via conservadora.[3] Mas não se pode mais falar, como nas décadas de 1920 e 30, que o Estado era o *demiurgo*: aquele que fundava o país sobre uma massa bastarda, imersa nos seus privatismos miseráveis e falta de horizontes. Na verdade, sempre houve resistência social no Brasil (Benjamin et alii, 1998), contudo ao longo da história a participação popular foi regulada pelo fosso das distâncias sociais e pelos processos de monopolização da fala. Prevaleceu na *terra brasilis*, portanto, a ótica de que a política é arte e atividade de especialistas, compartilhada e aceita apenas entre *os que têm parte* (Rancière, 1996a), ou seja, aqueles que integram as frações das classes dominantes.

Na acepção de Oliveira (1994), porém, os contornos do processo político brasileiro contemporâneo — desde meados dos anos 1970, pelo menos — têm sido forjados à maneira *inglesa,* isto é: a sociedade ajudando a definir o Estado e não o contrário, com vistas ao alargamento da democracia. Não obstante, o cenário nacional desse início de século, após mais de uma década de austeridade e de ajuste fiscal (Behring, 2002), é de recrudescimento das expressões da questão social,[4] a reclamar a confecção e composição de um mosaico de políticas sociais e direitos de cidadania, de acordo, *no mínimo*, com o que estipulou a Constituição de 1988.

Com os olhos quase sempre voltados para fora do país, a práxis política e econômica do Estado brasileiro, reatualizada sob os auspícios de FHC, foi conduzida segundo os termos conservadores da tradição elitista, que se relaciona pragmaticamente com a população apenas nos momentos de revalidação da legitimação do poder. No mais, tende a ficar hermética aos *ruídos* das demandas populares. Nos interregnos eleitorais e a título de manutenção de bases sociais cativas, a *política* desenrola-se nas diferentes regiões do país com um misto de força, intimidade e cordialidade. É admi-

---

3. Cf. Fernandes (1987).

4. Por *questão social* entende-se o conjunto das refrações produzidas pelo modo de produção capitalista, que, para se produzir e reproduzir, destitui uma parcela majoritária da população do acesso à riqueza social, o que, na formação social brasileira, tem alcançado o limite da iniquidade. Somente em fins do século XIX, em face da organização política dos trabalhadores em nível mundial, passou a ser reconhecida e enfrentada pelo Estado (Iamamoto e Carvalho, 1982). Para Telles, consiste num ângulo estratégico que permite que as sociedades sejam: "descritas, lidas, problematizadas, em sua história, seus dilemas e perspectivas de futuro" (2001:115).

POLÍTICA SOCIAL, FAMÍLIA E JUVENTUDE   209

tida como briga entre clãs, caciques, coronéis, chefes, "manda-chuvas", numa quase naturalizada partilha de territórios e poder. Agora quando vem de baixo e imbuída de outra lógica, a de reivindicação por direitos de cidadania,[5] é criminalizada. Assombra como fantasma de expropriação das elites e de usurpação de *direitos naturais* de propriedade; logo, são enfrentados por rifles privados ou públicos, contra a desordem e a baderna da *fala*.

Os esforços do Estado e das classes dominantes no Brasil, portanto, foram e são de manter o *demos*, a sociedade civil organizada,[6] no silêncio e na *invisibilidade*. Mas os *sem-parcela* insistem em querer roubar o fogo, à maneira de Prometeu: a chama da vida e signo da fala, capaz de iluminar e dar visibilidade — para o mundo e sua rede intersubjetiva — à capacidade do *demos* de interferir; ao seu direito de interromper, de propor, de contrastar experiências e expectativas, de aspirar, enfim, ao "direito de ter direitos" (Arendt,1989b).

Diante, portanto, de um lado, da indiferença do Estado em seu formato neoliberal para com a democracia participativa e, de outro, da perplexi-

---

5. A concepção de *cidadania* aqui adotada ultrapassa o sentido marshaliano (1967), o qual preconiza que, ao longo dos últimos 250 anos, foi sendo incorporado gradativamente um conjunto de direitos civis, políticos e sociais, tendo como unidade o indivíduo. Concorda-se com as ponderações críticas contidas no denso balanço realizado por Barbalet (1989), bem como as indicações de Paoli (1993) acerca de uma clara reformulação do conceito de cidadania pelas ciências sociais, em que se afirma uma dimensão coletiva e "ativa", e uma articulação com a dinâmica democrática.

6. Nesse texto e no debate em torno da implementação do Estatuto da Criança e do Adolescente (Lei nº 8.069/90) e do Sistema de Garantia de Direitos, do qual fazem parte conselhos de direitos e conselhos tutelares, fala-se de *sociedade civil organizada* a propósito dos atores, entidades e forças sociais balizados pelas lutas das classes trabalhadoras, isto é, que têm como horizonte o fortalecimento de uma esfera pública e a perspectiva de construção de uma sociedade mais livre, justa e igualitária. É preciso fazer esse registro, porque a *sociedade civil* não é uma esfera homogênea, por si democrática e comprometida com as lutas sociais. É antes uma arena, um espaço de disputas de poder e também de projetos societários entre os diversos sujeitos que a compõem, e também na relação com o Estado e com o mercado. É importante que seja compreendida, portanto, em sua "complexidade, diversidade e até antagonismo". No cenário que se abre após a redemocratização da sociedade brasileira, a sociedade civil tem sido constituída por inúmeras organizações em defesa dos trabalhadores, direitos humanos, mulheres, crianças e adolescentes, meio ambiente, associações comunitárias, dentre outros. Há, porém, aquelas que são, antes de mais nada, representantes do capital (Fundação Bradesco, SESC, SESI, UDR etc.), organizações de direita e de caráter fascista (TFP/Tradição Família e Propriedade, grupos neonazistas etc.), dentre outros (Montaño, 2002).

dade, a princípio, de setores da sociedade civil organizada quanto às engrenagens da burocracia em espaços como os *conselhos de direitos* — geradora de insegurança, dependência de informações do setor governamental e, conseqüentemente, de um certo comedimento político —, dá-se o risco de anulação da *política* (Silva, 2000; Oliveira, 1999).

Uma outra tendência, devido à negação de direitos ou à espoliação sistemática pelas elites e governantes, é a eclosão da *fala* e das manifestações populares, movidas à indignação, vide: quebra-quebras de ônibus e trens, saques, invasões de terra, motins em presídios e unidades para internação de adolescentes infratores: corpos e atitudes rebeldes que perturbam a crença burguesa no conformismo da pobreza nacional. Há, porém, uma novidade nas estratégias de emudecimento e de destruição da visibilidade de alguns sujeitos pelo Estado, como destacam Ribeiro e Lourenço, num ensaio sobre paz, violência e juventude no Rio de Janeiro:

"Hoje mais do que ontem, a fala de protesto é destruída, através de sua fácil associação ao comando do tráfico, à ilegalidade (...) Trata-se de um aprisionamento da experiência política, que é alimentado por uma real conspiração do silêncio, que precisa ser denunciada e rompida. Nela, mais uma vez, cria-se o círculo vicioso da exclusão: se me calo, submeto-me; se falo, sou submetido" (2003:51).

Os estilhaços da questão social aí arremessados e implicados falam por si mesmos, diante da ausência de canais e sujeitos que instituam o *dano*[7] no foro da comunidade política: atores que recriem incessantemente e sustentem a luta por igualdade e justiça social, com toda a coragem, aspereza e componentes de litígio que a *política* requer, uma vez que os interesses em jogo são sempre diferentes e contraditórios. Na contramão da indiferença do *laissez-vivre* neoliberal, pergunta Chaui:

---

7. A noção de *dano* apóia-se na reflexão de J. Rancière sobre a *política*, vista como conexão entre a justiça e a importância da manifestação da palavra. Política a ser empreendida pelo *demos* (povo em grego): composto por aqueles que-não-têm-parte e cuja existência por si revela a cisão da sociedade, e institui a necessidade da *política* como litígio, isto é, como disputa pela distribuição de riquezas e partes. O *demos*, com isso, encarna o *signo da representação da comunidade*: pois o povo, a parte destituída, não pode ser extirpado, em função da igualdade fundamental que se atribui a todos os homens e cidadãos, o que só corrobora para realçar a fissura social e reclamar a *política do dano*: reivindicação das partes. Para Rancière, "há política — e não simplesmente dominação — porque há uma conta malfeita nas partes do todo" (1996a:25).

POLÍTICA SOCIAL, FAMÍLIA E JUVENTUDE

"... que projeto político possuem que lhes permite [aos governantes] ficar alheios ao que se passa no país? Que compromissos, alianças e submissões os deixam cegos para a tragédia de milhões de pessoas, particularmente crianças e adolescentes, despojados de todos os direitos e percebidos (com ou sem razão) como ameaça e perigo para os demais?" (2000:19).

É mister, portanto, compreender a *situação da infância e adolescência* como expressão da questão social, logo em conexão com os demais desafios societários do país, e o papel do conjunto de atores sociais vinculado à luta pela garantia dos seus direitos, assegurando-lhe a centralidade e visibilidade devidas. Pois, como diria Mendez,

"o que está em jogo, em última instância, é o tema da democracia e da cidadania (...) Ninguém que fale da infância, do ponto de vista do paradigma da proteção integral, deixa de falar em democracia. Mas são poucos aqueles que, falando de democracia, falam de infância" (1997:29-30).

Crianças e adolescentes consistem, assim, num dos segmentos sociais que mais exprimem o estado da cidadania e do tratamento dos direitos humanos no Brasil hoje. São alvo de uma *violência social* (Minayo, 1994), expressa na falta de projetos de vida, no desemprego, nas dificuldades de acesso a serviços públicos de educação, saúde, cultura, esporte e lazer de qualidade, que se traduzem no que Veríssimo (1999) qualifica como *"negligência planejada"*. O montante de crianças e adolescentes até 17 anos que vivem em condição de pobreza, ou seja, que fazem parte de famílias com renda *per capita* de até ½ SM é de 21,1 milhões; 34,4% do número total de jovens de todo o país (IBGE, 2002). Encontram-se, então, em estado de risco social as novas gerações, *pessoas em desenvolvimento*,[8] que não possuem autonomia e capacidade de auto-sustento; muito embora estejam previstas, na Constituição (Artigo 227), *proteção integral*[9] e *prioridade absoluta*, como responsabilidade do Estado, da família e da sociedade.

---

8. O reconhecimento dessa condição peculiar remete ao respeito ao processo de desenvolvimento da criança e do adolescente com o aprovisionamento de condições familiares, sociais, ambientais e educacionais em cada etapa do seu crescimento, para que possam expandir suas capacidades individuais e sua sociabilidade (Guará, 1995).

9. Constitui o *novo paradigma de atendimento* às necessidades da população infanto-juvenil, em que todas as crianças e todos os adolescentes são *sujeitos de direitos*, rompendo com a doutrina da *"situação irregular"* do menor. Nesse sentido, leva-se em conta as necessidades integrais de crianças e adolescentes para além das suas necessidades básicas (Guará, 1995).

São muitas, portanto, as resistências à implementação do ECA, as quais, acredita-se, coincidem com os processos sociopolíticos e econômicos que dificultam a consolidação de uma esfera pública no país.

Política e democracia: a armadilha da ideologia do consenso[10]

> "Tudo será difícil de dizer:/a palavra real nunca é suave./
> (...) Será agressivamente real./Tão real que nos despedaça.
> Não há piedade nos signos e nem amor: (...) e a palavra é
> densa e nos fere.
> (Toda palavra é crueldade)."
>
> *Orides Fontela*

No discurso e ação dos governos neoliberais, jaz subliminarmente a defesa do consenso de massas para o enfrentamento dos problemas locais e nacionais, que reitere leituras abstratas e a-históricas da realidade social, sem responsabilidades públicas e políticas definidas. Retórica do consenso que pressupõe a adesão e submissão ao *pensamento único*[11] (Ramonet, 1998);

---

10. A retórica e ideologia do consenso encontram respaldo teórico-político contemporâneo sobretudo na obra de Jürgen Habermas: pensador alemão, integrante da Escola de Frankfurt, cujos esforços políticos e intelectuais, originariamente voltados para a renovação do marxismo, resultaram em proposições reformistas. A propósito da ideologia do consenso, portanto, salienta Ortega: "Habermas não considera a pluralidade (...) Sua teoria aponta antes para a superação das diferenças. Seu modelo postula uma igualdade discursiva que anula as diferenças entre os agentes (...). As divergências são suprimidas para defender a idéia de que os argumentos devem ser avaliados segundo os seus méritos e não segundo a identidade dos argumentadores" (2000:21-22). Em outras palavras, Habermas prega, pragmaticamente, a suspensão de valores, privilegiando a produção de consensos por meio do *agir comunicativo*, em detrimento da percepção das contradições, antagonismos de classes e confronto de interesses. Realiza, pois, uma "deseconomização" e despolitização das relações sociais, esvaziando o sentido da política e do espaço público. Cf., também, Montaño, 2002. Nesse texto, portanto, Habermas é um interlocutor oculto.

11. Concepção que aponta os impasses e estagnação da economia como resultado do engessamento de iniciativas do capital, pelo controle da sua circulação, inclusive, entre países; mas sobretudo relacionados à burocratização, ao desperdício e à saturação fiscal pelo excesso de políticas e direitos levados a cabo pelo Estado keynesiano. Esse balanço e diagnóstico da crise do capitalismo gera uma série de alternativas pela via da ressignificação das virtudes do mercado, como ajuste estrutural, reestruturação produtiva, flexibilização de direitos e reforma do Estado.

POLÍTICA SOCIAL, FAMÍLIA E JUVENTUDE 213

e, mais amplamente, a tudo aquilo que os neoliberais consideram integrante da racionalidade moderna e das exigências contemporâneas da mundialização, o que faz Oliveira (1999) arriscar qualificá-los de *totalitários*. Constroem, assim, sua legitimidade pela declaração da impossibilidade da política, isto é, tornam a *política* ausente.

Esvaem-se, então, as possibilidades da *política* — disputa das partes (renda, riquezas, salários, melhores condições de trabalho, recursos, bens, direitos etc.) pelos que não têm parte —, sempre que se nega a sua acepção como *um campo de forças que podem e devem se enfrentar*, nem sempre aberta, mas permanentemente.

Daí os riscos de transformação da *cena democrática* em *cena humanitária*, como bem assinala Rancière, instada pela retórica neoliberal do consenso como *meio* e *fim* da política, negadora claramente dos conflitos de classe, da desigualdade, das diferenças... Risco que se acentua pelo perfil e característica de atuação de certos setores das entidades e movimentos sociais vinculados à defesa dos direitos de crianças e adolescentes e aos direitos humanos — sobretudo aqueles influenciados por motivações religiosas e filantrópico-empresariais[12] —, e que se objetivam num discurso e prática política calcada no *eticismo*. Este último consiste, assim, no apelo e confiança na resolução dos problemas sociais e políticos e seus aguçados conflitos, a partir de uma igualdade essencial da natureza humana. O problema dessa perspectiva — *território do exílio do pertencimento nu da humanidade a si mesma* — é, para Rancière, que ela pretende se encarregar do mal, num combate à desumanidade do homem, que seria a face sombria do idílio consensual. Diz ele: "Ela propõe remediar o apagamento das figuras políticas da alteridade pela alteridade infinita do Outro. (...) Instala precisamente o pensamento no face-a-face entre o monstro e o deus. O que significa que ela assume, como seu próprio luto, o luto da política" (1996a:134). Es-

---

12. Com um *ethos* e práticas oriundos ora da hegemônica Igreja Católica, mormente em sua ala reformista-conservadora, ora vinculados ao "apoliticismo" do projeto assistencial-empresarial, muitas dessas organizações — consideradas dóceis pelos neoliberais — privilegiam a interação, o entendimento, a harmonia, o consenso, a parceria, o bem comum etc., tendo como pano de fundo uma "éterea cultura da solidariedade social" (Mota, 1995). O receio por parte dos que defendem a perspectiva de uma esfera pública e democrática em relação a esse segmento do "terceiro setor" é o da retomada de iniciativas morais e caritativas de ajuda aos "necessitados". Isto porque tais iniciativas, por essência eventuais e intermitentes, não constituem *direitos*, logo não podem ser judicialmente reclamáveis (Telles, 1994).

forço despolitizado este, pois esvazia as tensões do solo histórico da lutas sociais, deixando-se enredar nos argumentos pragmáticos e conservadores para a crise social, tão típicos da agenda neoliberal.

Do seio do eticismo somente poderiam chegar, sociedade civil e sociedade política,[13] não no fortalecimento da esfera pública, mas na aposta de revitalização das forças comunitárias e no empreendedorismo, com base no estímulo à solidariedade e colaboração de classes. Numa crítica provocante, Rancière dispara contra uma terapêutica aplicada ao que se denomina *exclusão*: "O excluído e o subúrbio abandonado tornam-se então os modelos de um 'novo contrato social' e de uma nova cidadania". E mais: "Através da cidadania local e associativa, (...) pedem-lhe [ao indivíduo] que se veja ali como militante de si mesmo". Mas é do conceito de exclusão que ele diverge, lá onde enxerga, para além de qualquer dissimulação, o outro nome do *consenso*:

> "O pensamento consensual representa de forma cômoda o que ele chama de exclusão na relação simples de um dentro e de um fora. Mas o que está em jogo sob o nome de exclusão não é o estar-fora. É o modo da divisão segundo o qual um dentro e um fora podem estar juntos. (...) É a invisibilidade da própria divisão, o apagamento das marcas que permitem argumentar num dispositivo político de subjetivação a relação da comunidade e da não-comunidade. (...) A 'exclusão' hoje invocada é, ao contrário, a própria ausência de barreira representável. É estritamente igual à lei consensual. O que é o *consenso* senão a pressuposição de inclusão de todas as partes e de seus problemas, que proíbe a subjetivação política de uma parcela dos sem-parcela, de uma contagem dos incontados?" (1996a:117. Grifo nosso).

---

13. As noções de *sociedade civil* e *sociedade política* aqui utilizadas partem da formulação original de Gramsci acerca do Estado ampliado e a função de hegemonia, quando define dois grandes níveis superestruturais: "(...) o primeiro pode ser chamado de 'sociedade civil', isto é, o conjunto de organismos vulgarmente denominados 'privados'; e o segundo, de 'sociedade política' ou do 'Estado'. Esses dois níveis correspondem, de um lado, à função de 'hegemonia', que o grupo dominante exerce em toda a sociedade e de outro, à 'dominação direta' ou ao comando, que é exercido através do Estado e do governo 'jurídico'" (Gramsci, 1984). Para Gramsci, portanto, a sociedade civil é o terreno das relações ideoculturais e políticas, mas como parte do Estado — em sentido *ampliado* —, o qual é permeado pelos interesses e conflitos de classe próprios da estrutura econômica. Posição totalmente diferenciada do debate do "Terceiro Setor", o qual aponta a crença na autonomização da sociedade civil, como uma esfera acima das contradições e antagonismos socioeconômicos, para além do mercado e do Estado (Montaño, 2002).

POLÍTICA SOCIAL, FAMÍLIA E JUVENTUDE   215

Uma vez elaborada e sancionada a Constituição de 1988, enveredou-se, na década seguinte, pelo caminho da regulamentação dos direitos sociais; e do desejo de obter melhor domínio sobre a estrutura do Estado, como condição de capacitação e qualificação dos quadros políticos e do avanço do projeto democrático-popular. A interlocução com o Estado em governos de situação, dentro da estratégia de adensamento da democracia participativa prevista legalmente, e o empenho na disputa eleitoral e conquista da administração de prefeituras e governos populares configuraram nos anos 1990 um novo momento na relação sociedade civil e sociedade política, com ênfase na construção de uma esfera pública no Brasil (Oliveira, 1994). Todavia, em muitos casos, investiu-se nesse aprendizado da estrutura administrativa e gestionária dos problemas sociais — o que Rancière qualifica como *polícia* — em detrimento de uma práxis essencialmente política.

A sedução do diálogo e da possibilidade de construção de alternativas para os problemas do país — somente até certo ponto dependentes da vontade política — fizeram arrefecer no decurso dessa década o *anima* crítico e contestador de muitos movimentos, profissionais, intelectuais e organizações não governamentais.[14] Pensavam talvez em escapar da pecha de

---

14. No Brasil, existem hoje em torno de 400 mil organizações não governamentais (ONGs) em situação legal e por volta de 4 mil fundações (Montaño, 2002). Landim (1999) recorda que, em 1991, eram, segundo dados da Receita Federal, apenas 220 mil entidades registradas como "sem fins lucrativos". Já Montaño (2002) alerta para uma certa "mistificação", em tempos neoliberais, das virtudes e do papel dessas entidades, consideradas por muitos, ora em oposição e substituição ao Estado, sendo este "satanizado" como burocrático, rígido, ineficiente, corrupto, falido etc. Ora em franca relação de parceria e negociação, numa relação de continuidade, sem conflitos, com o Estado — considerado abstratamente e não como *governo* propriamente dito, com suas opções de classe, alianças político-partidárias, acordos e compromissos. As ONGs, por sua vez, seriam supostamente mais dinâmicas, ágeis, eficientes, flexíveis, democráticas e por si "populares". Sabe-se, no entanto, que esse é um setor bastante heterogêneo, o qual exigiu, inclusive, regulamentação federal recente (cf. leis das "Organizações Sociais" — nº 9.637, de 15/5/98 —; da "Filantropia" — nº 9.732, de 11/12/1998 —; e "Marco Regulatório do Terceiro Setor" ou das "Organizações da Sociedade Civil de Interesse Público — nº 9.790, de 23/3/1999). É mister reconhecer, porém, ainda de acordo com o autor acima, que algo de novo está efetivamente ocorrendo na atualidade: a sociedade civil está desenvolvendo atividades antes atribuídas ao Estado, o que significa que importantes transformações estão se processando nas respostas da sociedade à questão social e suas refrações. As preocupações e reflexões críticas desenvolvidas por muitos assistentes sociais que participam desse debate dão-se, portanto, no sentido não de restringir o trato dos direitos e políticas sociais ao domínio exclusivo dos governos, mas no de *ampliar* a esfera estatal. Assim, a sociedade civil pode, e deve, ser incorporada no processo de formulação, implementação e gestação das políticas sociais, submetida a princípios e mecanismos de controle público (Raichelis, 1998).

esquerdistas ou de *sujeitos excedentes* (Rancière,1996b), além de estarem ávidos de se apropriar do "discurso competente" e da racionalidade governamental (Chaui, 1993). Em alguns casos, deixaram-se aprisionar pelas *ciladas da diferença* (Pierucci, 1999; Coelho, 1999), com a ilimitada conversão de carências em direitos, e conseqüente multiplicação de fóruns, instâncias e representações nesse espaço político comum, entre governo e sociedade civil, dividindo forças e sobrecarregando a militância. Noutros, houve a perda de contato com as bases e com a radicalidade e rebeldia impertinente da *política*, também em sentido rancieriano. Ambas as situações eram e ainda são, em certa medida, favorecedoras da burocratização,[15] do reformismo e da apologia do consenso.

Diante desse quadro, cabe recuperar as preocupações de Oliveira (1997), quando assinala que a tarefa do intelectual e do campo democrático é problematizar a democracia em curso e os conceitos a ela referentes, desmistificando "falsos consensos e hegemonias", numa alusão a leituras resignadas da realidade política brasileira supostamente fundadas em Gramsci. Trata-se de uma crítica interna ao terreno democrático, na perspectiva de radicalizar a democracia no Brasil, impulsionando o processo de construção da *esfera pública*,[16] sem receios dos conflitos imanentes à política que, porventura, acirram ou tumultuam a relação entre sociedade civil e Estado. Donde identifica-se a necessidade de renovação de estratégias e táticas, pela sociedade civil organizada, com vistas à ampliação da democracia.

Tem-se, agora, portanto, a dimensão de que o desafio da consolidação democrática é ainda mais denso (Telles, 1994; Dagnino, 1994; Chaui, 1995) e que não se esgota nos processos eleitorais nem se limita a estratégias de conquista do Estado. Antes, requer a criação de condições sociais, cultu-

---

15. Ortega (2000) adverte que existe uma ligação entre *segurança* e *despolitização*, assim como entre *risco* e *política*. Em outras palavras: a política é risco e é isso que faz dela um exercício de liberdade.

16. A noção de *esfera pública*, segundo Raichelis (1998), remete à construção e ao aprofundamento da democracia pela via do fortalecimento do Estado e da sociedade civil, expresso fundamentalmente pela inscrição dos interesses das maiorias nos processos de decisão política, a partir sobretudo da criação e garantia de espaços de interlocução entre os diferentes sujeitos sociais. Na perspectiva de dar visibilidade aos interesses em disputa democrática, a esfera pública, para além da polarização estatal-privado, se afirma como comunidade politicamente organizada e baseada no reconhecimento do direito de todos à participação na vida pública.

POLÍTICA SOCIAL, FAMÍLIA E JUVENTUDE   217

rais, econômicas, administrativas e políticas, necessárias à institucionalização de direitos sociais e econômicos, por dentro de reformas e mudanças
estruturais (Faria, 1993); e pressupõe principalmente o envolvimento da
sociedade e também a sua transformação, semelhante ao que preconizava
Gramsci (1978 e 1984) com a *reforma intelectual e moral*.

Não obstante, vê-se nas narrativas e percalços da década de 1990 um
período singular da história recente do Brasil: tempo de novas iniciativas e
projetos societários desencadeados por sujeitos marcados pelo aprendizado no seio dos embates pela redemocratização nos anos 1970 e 80. Uma
experiência coletiva que hoje contribui para dar os devidos pesos tanto à
participação nos espaços paritários e de poder no âmbito do Estado, quanto à imprescindível *fala* que provém da mobilização da sociedade civil, de
movimentos sociais e sujeitos políticos que ousam lançar as suas demandas no espaço público, sem se dobrar aos imperativos da ordem. Ganha,
pois, significado a identificação das possibilidades duradouras da *esfera
pública*, enquanto arena *sine qua non* do confronto de interesses, geradora
de sociabilidade e da conformação de um mundo comum.

Essa nova disposição é plenamente estratégica, pois consiste na ampliação e combinação de espaços e recursos, tendo em vista o questiona-
mento e a reivindicação da parcela dos *sem-parcela* na sociedade brasileira.
Instala-se, porém, em função disso, como pontua Oliveira, "um dissenso
em relação aos que têm direito às parcelas, que é, portanto, desentendimento em relação a como se reparte o todo, entre os que têm parcelas ou
partes do todo e os que não têm nada" (1999:60). Iniciativas de dano e
dissenso da parte dos trabalhadores e dos setores mais combativos da sociedade civil democraticamente organizada, de um lado; e, do outro, esforços — de cariz neoliberal e totalitário — de destituição da fala e anulação
da política pelo bloco que esteve no poder[17] (1994/2002). Tal é o desafio da
democracia no Brasil hoje.

---

17. Ao nosso ver, uma *política*, como a neoliberal — com sua visão de mundo, valores, direção social, projeto societário, e programática de medidas governamentais —, não se esgota no
final de uma gestão ou de um mandato político, como os da era FHC, atuantes e propositivos no
sentido da desconstrução do público e conectados com as determinações da nova ordem mundial
— pós-Consenso de Washington (sic!). Está presente ainda hoje em setores e técnicos do Executivo federal, tendo em quase uma década se espraiado nos estados, municípios; e também, respectivamente no Legislativo e Judiciário, sem falar na difusão intelectual e cultural dessa ideologia
para o conjunto de organismos públicos e privados da sociedade.

A *democracia* é resgatada em sua substância de princípio e de valor universal (Coutinho, 1994) pela esquerda em todo o mundo. Sem ingenuidade mas também sem falsos temores, abandona-se uma compreensão da democracia como algo estritamente formal e mera instrumentalização burguesa, com a convicção de que ela é crucial ao êxito e ao não-isolamento da construção coletiva. Em tempos neoliberais, a expectativa de Bobbio (1988) de que *quanto mais democracia melhor* — logo, com signo inverso ao do liberalismo, pois requer não a existência de menor poder na sociedade, mas, sim, preconiza mais poder, isto é, a socialização do poder — funciona como antídoto político à desqualificação e aniquilamento moral dos que se organizam e divergem do modelo econômico mundial em curso. Quanto mais visibilidade e oportunidades de fala melhor, quanto mais espaços de poder a serem redesenhados e ressignificados também. Pois como diria Wittgenstein, citado por Calvino, "o que está oculto não nos interessa" (2000:90).

Ademais, como bem pontua Arendt, o mundo é "o resultado do nosso esforço comum" (1989b:336). Não está pronto, requer a manutenção e preservação dos espaços adequados à construção da sociabilidade, no caso a *esfera pública*: esse lugar intermediário entre as pessoas. Por excelência político, democrático e humano; esse lugar e esse encontro dizem da paridade, da isonomia, da igualdade fundamental entre os sujeitos, e permitem torná-los visíveis e audíveis (Arendt, 1987). Garante uma interconexão entre liberdade e igualdade, tornando tangíveis e reais as atividades e experiências dos indivíduos, ao permitir que apareçam, sejam observadas, julgadas e preservadas na memória (Arendt, 1988). Isto pode se repetir *ad infinitum,* mesmo no confronto de forças que disputam a hegemonia e elegem critérios distintos na distribuição das partes, desde que a supressão desse espaço comum não esteja em jogo. Nesse caso, a perda da relevância da *fala* e do reconhecimento do outro traz sérias implicações em termos de perda dos referenciais humanos, deserção da realidade e de barbarização da vida. Como assinala Rancière, o fim da vida pública e a negação da política não trazem a quietude e o consenso, mas sim fecundam privatismos, ressuscitam particularismos violentos e irracionais, como as xenofobias e o racismo. O desejo de supressão do conflito vai, assim, na contramão das pulsões dialéticas da vida social e do sentimento de *permanência* do mundo. Encarna em lugar disso o fenômeno totalitário e a morte da liberdade.

A defesa de valores como liberdade, cidadania e democracia, enunciados e buscados individual e coletivamente na prática social histórica,

POLÍTICA SOCIAL, FAMÍLIA E JUVENTUDE

219

não pode prescindir, portanto, do espaço público. Nesse território, instaura-se o mundo, ou os assuntos comuns aos homens, como objeto de discurso (Arendt, 1987), passível de discussão, conversa e, na percepção refinada de Rancière, de litígio. A importância da fala no espaço público está associada à necessidade de desprivatização da realidade; é necessário que as coisas humanas conquistem a aparição pública, pois, de acordo com a formulação arendtiana, "a aparência constitui a realidade (...), garante-nos a realidade do mundo e de nós mesmos" (1989a:59-60).[18] O caráter interminável do discurso, dos enfrentamentos políticos e da durabilidade do mundo dá-se — no ambiente plural de muitas vozes e da presença dos outros — em razão "da enunciação daquilo que cada um 'acha que é verdade'". Logo, pontua Arendt, "tanto une como separa os homens, de fato estabelecendo aquelas distâncias entre os homens que, juntas, compreendem o mundo".

Já a ideologia do consenso pressupõe, em última instância, a confiança na existência de uma verdade única, eliminadora da discordância dos tempos, falas e sujeitos. E afirma Arendt: "o mundo comum acaba quando é visto somente sob um aspecto e só se lhe permite uma perspectiva" (1989a:68). Essa ideologia, portanto, beira a obscuridade da falta de democracia, cuja versão-limite é o totalitarismo. A esfera pública é, assim, a única capaz de assegurar o debate daqueles temas e questões de interesse coletivo que não são suscetíveis de serem regidos pelo "despotismo do caminho de mão única de uma só verdade" (ibidem:XI).

---

18. A questão da *(in)visibilidade* em Arendt e em Rancière difere da percepção foucaultiana e marxista. Para o filósofo francês, essa sociedade é dotada da capacidade de *ocultar mostrando*, vide as malhas e armadilhas do empirismo e do panopticismo. Suas reflexões acerca do poder, sobretudo em *Vigiar e Punir* (1996), permitem que se indague se se tornar ou se deixar ficar visível é um imperativo democrático ou mais uma tirania da domesticação pela ordem, que pretende controlar e regular todos os aparecimentos e acontecimentos. Já para os marxistas, a *aparência*, embora integre a essência, é sempre terreno da *pseudoconcreticidade* (Kosik, 1989): ora como presa da ideologia e suas falsificações do real; ora como expressão do alcance limitado e enviesado do senso comum; e também como objetividade factual, sempre passível de regularidade e classificação, conforme sustenta o positivismo/funcionalismo: o que equivale, em termos durkheimianos, à coisificação dos fenômenos e processos sociais, com a conseqüente perda da sua complexidade sócio-histórica e caráter multifacetado. Vale destacar o discurso e as lutas empreendidas pela esquerda hoje no Brasil e no mundo em defesa da *transparência*, como um requisito ético-político da democracia, só a atestar a fecundidade e a complexidade da relação entre (in)visibilidade, política e esfera pública.

ECA, política e esfera pública: a mediação dos conselhos de direitos

Como falar de *política* a propósito de um segmento social ainda em desenvolvimento? Há uma peculiaridade no caso de crianças e jovens, cujas necessidades mais gerais e específicas estão salvaguardadas no ECA (Lei nº 8.069/90): mobilizam atores tanto da sociedade política quanto da sociedade civil em torno dos seus interesses, isto é, na defesa de direitos. Isto porque aqueles, mesmo considerados *sujeitos de direitos* no novo ordenamento jurídico, a rigor não constituem em si protagonistas autônomos da luta que tem por inspiração a sua causa e condições de vida. Integram movimentos, sim, a exemplo do Movimento Nacional de Meninos e Meninas de Rua (MNMMR) e tomam parte de uma série de iniciativas — atos, campanhas, Conferências Municipais, Estaduais e Nacionais etc. —, estimuladas por organizações não governamentais, movimentos sociais, conselhos de direitos e tutelares, dentre outros, com vistas a fortalecer o protagonismo infantojuvenil. São, todavia, ações coordenadas por adultos: profissionais, militantes, políticos, dentre outros.

Em sendo assim, foi uma conquista dos setores populares, a partir da Constituição de 1988, a criação dos *conselhos de direitos* — instância paritária de controle e definição de políticas. Um espaço essencialmente público, mas permeado por conflitos de experiências e visões de mundo, sobretudo hoje quando a lógica da "administrabilidade" (Oliveira, 1999) constitui um dos principais traços da reforma do Estado e da política neoliberal em curso no país desde o início dos anos 1990, com graus de excelência nos governos FHC.

Indagados sobre o tema "A sociedade civil e os conselhos"[19] e as respectivas tensões e dificuldades em torno da formação de um novo *ethos* e práxis política no Brasil — a democracia participativa —, conselheiros, com assento em alguns dos principais conselhos nacionais de políticas públicas, falaram sobre o papel dos conselhos e os desafios da atuação da sociedade civil:

> "O controle social é o poder legítimo utilizado pela população para fiscalizar os governantes, indicar caminhos e criar planos e políticas..." (Ana Maria Lima Barbosa, representante da ONEDEF/Organização Nacional de Entidades de Deficientes Físicos no CNS/Conselho Nacional de Saúde)

---

19. Debate proposto pela *Revista Inscrita*, do Conselho Federal de Serviço Social/CFESS. Cf. VVAA, 2001.

POLÍTICA SOCIAL, FAMÍLIA E JUVENTUDE

> "Cabe (...) à *sociedade civil* fazer cumprir os princípios da participação popular nos processos de decisão, definição e operacionalização das políticas (...) Isso exige uma representação compromissada e coerente com os interesses da sociedade, com os pressupostos da democracia participativa e a defesa da qualidade dos serviços prestados aos usuários. É necessário romper com a cultura das relações viciadas entre os setores público e privado, que historicamente imprimiu marcas de favor, clientelismo, tutela e interesses privados nesta área. Urge a priorização de uma agenda política, com interlocução direta com a sociedade. É necessário que as entidades que integram [os conselhos] compreendam que sua atuação não deve se restringir a si próprias, nem ao seu segmento. Trata-se de uma representação de interesses gerais da sociedade... (Léa L. C. Braga, representante do CFESS no CNAS/Conselho Nacional da Assistência Social)

Vale dizer, nessa direção, que o descaso governamental por instâncias de participação e controle social está associado ao viés conservador e autoritário da cultura política brasileira, o qual historicamente sempre concebeu o exercício do poder de forma centralizadora e personalista, a exemplo da primazia do Executivo sobre os poderes Legislativo e Judiciário.

Agora no que diz respeito à *política* e aos direitos de crianças e adolescentes, há uma ambigüidade de suma importância que a caracteriza — somatório de características públicas e privadas — e que merece ser analisada, visto que contribui, muitas vezes, para que a atuação dos conselhos se mantenha distante da *zona quente* dos problemas sociais. Um aspecto significativo dessa ambigüidade tem a ver com o fato de a sociedade brasileira em matéria de assistência social,[20] ter sido historicamente marcada pela ênfase na esfera privada e no recuo das funções públicas do Estado. Característica presente ainda hoje, a revelar a dificuldade das classes dominantes em instaurar mecanismos universalizantes e democráticos nesse território. Como ressalta um conselheiro da área da criança e do adolescente:

> "Com certeza, um dos impasses a serem superados é o de convivermos com uma cultura assistencial e repressora da miséria. Nossa infância ainda é vítima desse vício histórico-estrutural. (...) A participação da sociedade nos espaços institucionalizados representa a possibilidade de alterações no seu interior. Trata-se do controle social da coisa pública. Como tornar o espaço legal

---

20. Esta, em tese, deveria prover a cobertura social dos sujeitos desprotegidos e necessitados, como crianças e adolescentes, idosos, doentes etc.

do Conselho ato legítimo e participativo da sociedade? (...) Ainda existe uma burocracia estatal que não aceita dividir o poder de decisão na elaboração e execução de políticas públicas. (...) Com percentuais [orçamentários] pouco expressivos, não levam em conta a prerrogativa constitucional da 'prioridade absoluta'" (Pe. Joacir della Giustina, representante da CNBB/Conferência Nacional dos Bispos do Brasil no CONANDA/Conselho Nacional dos Direitos da Criança e do Adolescente).

A outra face da aludida ambigüidade na área de políticas sociais voltadas para crianças e adolescentes diz respeito ao fato de muitas das organizações e entidades que atuam na defesa de direitos desse segmento, como já foi dito antes, terem extração religiosa, diretamente, ou serem financiadas por Igrejas.[21] E, sabe-se, a atuação da Igreja católica, em particular, engendrou sulcos profundos na dinâmica social e política do país, e imprimiu — e, em certa medida, continua a imprimir — contornos à sociedade civil, misturando público e privado. Ou como diz Landim: "a presença da Igreja assegurou uma continuidade histórica quanto a estilos de atuação e valores em toda uma área das entidades sem fins lucrativos no Brasil" (1993:42). Combinado a elementos confessionais, constituiu-se uma cultura política no terreno da ação social privada dotada de forte personalização, valorização do altruísmo, da abnegação, dentre outros. Mas assim como o Estado, as igrejas não ficaram imunes, em função do seu grande poder e penetração social e cultural, à influência do clientelismo, a manipulações políticas e a corporativismos no passado e no presente.

Por outro lado, a orientação política emanada das igrejas — compostas por muitas organizações e entidades, de espectro local e nacional, até hoje atuantes sob a égide da caridade, filantropia e assistencialismo — prima acima de tudo pelo *diálogo* e pelo *consenso*, e pela rejeição dos conflitos[22].

---

21. Embora a Igreja Católica seja hegemônica na área da assistência social e da política de atendimento e defesa de direitos de crianças e adolescentes, há uma participação expressiva de grupos espíritas, religiões, afro-brasileiros e protestantes. Na última década, porém, tem havido uma forte investida de igrejas evangélicas na prestação de serviços, mas sobretudo na disputa por representação política nessa área.

22. Há, em contrapartida, um pólo representado, no caso da Igreja Católica, pela CNBB — assim como outras tantas entidades e sujeitos que pertencem hoje ao espectro da esquerda católica —, cuja capacidade de formulação, crítica social e protagonismo político no cenário nacional é enorme. Em função disso, pode-se afirmar que a Igreja Católica, por ser grande e descentralizada, é, no fundo, muitas: à esquerda e à direita.

POLÍTICA SOCIAL, FAMÍLIA E JUVENTUDE

Um perfil sociopolítico e institucional que, pela história de hegemonia na área da assistência social no passado, é, em certa medida, indissociável da área de atendimento e defesa de direitos de crianças e adolescentes. Isto faz com que um significativo número de sujeitos e militantes vinculados à Igreja atue, mesmo sob o ECA, instado por esse tipo de valores e práticas.

Todavia, apesar da força desses vetores conservadores, vê-se pouco a pouco a *questão social da infância e da juventude* romper com o caráter historicamente periférico que sempre lhe foi destinado no seio das políticas públicas. Ruptura que vem dando-se com base num consistente investimento coletivo ao longo dos treze anos de existência do ECA:[23] 1) no fortalecimento das instâncias democráticas e participativas dos conselhos de direitos; 2) na compreensão de que as políticas sociais constituem *direitos* das crianças e adolescentes e *dever do Estado*, considerado *de forma ampliada* (Gramsci, 1984), isto é, com ações e iniciativas compartilhadas com a sociedade civil, tal como prevê o Estatuto; e 3) na *dimensão pública* dessa política social, a despeito da presença maciça de organizações de extração religiosa e outras tantas de perfil filantrópico-empresarial[24] na esfera do atendimento e defesa de direitos.

---

23. Graças à ampla rede de atores e movimentos sociais, de que é constituída a *sociedade civil organizada*, com ilações locais, nacionais e também internacionais, vide a presença atuante de organismos de cooperação e intercâmbio no Brasil, como UNICEF, OIT e UNESCO; e o forte apoio e pressão de entidades como Anistia Internacional, Human Rights Watch, dentre outras.

24. Com lógica e signo políticos distintos, a contra-reforma neoliberal, acelerada nos anos FHC, contemplou e estimulou a atuação de muitas organizações da sociedade civil — pelo seu perfil cordato, "apolítico" e empreendedor — nas respostas focalizadas e precarizadas à questão social. Organizações que integram o polêmico, vasto e ainda bastante obscuro campo autodesignado como "Terceiro Setor" (Soares, 2002), o qual se expandiu nos anos 1980 e 90 a partir da criação de uma série de novas entidades sociais, mas sem deixar de incorporar instituições privadas tradicionais. Segundo Montaño (2002), dele fazem parte organizações não governamentais e não lucrativas; instituições de caridade; fundações empresariais, empresas-cidadãs, entidades filantrópico-empresariais; ações solidárias; voluntariado etc. É mister ressaltar, porém, contra qualquer tipo de reducionismo analítico, sectarismo político e ortodoxia na defesa do pepel social do Estado — que há fundações empresariais, no cenário nacional e internacional, que são parceiras estratégicas dos movimentos sociais e da rede não governamental na luta pela garantia dos direitos de crianças e adolescentes.

Conselhos e sociedade civil: a experiência do CONANDA[25]

> "Toda vontade de romper e de inaugurar produz medo, medo diante do aberto e inesperado, do acontecimento, das histórias cujo desenlace não conhecemos (...), de tudo que sacuda nossa rotina de pensar, de sentir, de amar e de imaginar."
>
> *Francisco Ortega*

O CONANDA — Conselho Nacional dos Direitos da Criança e do Adolescente — é um espaço público institucional, de composição paritária entre governo e sociedade civil, com poder deliberativo e controlador das ações em todos os níveis, no que concerne à Política Nacional de Promoção, Atendimento e Defesa dos Direitos de Crianças e Adolescentes.

Considerado uma das primeiras conquistas após a aprovação do ECA (julho de 1990), ele foi criado em 12 de outubro de 1991 (Lei Federal n° 8.242) e está em sua sexta gestão. O CONANDA funciona vinculado à estrutura do Ministério da Justiça e do Departamento da Criança e do Adolescente (DCA), órgão resultante da extinção do Centro Brasileiro para a Infância e Adolescência (CBIA). Depende de uma rubrica própria no orçamento da União e do apoio do DCA, e é o responsável pela gestão do Fundo Nacional da Criança e do Adolescente (FNCA).

Tem como competências básicas formular as diretrizes gerais da Política Nacional de Atendimento aos Direitos da Criança e do Adolescente; e avaliar as políticas estaduais e municipais, sua execução, e a atuação dos conselhos estaduais e municipais DCA. Logo, é responsável pelo monitoramento nacional das *expressões da questão social da infância e adolescên-*

---

25. Esse balanço tem por base a memória coletiva e documental de representação do CFESS, desde a primeira gestão do CONANDA: inicialmente, na condição de suplente e, a partir de 1996, como membro titular da sociedade civil. Várias conselheiras do CFESS participaram dessa experiência: Graça Prola (1991/93), Valdete Martins (1993/98), Mione Sales (1999), Kênia Augusta (2000/02) e Elizabeth Borgianni (atual gestão). A nossa participação sempre foi atuante e presente no processo de construção e consolidação do CONANDA, inclusive como membro do Secretariado Nacional do Fórum DCA. Integraram este último as conselheiras: Luziele Tapajós (1993/96), Mione Sales (1997 e 1998/99), Kenia Augusta e Sandra Silva (1999), Assunção Fialho (2000/02), e Solange Martins (atual gestão).

POLÍTICA SOCIAL, FAMÍLIA E JUVENTUDE 225

cia, e pela regulamentação de medidas — por meio de resoluções —[26] afetas a esse segmento, bem como aos conselhos de direitos e tutelares de todo o país.

Conta com dez conselheiros governamentais e dez não governamentais,[27] e respectivos suplentes. As entidades que têm assento no CONANDA são preferencialmente aquelas que funcionam em rede ou têm espectro e abrangência nacional, mas há exceções em razão do papel e da qualidade da contribuição da referida entidade.[28]

O CONANDA atua em articulação com os conselhos estaduais e municipais DCA, com os conselhos setoriais (vinculados aos demais ministérios); com os órgãos públicos estaduais, municipais e com entidades não governamentais; e segue as deliberações das Conferências Nacionais dos Direitos da Criança e do Adolescente, realizadas a cada dois anos.

Nesses quase doze anos de existência, foram muitas as *realizações* e *avanços* obtidos pelo CONANDA, período que vai desde o governo Collor, passa pela curta gestão Itamar Franco, atravessa todo o mandato de Fernando Henrique Cardoso, e chega ao governo Lula.[29] Então, podem ser consideradas vitórias:

- a garantia do *funcionamento* do CONANDA, no mar de isolamento inicial — pela novidade política que o conselho representava em termos de democracia participativa —; momento também da criação das primeiras estruturas do sistema de garantia de direitos e do reordenamento institucional proposto pelo ECA;
- a implantação dos Conselhos de Direitos e Tutelares em quase todo o país: hoje, respectivamente com 3.949 (72%); e 3.011 (55%) [Fonte: IBGE, 2001. Cf. Site da SEDH/MJ, julho de 2003];

---

26. Ver o site do CONANDA, abrigado na SEDH — Secretaria Especial de Direitos Humanos da Presidência da República, onde constam as várias resoluções aprovadas pelo conselho durante as suas assembléias mensais, dentre outros documentos.

27. Cf. site SEDH.

28. Exemplos: o CESPI/Santa Úrsula (RJ), o qual fez parte da primeira gestão do CONANDA; o CECRIA (DF), uma das entidades hoje participantes, dentre outros. O CFESS também participa desde a primeira gestão.

29. Pelo curto tempo de existência deste último governo, deixamos a análise da performance do CONANDA sob uma administração democrático-popular para um outro momento, priorizando, como já dissemos antes, a análise do período FHC.

- organização e realização das Conferências Nacionais: 1ª (1994), 2ª (1997), 3ª (1999) e 4ª (2001);

- apoio à implantação e implementação do SIPIA — Sistema de Informação para a Infância e Adolescência,[30] em todos os municípios brasileiros sob a coordenação do Ministério da Justiça, a ser acoplado à estrutura, funcionamento e base de dados dos conselhos tutelares (em curso desde 1991);

- parceria com o CNAS para discutir as interfaces ECA/LOAS (a partir de setembro de 1996);

- aprovação do seu Regimento Interno em março de 1997,[31] cuja importância reside na regulamentação do seu funcionamento da forma mais democrática e transparente possível;

- organização e realização de *Encontros Nacionais de Articulação com os Conselhos Estaduais:*[32] inicialmente para debater temas como trabalho infanto-juvenil, exploração sexual e ato infracional, de forma a: 1) construir resoluções, com orientações nacionais e medidas para o enfrentamento dessas expressões da questão social; 2) desenvolver estratégias de articulação com os setores públicos co-responsáveis, nos vários níveis; e 3) somar indicadores sociais, elementos críticos, políticos e institucionais na direção da montagem da política nacional dos direitos da criança e do adolescente.[33] Na gestão 1999/2000, avançou-se ao ir além do recorte e ênfase anterior nas *situações-limite* de violação de direitos, passando-se a privilegiar o debate da *res-*

---

30. "O SIPIA é um sistema nacional de registro e tratamento de informações sobre a garantia e defesa dos direitos fundamentais preconizados no Estatuto da Criança e do Adolescente." Dispondo de dados agregados em nível municipal, estadual e nacional, constitui uma base real em todos os estados para formulação de políticas públicas no setor (Cf. CONANDA, site SEDH; e o texto de Mendes e Matos, nesta publicação).

31. Recentemente alterado pela Resolução n° 77, de 13/3/2002.

32. A partir do ano 2000, esses encontros foram ampliados, incorporando uma participação dos conselhos distrital e municipais (das capitais) e dos conselhos tutelares.

33. A denominação que terminou prevalecendo foi "Diretrizes" (CONANDA, 2000), considerada mais flexível diante da diversidade das situações dos estados e municípios, assegurandose, porém, a sua importância fundamental de norteadora de políticas, haurida das deliberações das diversas Conferências Nacionais.

ponsabilidade pública por meio das *políticas sociais:*[34] enfoque com maior abrangência e capacidade de resposta para problemas de natureza intersetorial, os quais podem envolver vários ministérios. Tratou-se da consolidação de esforços desenvolvidos, desde a segunda gestão (1994/96) do CONANDA, na direção da definição de uma *política de atenção integral à infância e adolescência.* Mais recentemente, esses encontros voltaram-se para a abordagem de outra ordem de questões — mais estruturadoras —, a saber, a definição de *Parâmetros Operacionais dos Conselhos Tutelares* e *Parâmetros sobre Medidas Socio-educativas* (referentes à regulamentação do funcionamento das unidades de internação e aplicação de medidas). Esses encontros, sem dúvida, constituem um momento fundamental na vida do CONANDA, de *mediação* entre o cotidiano de acompanhamento de questões, inevitavelmente, fragmentadas (mesmo nas assembléias ordinárias mensais), e as deliberações das conferências nacionais. A sua riqueza está também no caráter democrático e participativo da contribuição dos conselheiros dos estados e capitais, mais conselheiros tutelares, com presença aí incluída de representantes governamentais e não governamentais;

- realização de *Encontros Regionais com os Conselhos Tutelares* para discussão dos impasses e potencialidades desse órgão encarregado de zelar pelos direitos de crianças e adolescentes, com vistas à elaboração de Parâmetros para a Criação e Funcionamento dos Conselhos Tutelares [Resolução n° 75, de 22/10/2001);

- acompanhamento do problema das rebeliões da FEBEM (SP) e empenho na extinção de unidades e modelos antipedagógicos ainda no formato "repressivo-menorista", em todo o país;

---

34. Não obstante, o CONANDA manteve um intenso monitoramento das problemáticas do *trabalho infanto-juvenil* e da *violência e exploração sexual*, destacando conselheiros para acompanhar *pari passu* as iniciativas (CPIs, mobilizações, campanhas etc.) dos fóruns e frentes específicas em âmbito nacional e internacional. Cf. site do CONANDA. Uma outra área que mereceu a dedicação recente do CONANDA foi a das crianças indígenas, fruto de uma viva interlocução com as comunidades afins, do que resultou a elaboração da Resolução n° 91, de 23/6/2003. Por meio dela, fica explícita e assegurada a aplicação do ECA também às crianças e adolescentes indígenas, resguardadas as peculiaridades socioculturais das comunidades às quais elas pertencem.

- apoio à realização de diversas pesquisas sobre: conselhos tutelares, perfil dos adolescentes em conflito com a lei, o adolescente e a criminalidade, dentre outras;

- realização de assembléias descentralizadas, isto é, fora de Brasília, levando o CONANDA aos diversos estados, o que favorece o mapeamento e conhecimento mais próximo da realidade da infância e adolescência, além da interlocução com os conselhos estaduais, municipais, fóruns DCA, movimentos sociais, dentre outros;

- conquista de uma rubrica no orçamento da União em parceria com o Fórum Nacional DCA, em 1997 e 1998;

- eleição histórica de um representante da sociedade civil para a presidência do CONANDA em 2000, sendo reeleito para o mandato seguinte (2001/2002);

- reafirmação do ECA, por meio da mobilização nacional de parceiros na luta contra a redução da idade penal (Legislativo, Executivo, Frente Parlamentar, campanhas locais etc.);

- elaboração de *Diretrizes Nacionais para a Política de Atenção Integral à Infância e à Adolescência* (2000);

- construção de um *Pacto pela Paz*, na IV Conferência Nacional dos Direitos da Criança e do Adolescente, a qual teve como tema: *Violência é Covardia: As Marcas Ficam na Sociedade.*[35]

Todos esses avanços foram resultado do esforço coletivo de conselheiros governamentais e não governamentais. No entanto, é inegável, mesmo para os que compuseram e compõem a representação governamental, a participação diferenciada da sociedade civil em todos esses anos: pelo nível de engajamento, compromisso com a implementação e defesa do ECA, presença nas assembléias, capacidade crítica e de formulação de propostas, e liderança nas suas respectivas entidades e áreas de atuação.[36] Um traba-

---

35. Lema cedido pela Sociedade Brasileira de Pediatria (SBP).

36. Cabe registrar também o papel articulador da ABONG/Associação Brasileira de ONGs e os compromissos por ela defendidos como elementos definidores de um perfil atuante, crítico e propositivo das suas associadas. Compromissos com a democratização da sociedade brasileira, com a luta contra a desigualdade, com o fortalecimento dos atores populares, com a inovação e a transformação social, com a ampliação dos direitos, dentre outros (Durão, 2001).

lho perseverante — muitas vezes desgastante, tenso e marcado por ameaças e descontinuidades governamentais —, mas sempre renovado pela dedicação incansável de alguns conselheiros, pelo apoio das entidades à participação de seus membros nessa instância e pela retaguarda política do Fórum Nacional DCA.[37]

Nesses doze anos, mudaram os governos e suas estratégias políticas na relação com o CONANDA e com a sociedade de modo geral. Mas mudou também a sociedade civil. Muitas entidades ainda são as mesmas, porém houve, gestão após gestão, uma significativa e positiva mudança de *forma* e *conteúdo* na qualidade da representação não governamental. Inicialmente, o "governo"[38] mostrava-se ainda muito influenciado pela atmosfera cultural e política da ditadura militar, refratária à democracia e à socialização de poder, representada pela figura dos conselhos de direitos. Destaque-se a peculiaridade do Ministério da Justiça — onde o CONANDA está sediado —, o qual quase sempre constitui a "bola da vez" nos rodízios e barganhas políticas, em detrimento da elevada função de Estado que essa pasta envolve, a saber: a defesa do Estado de Direito e, especificamente, dos Direitos Humanos. Em função disso, o *conselho*, por vezes, não consegue se fazer notar, nem reconhecer em suas demandas, necessidades e projetos frente ao governo, pois isto depende muito do lugar *de onde se fala*. Diga-se: não basta ser público ou paritário; é preciso que esse espaço seja incrustado de poder, o que requer uma localização estratégica no interior

---

37. Fórum Nacional Permanente de Entidades Não-Governamentais de Defesa dos Direitos da Criança e do Adolescente. O Fórum DCA congrega entidades da sociedade civil e Fóruns Estaduais, mobilizados em torno do controle social, promoção, defesa e garantia dos direitos da criança e do adolescente. Exerceu um papel histórico fundamental no período da Assembléia Constituinte para a aprovação dos artigos 227 e 228 da Constituição Federal (1988), a Constituição Cidadã; e no processo de elaboração do Estatuto da Criança e do Adolescente (ECA). Desde a sua criação, o Fórum tem investido no monitoramento do processo de implantação do Sistema de Garantia de Direitos, especialmente dos Conselhos de Direitos, Conselhos Tutelares e dos Fundos dos Direitos da Criança e do Adolescente. Desde a segunda metade da década de 1990, junto com o INESC — Instituto de Estudos Sócio-Econômicos (DF), o Fórum DCA tem sido um importante artífice na construção e defesa do orçamento nacional para a criança.

38. Forma enxuta como normalmente o movimento social e a sociedade civil organizada referem-se à representação governamental nos conselhos de políticas públicas, no caso, conselhos de direitos.

do aparelho de Estado[39] e que movimente recursos, tenha alguma dotação orçamentária, para poder ser visto e ouvido internamente também.

Então, da hostilidade à participação da sociedade civil dos primeiros tempos do CONANDA, somada ao ceticismo e pragmatismo[40] da representação governamental, devido à herança de relações viciadas e clientelísticas com o aparelho de Estado, chegou-se à era FHC: mais moderna e mais sensível ao real papel do Ministério da Justiça (mas nem por isso conseguindo poupá-lo das negociatas políticas) e também ao do CONANDA. Uma era, contudo, excessivamente preocupada com a imagem do governo, em face dos compromissos internacionais e da manutenção de uma boa performance eleitoral.

Muitas iniciativas governamentais na área social foram, assim, apenas objeto de marketing e da descontinuidade, em virtude do mandato de FHC estar essencialmente pautado pela financeirização da economia, reforma do Estado, ajuste fiscal e desmonte das políticas públicas. Esse perfil ambíguo — de *duplo vínculo*[41] — reatualizava características, em termos da

---

39. A localização institucional do CONANDA no Ministério da Justiça, por exemplo, impõe alguns limites, a saber: 1) as condições de funcionamento do conselho precisam ser reasseguradas a cada troca de ministro, em virtude da dependência da estrutura do DCA (funcionários, espaço e recursos físicos) e falta de autonomia financeira, ficando o conselho, na maior parte das vezes, à mercê da correlação de forças do Ministério frente ao governo e também do DCA frente ao Ministério. Em função disso, já houve ameaças de não realização de Assembléias Ordinárias, risco que, sistematicamente, paira sobre as Conferências; e 2) a especialização desse Ministério no âmbito das leis, direitos humanos e segurança pública gera expectativas para o CONANDA de uma maior concentração no papel normativo e disciplinador das medidas socioeducativas, e de monitoramento da política de atendimento ao adolescente autor de ato infracional, relativizando, muitas vezes, o seu peso e importância como órgão de política transetorial. Viés também relacionado ao próprio desequilíbrio interno ao ECA, cujo livro II, que trata do ato infracional, corresponde à sua maior parte.

40. Como sinaliza Rancière, "a desgraça é que, nesses próprios lugares, se propaga a opinião desencantada de que há pouco a deliberar e de que as decisões se impõem por si mesmas"(1996a:10).

41. Vale a importação desse conceito da área "psi", senão vejamos: o duplo vínculo ocorre quando o *discurso* dos sujeitos assume um teor, um texto, uma *fala*, que vai numa determinada direção, mas tudo o mais neles — gestos, olhares, expressões, ações etc. — leva a outros entendimentos, requerendo, pela pressão do afeto ou das circunstâncias, solidariedade, cumplicidade ou a simples submissão ao seu desejo e vontade (necessidades, razões, projetos, propostas etc.) (Mata, 2001). Uma outra estratégia semelhante dos governos neoliberais resulta em mera indução política, pois, segundo adverte Rancière, leva a crer que: "a solução 'mais razoável' é na verdade a

POLÍTICA SOCIAL, FAMÍLIA E JUVENTUDE   231

representação governamental, dos períodos de instalação do conselho, pela lentidão, dispersão de esforços e condução burocratizada, reveladoras da falta ainda de prestígio e peso político do conselho. Por outro lado, não havia disposição de politizar o debate das questões, consideradas *assuntos comuns* (responsabilidade de todos), logo supostamente isentas de intencionalidades de parte a parte no sentido da sua obstrução, pois ao governo não interessava nem o *julgamento* nem o *controle* das suas ações.

Vê-se, pois, que é preciso escapar das armadilhas ideológicas que associam o conflito político como um anacronismo em nome de uma suposta razão consensual. A democracia em movimento, nos termos de Rancière, dá-se na manifestação do conflito, na disputa, nos esforços de aparecimento e visibilidade, no confronto de falas e mundos, no choque de palavras com sentidos inversos, de discussão das partes, da contestação dos argumentos, da revisão ou readequação dos lugares: tudo isso concerne à *política*. Como ele diz — em favor da sua tese do *dissenso*, do litígio ou do desentendimento, como decorrência da luta de classes —, desde Platão até hoje a democracia continua sendo um "escândalo prático" (1996b). A multiplicidade e a heterogeneidade, de que é composta em termos de propostas, sujeitos e necessidades, abalam toda e qualquer opinião formada, põem o mundo às avessas. A política e a democracia, desse modo, não pertencem ao reino da harmonia. Consistem em desvio, rupturas, perturbação da ordem e da dominação. Antes de mais, o que se procura assegurar é a *palavra*, pois, como diz ainda Rancière, "aquele que recusamos contar como pertencente à comunidade política, recusamos primeiramente ouvi-lo como ser falante" (1996b).

Quanto à sociedade civil, o balanço da performance política coletiva desses anos é de que não basta conquistar assentos nos *anfiteatros da palavra autorizada* pelo Estado; estrategicamente é preciso manter acesa a chama da mobilização social e *se fazer ver e ouvir* desde a praça pública à universidade, à mídia, às instituições de atendimento, às unidades de internação de adolescentes, dentre outros.[42] Isto porque é necessário que os atores da fala

---

única solução possível, a única autorizada pelos dados da situação tais como os conhecem os Estados e seus especialistas. O consenso então não é nada mais que a supressão da política" (1996b:379).

42. Perspectiva adotada há pelo menos uns cinco anos, e traduzida em novas estratégias e busca de correlações de força pela representação não-governamental no CONANDA, assim como

discordante tenham legitimidade, visibilidade e poder, representem algo mais que a si mesmos. Nos conselhos de direitos, por exemplo, há falas de alguns sujeitos que não ultrapassam a condição de ruídos. São tratadas como tal.

Foi preciso, nesse meio-tempo, travar uma luta contra a *cultura de interesses* na relação público—privado, isto é, modificar a atitude daquelas entidades mais preocupadas com financiamento próprio do que com a atuação em nome dos interesses gerais da sociedade. Isto porque, como já sinalizamos anteriormente, a sociedade civil tem uma composição heterogênea e também carrega as marcas culturais e políticas da formação social brasileira. Logo, foi, durante ainda um certo tempo, objeto de preocupação o fato de algumas das entidades com assento no conselho apresentarem uma relação de *duplo vínculo* com o governo — o que se repete nos conselhos municipais e estaduais —, pois é composta, em sua maioria, por entidades de atendimento e de defesa de direitos; agências que, numa ou noutra ocasião, já foram ou são parceiras em convênios e projetos com o governo federal.[43] Essa característica, em dadas situações, sem dúvida contribui para tolher a autonomia e a liberdade de proposição e crítica dos conselheiros não-governamentais.

Felizmente, as entidades políticas e organizações não-governamentais[44] movem-se no âmbito dos conselhos de direitos, na maior parte das vezes por interesses realmente públicos, defendidos e levados a cabo sem remuneração ou fins lucrativos. E seu empenho dá-se, como representação

---

nos esforços de articulação e mobilização do Fórum Nacional DCA. Na verdade, esse balanço foi realizado pelo conjunto dos atores e entidades da sociedade civil que militam na área de *políticas públicas* e participam das experiências nacionais, estaduais e municipais de gestão, controle social e financiamento.

43. Daí a importância e necessidade do fortalecimento dos Fundos, o que democratizaria, com base em princípios ético-políticos e critérios transparentes, o acesso aos recursos e eliminaria essa componente de reciprocidades e favores políticos, ressaltando a *missão* eminentemente pública das entidades de atendimento a crianças e adolescentes.

44. Desde meados dos anos 1970, as ONGs integram a luta e defesa dos direitos de crianças e adolescentes, da Seguridade Social e de outras tantas políticas sociais públicas. Em geral, prestam serviços, com caráter de atividade complementar à intervenção estatal, e têm uma função reconhecida e socialmente relevante no enfrentamento da questão social no Brasil. Isto não impede que muitas delas — e é justamente o que se espera da sua atuação no âmbito da esfera pública: como postura política desejável no espaço dos *conselhos de direitos* em nível nacional, estadual e municipal — se mobilizem, pressionem e exijam que o governo assuma uma série de demandas, incorporando-as como papel e responsabilidade do Estado.

da sociedade civil, no sentido de virem a ser reconhecidas como porta-vozes da defesa dos direitos das crianças e adolescentes e interlocutoras, no campo das políticas públicas, dos diversos segmentos da sociedade, inclusive a mídia.

Uma outra dificuldade política que contribui para que a performance política dos conselhos ainda seja um tanto quanto opaca não é exclusiva do CONANDA nem fruto apenas dos obstáculos na relação com o governo. É resultado muitas vezes da incompreensão, por parte dos conselheiros eleitos — governamentais e não-governamentais —, do *papel político dos conselhos*: o de protagonista da construção de uma agenda social dos direitos de crianças e adolescentes no município, estado ou país. Diante da falta de capacitação, despreparo técnico e despolitização de muitos conselheiros, predominam, Brasil afora, as preocupações com o funcionamento da estrutura administrativa, em detrimento da persecução de projetos, alianças e recursos, com vistas à melhoria da qualidade e da abrangência do atendimento a esse segmento (cf. Silva, 2000).

No caso específico dos conselheiros da sociedade civil, algumas das possíveis características da sua atuação, quando lhes falta a formação e a experiência política necessárias: a) não têm capacidade de enfrentamento das tensões e conflitos que ali eclodem, omitindo-se, preferindo posicionar-se em torno do que é consensual; b) temem passar por cima das deliberações daquele coletivo, ao falar e agir de maneira crítica, deixando-se paralisar; e, por fim, c) não conseguem mobilizar a opinião pública em nome do conselho. Nesse caso, o risco do esvaziamento da *política* é o da perda das características do mundo público e o mergulho na invisibilidade. E, como bem aponta Arendt: "na invisibilidade (...), somente a cordialidade e a fraternidade de seres humanos estreitamente comprimidos podem compensar a estranha irrealidade que assumem as relações humanas..." (1987:24).

Todavia, no caso do CONANDA, ao longo desses quase doze anos, foi possível registrar significativos avanços quanto à capacitação e formação dos *conselheiros*, em função de uma maior compreensão do papel do conselho e, também, de uma mudança na composição das entidades da sociedade civil, atualmente com um perfil mais laico e mais engajado na luta e defesa de direitos previstos no ECA. O Fórum Nacional DCA — diga-se de passagem — foi e é um importante articulador dessa mudança.

Cabe dizer, nesse sentido, que a *fala democrática impertinente* que se faz notar e ter peso nem sempre é a do barulho, da multidão; é a fala do poder, quem sabe, a da exatidão, extremamente situada e bem posta, a qual constitui uma ação, o dissenso. Dotados da convicção acerca da direção e necessidade da sua própria fala, encenam os passos adivinhados por Rancière: "É preciso primeiro provar que há algo a argumentar, um objeto, parceiros, um mundo que os contém. E é preciso prová-lo na prática..." (1996b:374). Complementa esse raciocínio Jussara de Goiás, com uma *fala* do interior da luta pela garantia dos direitos de crianças e adolescentes e suas contradições visíveis e invisíveis, uma *fala* que pretende ir além da *arte da negociação* e do consenso:

> "É importante conseguir enxergar a realidade da violência, da negação de direitos e de extrema exclusão social para que não pareça ilusório o processo de 'invenção democrática' em desenvolvimento e que se reafirma na prática da representação, interlocução e negociação de interesses nas diversas esferas sociais" (1996:9).

Cientes de que naquele espaço político não deve prevalecer, *a priori*, a concertação ou o consenso, foram justamente as vozes discordantes, imbuídas de argumentos e representatividade, que emprestaram legitimidade à fala da sociedade civil, contribuíram e continuam a contribuir para o conselho crescer e aparecer.

"O início, o fim e o meio":[45] a política como exercício da liberdade

Como se viu, foram muitos os esforços desenvolvidos, nesses doze anos, no sentido de dar consistência e *visibilidade* às decisões e ao significado democrático-participativo do CONANDA como fórum político, o que contribuiu, sem dúvida, para arregimentar, sobretudo no último período, maior legitimidade. Há, portanto, muito o que comemorar, em especial pelas acertadas estratégias políticas da sociedade civil que fizeram o CONANDA avançar.

A relação governo/sociedade civil, por exemplo, foi, desde o início do funcionamento do CONANDA, muito irregular: por vezes tensa, noutras

---

45. Trecho da música "Gitâ", de Raul Seixas.

POLÍTICA SOCIAL, FAMÍLIA E JUVENTUDE

eventualmente entrosada. Uma relação marcada, durante boa parte da década de 1990, pelo baixo investimento dos representantes governamentais, cuja contribuição maior seria — com raras exceções — a participação nas plenárias. Durante as primeiras gestões do CONANDA, principalmente, prevalecia uma incômoda situação de paralelismo quanto à representação governamental. Isso porque o governo federal fazia-se presente somente através da figura dos suplentes em substituição aos titulares — os ministros. Com isso, esvaziava-se o poder do CONANDA, ou, no mínimo, atrasava-se o ritmo dos trabalhos, porque os ditos representantes não possuíam autonomia no momento das deliberações e, sempre nos momentos polêmicos, remetiam as decisões aos titulares, postergando o debate e as respostas para as questões. Felizmente, em 1999, esse quadro foi alterado, tendo a sociedade civil exigido que os representantes do governo fossem aqueles que realmente participavam das reuniões. Esse fato contribuiu para alterar qualitativamente a participação e presença dos conselheiros governamentais nas assembléias ordinárias e extraordinárias do CONANDA, fortalecendo, assim, as iniciativas do conselho e, conseqüentemente, a sua legitimidade.

É mister destacar um outro sujeito e espaço político extremamente relevante na nova correlação de forças hoje em torno do CONANDA, para além do relacionamento mais amistoso entre os conselheiros ou da postura mais aberta do governo FHC para com a pasta da Justiça: a Frente Parlamentar pelos Direitos de Crianças e Adolescentes.[46] Pode-se citar, pelo menos, dois âmbitos em que o posicionamento da Frente foi decisivo para a luta travada pelo CONANDA pela afirmação de direitos de crianças e adolescentes: o primeiro deles refere-se à questão do orçamento, tendo a Frente corroborado, por diversas vezes, para a aprovação de rubricas, a serem geridas pelo CONANDA, para o desenvolvimento de projetos na área da infância e adolescência em todo o Brasil. Agora o momento mais emblemático do papel dessa Frente foi, durante a IV Conferência Nacional dos Di-

---

46. "Esta Frente existe desde 1988 — é a mais antiga frente do Legislativo em defesa de políticas públicas —, tendo sido um dos artífices na garantia dos artigos 227 e 228 da Constituição Federal e, posteriormente, da elaboração e aprovação do Estatuto da Criança e do Adolescente (Lei nº 8.069/90). Possui uma composição suprapartidária e seus membros mudam e/ou permanecem conforme as legislaturas, mas sua característica principal tem sido o acompanhamento de questões relativas à infância e à adolescência no Congresso Nacional, e o combate às violações dos direitos desse segmento em todo o País" (Sales, 1999:32).

reitos da Criança e do Adolescente (2001), conseguir o posicionamento de público do então presidente da Câmara dos Deputados — sr. Aécio Neves — contra a redução da idade penal.[47]

Como diz Ortega, "agir é começar, experimentar, criar algo novo" (2000:23), de modo que se trata de um processo, uma construção, em que persistem também fragilidades e dificuldades. Uma das principais que o CONANDA enfrenta, também, é experimentada pelos diversos conselhos nos estados e municípios, qual seja: a de natureza financeira. No governo FHC, por exemplo, foram sucessivos os cortes e contingenciamentos no orçamento da União, tolhendo ou inviabilizando muitas das iniciativas e possibilidades de atuação do conselho. Em destaque, como obstáculo-chave, a persistente lógica da *administração centralizada*, combinada à falta de vontade política de dar mais peso à vida e papel dos conselhos de direitos e tutelares em todo o Brasil (Camurça, 1994; ANCED e MNMMR, 1997). Portanto, é ainda relativo o grau de influência e reconhecimento dessas instâncias, respectivamente, como fóruns estratégicos de monitoramento das violações de direitos, elaboração de políticas e de decisão quanto à destinação dos recursos para a área pelo Estado. Isso faz com que crianças e adolescentes continuem presas da lógica da fragmentação — traduzida em políticas dispersas, superpostas e de baixo alcance —, e suas condições de vida e necessidades não recebam o devido suporte em termos de uma política pública (Sales, 1998).

Após mais de uma década de implementação do ECA, vê-se que há muito ainda a ser feito. Até por ser um instrumento de direitos humanos, as resistências ao cumprimento do ECA deixam entrever o grau de tensão entre as práticas político-jurídicas, sociais e econômicas geradoras e/ou mantenedoras de desigualdades, e a defesa efetuada pela sociedade civil democraticamente organizada em torno da integralidade e exigibilidade do sistema de garantia de direitos. O empenho incansável desses setores consiste, de um lado, em tentar superar de vez a *cultura da discricionariedade*, da arbitrariedade, e o caráter ambíguo — entre a compaixão e a repressão — com que sempre foram tratadas a infância e a juventude, como resposta a

---

47. Nas últimas duas gestões do CONANDA, a interlocução com a Frente Parlamentar — historicamente sustentada pelo Fórum Nacional DCA — tem sido estimulada e fortalecida também pelos conselheiros-representantes da Secretaria Especial de Direitos Humanos, DCA e Ministério da Justiça.

POLÍTICA SOCIAL, FAMÍLIA E JUVENTUDE

esse tipo de refrações da questão social no Brasil. De outro, a meta é fortalecer uma *cultura de direitos*, embasada em garantias e no paradigma da proteção integral de crianças e adolescentes, como condição mesmo de uma sociabilidade emancipadora e livre de violências. Enuncia-se, assim, um desafio no plano da cultura e da política, como vimos ao longo do texto, o qual remete à relação entre democracia, cidadania, infância e seus múltiplos impedimentos numa sociedade como a brasileira.

E se se constata, ainda, uma dificuldade de setores da sociedade civil organizada em escapar hoje das teias do consenso e de reconhecer, como diz Durão (2001), que o conflito é inerente à vida social, sobretudo à política; e em dar visibilidade às discordâncias, na perspectiva da defesa de uma *política social pública* e *imperativa* (Netto, 1999) cabe, como conta Marés, agir como *Garabombo, o invisível*: personagem de Manuel Scorza que ficava invisível cada vez que reivindicava pacificamente direitos da comunidade no cenário do altiplano peruano. Não era jamais visto ou ouvido, por mais que se dirigisse às autoridades. O seu protesto isolado, convertido na insólita "doença" da invisibilidade, era alvo do deboche das autoridades pela falta de efetividade prática e inocuidade dos seus propósitos críticos, e da comiseração dos demais camponeses. Eis que a situação é revertida a partir do momento em que Garabombo, valendo-se da condição de invisibilidade, começou a driblar as barreiras policiais e a organizar, de fato, o povo. Relata Marés de Souza Filho: "A estranha doença teria também um estranho remédio. Bastou reivindicar com dureza e praticar atos concretos de rebeldia, e imediatamente ficou curado, passou a ser visível e então foi perseguido como agitador e violador das leis..." (1999:312-313). O *dano* restituiu a política: a igualdade perseguida sob a forma litigiosa do exercício da liberdade.

Bibliografia

ANCED/MNMMR. *Conselhos tutelares no Brasil: perfil dos conselheiros e atuação no sistema de garantia de direitos*. Recife: Associação Nacional de Centros de Defesa, Movimento Nacional de Meninos e Meninas de Rua, 1997.

ARENDT, Hannah. "Sobre a humanidade em tempos sombrios: Reflexões sobre Lessing". In: _____. *Homens em tempos sombrios*. São Paulo: Companhia das Letras, 1987.

ARENDT, Hannah. *Da revolução*. São Paulo/Brasília: Ática/Ed. Unb, 1988.

_____. *A condição humana*. Rio de Janeiro: Forense Universitária, 1989a.

_____. "O declínio do Estado-Nação e o fim dos direitos do homem". In: _____. *Origens do totalitarismo: anti-semitismo, imperialismo, totalitarismo*. São Paulo: Companhia das Letras, 1989b.

BARBALET, J. M. *A cidadania*. Lisboa: Editorial Estampa, 1989.

BEHRING, Elaine R. *A contra-reforma do Estado no Brasil*. Tese de Doutorado. Rio de Janeiro: ESS/UFRJ, 2002.

BENJAMIN, César et alii. *A opção brasileira*. Rio de Janeiro: Contraponto, 1998.

BOBBIO, Norberto. *Liberalismo e democracia*. São Paulo: Brasiliense, 1988.

CALVINO, Italo. *Seis propostas para o próximo milênio*. São Paulo: Companhia das Letras, 2000.

CAMURÇA, Marcelo. *Conselho Estadual de Defesa da Criança e do Adolescente/RJ: Estado e ONGs — Uma Parceria Possível?* Rio de Janeiro, Projeto Se Essa Rua Fosse Minha, Fundação Fé e Alegria do Brasil, 1994.

CHAUI, Marilena. *Cultura e democracia. O discurso competente e outras falas*. 6ª ed. São Paulo: Cortez, 1993.

_____. "Ética e universidade". *Universidade e Sociedade*, ano V, nº 8, fev., 1995.

_____. "Quem semeia ventos colhe tempestades". *Folha de S.Paulo*, Caderno Mais, São Paulo: 5/3/2000, p. 19.

COELHO, Marcelo. "Elogio da igualdade". *Folha de S.Paulo*, Caderno Mais, Livros, São Paulo: 10/10/1999.

CONANDA. *Diretrizes Nacionais para a Política de Atenção Integral à Infância e à Adolescência*. Brasília, MJ/SEDH/DCA, 2000.

COUTINHO, Carlos Nelson. "Democratização como valor universal". *Proposta*, nº 61. Rio de Janeiro: FASE, jun./1994.

DAGNINO, Evelina. "Os movimentos sociais e a emergência de uma nova noção de cidadania". In: _____. (org.). *Anos 90: política e sociedade no Brasil*. São Paulo: Brasiliense, 1994.

DURÃO, Jorge E. S. "Reforma do Estado, a ação das ONGs e a assistência social". In: VVAA. *Política de assistência social: uma trajetória de avanços e desafios*. Subsídios à III Conferência Nacional de Assistência. São Paulo: Cadernos ABONG, nº 30, nov. 2001, pp. 55-72.

ECA. *Estatuto da Criança e do Adolescente. Lei nº 8.069, de 13/julho/1990*. 3ª ed. São Paulo: Saraiva, 1993.

FARIA, José Eduardo. "A eficácia do direito na consolidação democrática". *Lua Nova*, nº 30. São Paulo: CEDEC/Marco Zero, 1993.

FERNANDES, Florestan. *A revolução burguesa no Brasil*. 3ª ed. Rio de Janeiro: Ed. Guanabara, 1987.

FOUCAULT, Michel. *Vigiar e punir*. 14ª ed. Petrópolis: Vozes, 1996.

GOIÁS, Jussara de. *Os dilemas da construção da cidadania no Brasil*. Subsídios INESC Especial. Brasília: 1996.

GRAMSCI, Antonio. *Concepção dialética da história*. 3ª ed. Rio de Janeiro: Civilização Brasileira, 1978.

_____. *Maquiavel, a política e o Estado moderno*. 5ª ed. Rio de Janeiro: Civilização Brasileira, 1984.

GUARÁ, Isa. "Necessidades e direitos da criança e do adolescente". *Cadernos do Núcleo de Estudos e Pesquisas sobre a Criança e o Adolescente — NCA*, n° 1, PUC-SP, jun. de 1995.

HABERMAS,

IAMAMOTO, Marilda Vilella e CARVALHO, Raul de. *Relações sociais e serviço social no Brasil*. São Paulo/Lima (Peru): Cortez/CELATS, 1982.

IBGE. *Síntese de indicadores sociais*. Rio de Janeiro: IBGE, 2002.

KOSIK, Karel. *Dialética do concreto*. 5ª ed. Rio de Janeiro: Paz e Terra, 1989.

LANDIM, Leilah. *Para além do mercado e do Estado? Filantropia e cidadania no Brasil*. Textos de Pesquisa, Rio de Janeiro: ISER, 1993.

_____. "Notas em torno do terceiro setor e outras expressões estratégicas". *O Social em Questão*, n° 4. Rio de Janeiro: PUC-Rio, 1999.

MARÉS DE SOUZA FILHO, Carlo Frederico. "Os direitos invisíveis". In: OLIVEIRA, Francisco e PAOLI, Maria Célia (orgs.). *Os sentidos da democracia*. Petrópolis: Vozes/FAPESP/NEDIC, 1999.

MARSHALL, T. H. *Cidadania, classe social e status*. Rio de Janeiro: Zahar, 1967.

MATA, João da. *A liberdade do corpo: soma, capoeira angola e anarquismo*. São Paulo: Imaginário, 2001.

MENDEZ, Emílio G. "Cidadania da criança: A Revolução Francesa com 200 anos de atraso". *Revista Inscrita*, n° 1, Brasília: Conselho Federal de Serviço Social/ CFESS, 1997.

MINAYO, M. Cecília. "A violência social sob a perspectiva da saúde pública". *Cadernos de Saúde Pública: O Impacto da Violência Social sobre a Saúde*. Rio de Janeiro: ENSP/FIOCRUZ, vol. 10, Suplemento 1, 1994.

MONTAÑO, Carlos. *Terceiro setor e questão social. Crítica ao padrão emergente de intervenção social*. São Paulo: Cortez, 2002.

MOTA, Ana Elizabete. *Cultura da crise e seguridade social*. São Paulo: Cortez, 1995.

NETTO, José Paulo. "FHC e a política social: um desastre para as massas trabalhadoras". In: LESBAUPIN, Ivo (org.). *O desmonte da nação. Balanço do governo FHC*. Petrópolis, Vozes, 1999.

OLIVEIRA, Francisco. *Estado, sociedade, movimentos sociais e políticas públicas no limiar do século XXI*. Rio de Janeiro: FASE, 1994.

_____. "Vanguarda do atraso e atraso da vanguarda: globalização e neoliberalismo na América Latina". *Praga. Estudos Marxistas*, nº 4. São Paulo: HUCITEC, 1997.

_____. "Privatização do público, destituição da fala e anulação da política: o totalitarismo neoliberal". In: OLIVEIRA, Francisco e PAOLI, Maria Célia (orgs.). *Os sentidos da democracia*. Petrópolis: Vozes/FAPESP/NEDIC, 1999.

ORTEGA, Francisco. "Esvaziamento do político — reinvenção do espaço público". In: _____. *Para uma política da amizade. Arendt, Derrida, Foucault*. Rio de Janeiro: Relume-Dumará, 2000.

PAOLI, M. Célia. "Trabalhadores e cidadania. Experiência do mundo público na história do Brasil moderno". In: SOUSA JR., José Geraldo de, e AGUIAR, Roberto A. R. de (orgs.). *Introdução crítica ao direito do trabalho*. Série O Direito Achado na Rua. v. 2, Brasília: NEP, CEAD/UnB, 1993.

PIERUCCI, Antonio Flavio. *Ciladas da diferença*. São Paulo: Ed. 34, 1999.

RAICHELIS, Raquel. "A construção da esfera pública no âmbito da política de assistência social". Tese de Doutorado em Serviço Social. São Paulo: PUC/SP, 1998.

RAMONET, Ignace. *Geopolítica do caos*. Petrópolis: Vozes, 1998.

RANCIÈRE, Jacques. *O desentendimento*. São Paulo: Ed. 34, 1996a.

_____. "O dissenso". In: BIGNOTTO, Newton et alii. *A crise da razão*. São Paulo: MINC- FUNARTE/Companhia das Letras, 1996b.

RIBEIRO, Ana C. T. e LOURENÇO, Alice. "Marcas do tempo: violência e objetivação da juventude". In: FRAGA, Paulo C. P. e IULIANELLI, Jorge A. S. *Jovens em tempo real*. Rio de Janeiro: DP&A, 2003.

RIBEIRO, João Ubaldo. *Política. Quem manda, por que manda, como manda*. 6ª ed. Rio de Janeiro: Nova Fronteira, 1981.

SALES, Mione Apolinario . "A família como ela é: do reconhecimento de novas necessidades à formulação de políticas públicas". *Caderno de Comunicações do 9º Congresso Brasileiro de Assistentes Sociais*, vol. 1, Goiânia, jul. 1998.

_____ (org.). *Adolescência, ato infracional & cidadania*. Brasília/São Paulo: Forum DCA/ABONG, 1999.

SILVA, Maria Salete da. "A agenda dos conselheiros municipais dos direitos da criança e do adolescente". In: CFESS et alii. *Caderno de Comunicações do II Encontro Nacional de Serviço Social e Seguridade*. Porto Alegre, out./nov. 2000.

SOARES, Laura Tavares. "Prefácio". In: MONTAÑO, Carlos. *Terceiro setor e questão social. Crítica ao padrão emergente de intervenção social*. São Paulo: Cortez, 2002.

TELLES, Vera. "Sociedade civil e a construção de espaços públicos". In: DAGNINO, Evelina (org.). *Anos 90: política e sociedade no Brasil*. São Paulo: Brasiliense, 1994.

_____. *Pobreza e cidadania*. São Paulo: Ed. 34, 2001.

VERÍSSIMO, Luís F. "Para comover o poder". *O Globo*, O País, Rio de Janeiro: 3/8/1999.

VVAA. "A sociedade civil e os conselhos". *Revista Inscrita*, nº 7, Brasília: CFESS, maio 2001, pp. 49-55.

Capítulo 4

Uma agenda para os conselhos tutelares

Alessandra Gomes Mendes
Maurílio Castro de Matos

Apresentação

Este artigo tem por objetivo refletir sobre alguns dos desafios colocados à atuação dos conselhos tutelares na atualidade. Nesse sentido, elaboramos um breve panorama da política de proteção à infância e à adolescência. Em seguida, discutimos o papel dos conselhos tutelares, suas atribuições, contradições e condições de funcionamento para, finalmente, apontar perspectivas e desafios a serem enfrentados na luta pelo fortalecimento dos direitos das crianças e dos adolescentes brasileiros.

Caminhos que levaram ao Estatuto da Criança e do Adolescente

Entender as condições sócio-históricas que permitiram em 1990 a promulgação do Estatuto da Criança e do Adolescente (ECA) é se remeter à conjuntura da segunda metade da década de 70 do século passado. Nesse período, evidenciou-se a impossibilidade de a ditadura militar continuar como tal, frente ao clamor e à rearticulação da sociedade civil.[1] Havia, en-

---

1. Netto (1996) afirma que a ditadura militar no Brasil não pode ser vista como um fenômeno isolado da conjuntura internacional e nem como um período homogêneo e sim como momen-

tão, um movimento de pressão da sociedade, que, aliado ao próprio desgaste da base de sustentação do governo, exigia a reabertura política. Assim, o final dos anos 1970 foi marcado por eventos democráticos como o Congresso de Reconstrução da União Nacional dos Estudantes (UNE) e o V Simpósio de Saúde da Câmara dos Deputados (em que pela primeira vez se apresentou o projeto da reforma sanitária), ambos realizados em 1979. Como desdobramento desse processo, vários dos movimentos sociais que se organizaram para resistir à ditadura nos anos 1970 e na década de 1980 (injustamente conhecida como a década perdida) ganharam mais força e aliados.

O panorama atrás esboçado é importante para entendermos como se deu a conquista histórica dos direitos das crianças e dos adolescentes no país. Sustentamos que a conquista é uma confluência de dois itens, um "externo" e outro "interno" à área da infância e da juventude.

A característica externa envolve a conjuntura da década de 80, permeada pela redemocratização do país e pela mobilização da sociedade civil. Essa mobilização polarizou a discussão na Assembléia Nacional Constituinte (1986-1988) nas suas diferentes comissões, fazendo explicitar o confronto entre projetos antagônicos para a sociedade e o Estado brasileiros. Nos segmentos comprometidos com a democracia e a cidadania se inseriram, naquele momento, profissionais competentes em suas áreas, os movimentos sociais de esquerda e os parlamentares progressistas. Ou seja, sem a mobilização desses segmentos, a Constituição Federal de 1988 seria outra e certamente o título da "Ordem Social" diferente.

Extrapolando essa característica externa, podem ser destacados dois aspectos. O primeiro foi a crise do modelo de proteção adotado pela FUNABEM. Denúncias de violência institucional emergiam, e a falta de integração e articulação entre as instâncias de atendimento apontava a dificuldade de administração de uma política centralizada em sua formulação e descentralizada em sua execução. Ao mesmo tempo, surgiram em seu corpo técnico pessoas com uma visão crítica e propostas de mudanças ins-

---

tos distintos. O primeiro, de abril de 1964 a dezembro de 1968. O segundo, que abarca de dezembro de 1968 a 1974. E o terceiro período, que vai de 1974 a 1979. Netto não inclui o governo de Figueiredo, por entender que nessa gestão já se evidencia o final desse ciclo, na medida em que mostra a incapacidade de a ditadura continuar como tal frente à articulação e mobilização de setores da sociedade civil, principalmente do movimento popular, e o acúmulo de forças da resistência democrática.

POLÍTICA SOCIAL, FAMÍLIA E JUVENTUDE

titucionais (Vogel, 1995). O segundo aspecto se refere ao papel das Organizações Não Governamentais, à época, na luta pelos direitos da criança e do adolescente:

> "Diferindo dos sistemas formais de proteção à infância, nos quais, freqüentemente, a burocracia não é somente lenta para encontrar soluções, mas, além disto, favorece a institucionalização como resposta, as ONGs detectam o problema com maior rapidez e trabalham com a comunidade para prevenir o desarraigamento da criança de seu meio ambiente" (Pilloti, 1995:43).

Assim, articulou-se, no bojo do processo de revitalização da sociedade civil, um movimento social especificamente voltado para a infância e juventude. Suas mobilizações resultaram na incorporação da idéia de cidadania infanto-juvenil na Constituição de 1988; e, finalmente, na elaboração do Estatuto da Criança e do Adolescente, em 1990, consolidando, no plano formal, a perspectiva da proteção integral como princípio ordenador das políticas públicas para a infância e adolescência (Mendes, 2002).

Nesse contexto, começou a ser discutida a necessidade de descentralização das políticas sociais e de resgate da cidadania. No campo da infância, pode-se dizer que a década de 1980 foi marcada pelo desmonte da estrutura e do aparato ideológico da política voltada para a menoridade, e também pelo início da construção de um novo projeto de proteção à infância e adolescência (Vogel, 1995).

O Estatuto da Criança e do Adolescente

Assim, foi consolidado, em julho de 1990, o Estatuto da Criança e do Adolescente (Lei 8.069/90), o qual afirmou em seu texto um conjunto de inovações na perspectiva da cidadania da população infanto-juvenil. Nesse sentido, o ECA não só rompeu com a estigmatização formal da infância e adolescência pobres anteriormente categorizadas como a *menoridade*, como ainda buscou desjudicializar o atendimento a esses segmentos da população. Ou seja, o Estatuto atentou para a igualdade de direitos entre todas as crianças e adolescentes, independentemente de suas diferenças de classe social, gênero, etnia ou quaisquer outras; e tornou-os sujeitos de direitos a serem garantidos, com absoluta prioridade, através de políticas sociais.

No ECA, está registrado que o direito à vida, à saúde, à liberdade, ao respeito, à dignidade, à convivência familiar e comunitária (seja em família natural ou substituta), à educação, à cultura, ao esporte, ao lazer, à profissionalização e à proteção ao trabalho[2] são direitos fundamentais de todas as crianças e adolescentes. Assim, está visível que a implementação do Estatuto está diretamente ligada a uma ação efetiva em torno das políticas sociais públicas, sendo a Seguridade Social estratégica.

Além de garantir os direitos, o ECA, por meio do seu Livro II, apresenta as diretrizes da política de atendimento para a infância e a juventude, no qual também é explicitado o papel dos órgãos que compõem essa rede de atendimento. As diretrizes dessa política apontam para a descentralização político-administrativa, tendo como base a municipalização articulada à atuação das esferas federal e estaduais; e também para o exercício do controle social por meio do incentivo da participação da sociedade, através da criação dos conselhos de direitos das crianças e dos adolescentes, e do controle sobre os fundos da infância e adolescência a eles atrelados.[3]

O ECA e a descentralização

A política para a infância e a adolescência proposta pelo Estatuto da Criança e do Adolescente, como as outras políticas sociais após 1988, trabalha sob a perspectiva da descentralização, transferindo para os municípios grande parte da responsabilidade pelas políticas sociais. Nesse sentido, a municipalização deve ser entendida como estratégia para facilitar a participação da sociedade no controle das políticas sociais, e não como simples processo de desconcentração ou de retirada das responsabilidades dos governos federal e estaduais em relação às políticas públicas.

---

2. O trabalho para menores de dezesseis anos é vedado, salvo em caso de aprendiz a partir dos catorze anos de idade (ECA, 1990; Inciso XXXIII, do Artigo 7º da Constituição Federal; e Resolução nº 69, de 15/5/2001 do CONANDA).

3. A categoria *controle social* se refere à participação da sociedade civil na elaboração, implementação e fiscalização das políticas públicas, em que se compreende que o público deve ser uma expressão do conjunto das necessidades postas pelos diferentes segmentos da sociedade e não território apenas daqueles que, por diferentes motivos, alcançam a hegemonia em determinados governos. Os conselhos são espaços privilegiados para o exercício do controle social, entretanto, não devem ser considerados como os únicos. Ver, nesta coletânea, artigo de Souza.

POLÍTICA SOCIAL, FAMÍLIA E JUVENTUDE

A municipalização do atendimento à criança e ao adolescente, como atenta Sposati (1994), possui três dimensões. A primeira se refere ao próprio processo de municipalização, em que a experiência brasileira vem demonstrando que não tem havido uma relação de subsidiaridade entre as esferas federal e estadual para com os municípios e sim, a transferência de atribuições. Esse fato é preocupante em face da heterogeneidade dos municípios, o que demanda a existência de modelos flexíveis de municipalização/regionalização/metropolização.

A segunda dimensão se refere à inter-relação com a Assistência Social. Segundo a autora, o ECA exprime um certo caráter discriminatório para com a citada política, ao entendê-la como suplementar. Além disso, a municipalização da assistência apresenta algumas particularidades, já que, em geral, os gestores, na maioria privados e filantrópicos, não detêm acúmulo nessa discussão, sendo de difícil assimilação, por exemplo, a idéia de que as instituições de atendimento a crianças e adolescentes, mesmo quando filantrópicas, devem estar sujeitas ao controle social.

Em que pesem os limites supracitados, cabe ressaltar que a municipalização proposta pelo ECA é democrática (Sposati, 1994), uma vez que institui os conselhos municipais de direitos da criança e do adolescente e os conselhos tutelares. Atendendo aos princípios de descentralização político-administrativa, participação popular e transparência, os conselhos de direitos — existentes nas três esferas de governo — possuem caráter deliberativo e têm o papel de controlar as políticas sociais destinadas a esse segmento da população. Paritários em sua composição, isto é, compostos com a mesma proporção de representantes da sociedade e do governo, os conselhos de direitos têm a função de formular políticas sociais na área da infância e da juventude (Mendes, 2002:43).

Tanto os conselhos tutelares quanto os de direitos esbarram numa série de dificuldades para se efetivar, por contrariarem hábitos e arranjos arraigados na esfera política local,[4] acirrados com o êxito ideológico do projeto neoliberal (Anderson, 1996) e a sua adoção por parte dos governos brasileiros a partir dos anos 1990 (Tavares Soares, 1999) por meio do desfinanciamento das políticas sociais. Se os conselhos de direitos assustam por sua

---

4. Por isso, tais conselhos despertam, sobretudo no Executivo, a tentação de subjugá-los, seja transformando-os em instâncias meramente consultivas, seja procurando deter o controle sobre eles, em geral, através da indicação do seu presidente (Vogel, 1995:331).

capacidade de deliberar políticas, os conselhos tutelares[5] incomodam pelo poder fiscalizador de sua função (Vogel, 1995), a qual será discutida a seguir.

Os conselhos tutelares

O conselho tutelar constitui uma das grandes inovações institucionais trazidas pelo ECA, uma vez que transfere para a sociedade a responsabilidade pela fiscalização do cumprimento dos direitos da criança e do adolescente. Estes conselhos são órgãos compostos de representantes da comunidade, escolhidos a cada três anos para fiscalizar o cumprimento dos direitos da criança e do adolescente. Nesse sentido, pode-se dizer que o conselho tutelar é um órgão *sui generis*, uma vez que não se enquadra nos moldes conceituais tradicionais, porque nem constitui totalmente um órgão público (entendido como governamental) nem configura um órgão do movimento social. O conselho representa antes a síntese dessas dimensões. Os conselhos atuam nos casos em que os direitos da criança e do adolescente são violados ou ameaçados por omissão ou abuso dos pais, do Estado, ou em razão de seu próprio comportamento (Brasil, 1990).

Compreendendo a criança e o adolescente como sujeitos a serem protegidos, o conselho tutelar tem a atribuição de aplicar *medidas de proteção*, que envolvem encaminhamentos aos serviços sociais, aplicação de advertência aos responsáveis, requisição de atendimentos e, como último recurso, inclusão em abrigo. Cabe ao órgão ainda representar junto ao Ministério Público o descumprimento injustificado dessas medidas e/ou atos que constituam infração administrativa ou penal contra os direitos da criança e do adolescente (Brasil, 1990).

Além das atividades que se referem ao trato direto com a população, o conselho tutelar tem, juntamente com o Poder Judiciário e o Ministério Público, importante papel na fiscalização de instituições, e é também sua atribuição assessorar o Poder Executivo local na elaboração da proposta orçamentária para planos e programas de atendimento dos direitos da criança e do adolescente. Uma grande dificuldade, nesse sentido, é a ausência de

---

5. Os conselhos tutelares gozam de poderes para determinar procedimentos a serem executados pelas entidades governamentais, não governamentais, pais ou responsável, Estado ou sociedade, e requisitar serviços, constituindo crime embargar ou impedir a ação de seus membros.

POLÍTICA SOCIAL, FAMÍLIA E JUVENTUDE

diagnóstico da situação de atendimento à infância e à adolescência e a falta de integração com os conselhos de direitos na maioria dos municípios:

"Porque devemos perceber que da forma que o Estatuto foi elaborado, o conselho tutelar é concebido como sendo os olhos do conselho de direitos e nós temos que conceber o conselho de direitos como o segundo braço do conselho tutelar. Por que o segundo braço de apoio? Porque se o conselho de direitos tem a função de formular políticas públicas, formular programas e serviços, sem uma rede de retaguarda, o trabalho do conselho tutelar se torna inviável, então ele depende sim do conselho de direitos. E quando falo que o conselho tutelar é os olhos do conselho de direitos é porque ele lida com a situação diretamente, ele lida com os casos, sendo quem vai estar se remetendo ao conselho de direitos, colocando problemas no sentido de fornecimento de dados para melhorar a atuação deste. (...) Quando falo segundo braço de apoio é porque sempre o primeiro braço de apoio do conselho tutelar é a retaguarda de atendimento já existente..." [Depoimento de José Cláudio da Costa Barros] (Oliveira, 1997:18).

Com vistas à elaboração desses diagnósticos, o extinto Centro Brasileiro para a Infância e a Adolescência (CBIA) criou, em 1991, o Sistema de Informação para a Infância e Adolescência (SIPIA), que se baseia no atendimento diário dos conselhos tutelares e tem como objetivo fornecer aos conselhos de direitos e às administrações municipais dados sobre a situação das crianças e dos adolescentes nos municípios, a fim de subsidiar a elaboração de políticas públicas. O SIPIA permite, também, o envio de informações do âmbito municipal para o estadual e o federal, além de administrar o cumprimento das decisões tomadas pelo conselho tutelar (Mendes, 2002).

Na prática, contudo, o SIPIA não é uma realidade para todos os municípios brasileiros. A sua instalação depende da existência de uma infra-estrutura que a maioria dos conselhos tutelares não dispõe. A implantação do SIPIA pressupõe, no mínimo, a existência de computadores, linhas telefônicas e pessoal capacitado. Nesse sentido, uma pesquisa do IBAM (1998) revelou que um dos principais problemas de funcionamento dos conselhos tutelares é a precariedade de infra-estrutura. No Rio de Janeiro, por exemplo, muito poucos conselhos tutelares dispõem desse sistema (Congresso Estadual de Conselhos Tutelares do Estado do Rio de Janeiro, 2001).

Andrade (2000) identifica, na gênese dos conselhos tutelares, a fusão de propostas progressistas e conservadoras, as quais teriam por inspiração tanto objetivos de eliminação das desigualdades quanto a regulação e o controle da conduta dos indivíduos:

> "O conselho tutelar tal qual expresso no ECA dá sentido à função de tutelar, de defender, de assistir. Essa função se fundamenta em uma concepção política de organização social regulada por leis e normas, com a constatação de relações de saber e de poder. Portanto, apesar de não ser o único espaço de controle das populações, é o único que traz a característica de ser lateral à justiça, por ter as atribuições de garantir a execução das leis e acompanhar os sujeitos titulares dos direitos, ou seja, as crianças, adolescentes e famílias que estejam sob a sua tutela" (Andrade, 2000:85).

O autor sugere, contudo, que, em sua atuação cotidiana, os conselhos têm se voltado mais para o controle da conduta dos indivíduos que para a defesa da universalização dos direitos garantidos pelo ECA. Isto é, os conselhos tutelares têm se direcionado mais para a cobrança dos deveres de seus usuários (pais, responsáveis e as próprias crianças e adolescentes) que para a exigência de seus direitos.

Por constituir uma inovação político-administrativa, a idéia dos conselhos tutelares dá margem para uma série de polêmicas em torno de seu papel e de seu funcionamento. Nesse sentido, um tema que vem sendo discutido é a formação dos conselheiros. Enquanto alguns concebem o conselho tutelar como um corpo técnico, outros enfatizam seu caráter eminentemente político (Mendes, 2002).

A primeira concepção leva a que alguns municípios coloquem como critério de candidatura ao cargo a exigência de terceiro grau completo, e alguns definem até os profissionais que podem ocupar o cargo, geralmente assistentes sociais, psicólogos, pedagogos e advogados. A segunda implica acreditar que os conselhos tutelares como órgãos representativos da sociedade requerem que os conselheiros sejam escolhidos a partir de critérios representativos, e não meramente técnicos.

Andrade (2000) defende que, embora seja imprescindível a escolha dos conselheiros dentro da maior participação popular possível, a escolha de pessoas que não têm proximidade com o Estatuto nem com a luta pela garantia de direitos tem gerado, muitas vezes, práticas dissonantes dos pressupostos do ECA. Ele ressalta que a maioria dos conselheiros assume a função sem qualquer tipo de referencial de apoio e, não tendo o conselho um

POLÍTICA SOCIAL, FAMÍLIA E JUVENTUDE

modelo prévio de funcionamento, acabam reproduzindo os procedimentos burocráticos e organizacionais das Varas da Infância e da Juventude e das repartições públicas existentes, com atendimentos impessoais e distantes, nos quais os usuários têm suas dúvidas, angústias e sofrimentos transformados em informação sobre papel timbrado.

Alguns indicativos sobre o perfil dos conselhos tutelares no Brasil e no Rio de Janeiro

Os conselhos tutelares têm apresentado experiências bastante heterogêneas em relação aos processos de implantação, ação, efetivação e configuração. A escolha dos conselheiros, por exemplo, pode ser efetuada por um colégio eleitoral reduzido (as entidades de atendimento, por exemplo), ampliado (com a participação de diversos segmentos sociais) ou universal (com voto secreto e direto dos cidadãos locais). Alguns municípios têm restringido a candidatura a profissionais de determinadas áreas, outros a representantes de entidades de atendimento e outros ainda ampliaram a participação à totalidade dos cidadãos (Andrade, 2000).

Uma pesquisa realizada pelo Movimento Nacional de Meninos e Meninas de Rua (MNMMR) e pela Associação Nacional dos Centros de Defesa (ANCED) junto a 401 conselhos tutelares no Brasil, em 1997, apontou um predomínio de conselheiros escolhidos por eleições diretas, a partir da mobilização da sociedade. Em sua maioria mulheres, os conselheiros tutelares possuíam alguma experiência na área, detinham pouco conhecimento sobre o ECA e não tinham recebido nenhum curso de capacitação específica para atuação no órgão. As principais motivações para o ingresso no conselho foram a gratificação pessoal e a defesa dos direitos da criança e do adolescente.

Na maioria dos conselhos (80%), os conselheiros eram remunerados. Destes, 66% recebiam de meio a três salários mínimos. Apenas 30% recebiam verbas destinadas às suas atividades internas, geralmente aplicadas no pagamento dos conselheiros e na manutenção dos serviços de rotina.

No período de julho a dezembro de 2001, foi realizada uma pesquisa sobre as condições de trabalho dos conselhos tutelares no Estado do Rio de Janeiro (Mendes et alii, 2001). Para tanto, foi desenvolvido um levantamento, através de questionários entregues aos representantes dos conselhos. Parte dos questionários foi entregue durante o I Congresso Estadual de

Conselhos Tutelares do Rio de Janeiro, realizado em Duque de Caxias em julho de 2001. Os questionários restantes foram enviados pelo correio.

Dos 70 conselhos tutelares então existentes no Estado, 44 (63%) responderam aos questionários, os quais visavam coletar dados acerca das condições de funcionamento do órgão, através de informações sobre a estrutura de funcionamento, os critérios de candidatura ao cargo, o ano de criação do órgão, existência de equipes técnicas e administrativa, remuneração dos conselheiros, entre outros.

A maior parte dos municípios cujos conselhos participaram da pesquisa contava com apenas um conselho tutelar em funcionamento. As únicas exceções foram o Rio de Janeiro (que possuía dez conselhos tutelares); Nova Iguaçu (com cinco); Campos dos Goitacazes (com três); e São Gonçalo (com dois). A maioria dos conselhos (trinta e um) foi criada a partir de 1996, ou seja, seis anos após a promulgação do ECA. Um município tinha um conselho tutelar composto de nove conselheiros, o que fere completamente o artigo 132 do ECA.

A metade dos municípios que participaram da pesquisa (vinte e dois) acrescentava outros critérios de candidatura aos propostos pelo ECA. Entre esses critérios, destacavam-se: a exigência de escolaridade formal — cinco municípios exigiam 2º grau completo e três a conclusão do 1º grau; comprovação de trabalho na área — essa exigência era feita em treze municípios; realização de prova escrita — exigência de seis municípios; havia ainda um município que adicionava como critério para a candidatura ao cargo a indicação por uma ONG.

Quanto ao vínculo contratual dos conselheiros com as prefeituras, em doze conselhos (27,2%) não havia nenhum vínculo; em onze (25%), a remuneração era assegurada por cargo comissionado; em cinco (11,5%), os conselheiros eram contratados como prestadores de serviços e em dois (4,5%), recebiam pró-labore.

A maior parte dos conselheiros, cujos conselhos participaram da pesquisa, recebia remunerações entre zero e três salários mínimos. Em oito conselhos, a remuneração recebida estava fixada entre zero e um salário mínimo (18,1%). Em quinze, a remuneração variava entre zero e dois salários mínimos (34%); em quatorze, recebiam-se entre dois e três salários (31,8%); e, em dez, recebiam-se entre quatro e cinco salários (22,7%). Apenas em cinco conselhos (11,5%) a remuneração estava acima de cinco salários mínimos.

POLÍTICA SOCIAL, FAMÍLIA E JUVENTUDE

Quanto à disponibilidade de recursos humanos, pôde-se observar que mais da metade dos conselhos — vinte e seis (59%) — não possuía equipe administrativa. Dos que a possuíam, apenas em quatro conselhos a equipe excedia o número de cinco funcionários. Quanto à equipe técnica, treze (29,35%) contavam com esse trabalho, sendo que onze dos quais com assistentes sociais, oito com psicólogos, dois com advogado e dois com pedagogo. Doze contavam com estagiários (das áreas de serviço social, psicologia e direito).

No que se refere aos recursos materiais disponíveis para o trabalho a ser desenvolvido pelos conselhos tutelares, identificou-se que em relação à estrutura física, sete (16%) não possuíam telefones; trinta e dois (72,7%) não possuíam fax; dezenove (43,2%) não possuíam computador; quarenta (91%) não possuíam internet; e dezessete (38,7%) não possuíam viaturas.

Embora os dados levantados não contemplem a totalidade dos conselhos tutelares do estado do Rio, abrangendo cerca de 2/3 dos conselhos tutelares então existentes, pudemos perceber que suas condições de funcionamento ainda encontram-se bastante aquém das necessidades requeridas pelas atribuições que lhes são conferidas pelo Estatuto da Criança e do Adolescente. A maioria dos conselheiros é mal remunerada, o que talvez dificulte a dedicação integral que o cargo demanda. Boa parte dos conselhos (dezessete) não possuía viaturas que pudessem viabilizar o deslocamento dos conselheiros para sindicâncias e outras atividades externas. A maioria esmagadora dos conselhos (quarenta) não possuía computadores, com acesso à internet, que possibilitassem a instalação do SIPIA e ainda havia sete que não contavam sequer com telefone, equipamento indispensável ao trabalho dos conselhos tutelares, uma vez que permite o recebimento de denúncias, bem como a realização de contatos com instituições e usuários.

Uma agenda para o debate sobre os conselhos tutelares

Passada mais de uma década de criação do Estatuto da Criança e do Adolescente, pode-se dizer que, embora tenham sido obtidas conquistas quanto à implantação dos conselhos tutelares e de direitos na maioria dos municípios brasileiros, ainda são inúmeros os desafios; um dos quais aponta para a pouca resolutividade dos conselhos tutelares. Nesse sentido, propomos aqui a discussão de alguns pontos que podem contribuir no caminho da efetivação do ECA, agrupados em quatro eixos, a saber:

1. Formação dos conselheiros tutelares

Apontamos anteriormente a existência de uma polêmica em torno da formação dos conselheiros. Esse debate tem sido polarizado em torno da escolha dos membros do conselho, com base em critérios técnicos ou políticos. Isto é, deve ser exigida formação técnica na área para assumir o cargo de conselheiro? Isto tornaria o órgão mais resolutivo? Ou devem os conselheiros ser escolhidos a partir dos critérios mais democráticos possíveis, possibilitando a participação de qualquer cidadão?

Nosso posicionamento é de que o conselheiro tutelar deve ser representativo na comunidade em que vive, sendo reconhecido pelo trabalho que desenvolve. Essa discussão, que põe o problema no conselheiro tutelar identificando os equívocos que vários vêm cometendo no dia-a-dia, mascara o problema. Ou seja, reconhecemos que equívocos são cometidos cotidianamente pelos conselheiros, mas consideramos que a alternativa para a prevenção desses atropelos é viabilizar a capacitação continuada e a assessoria técnica. Dessa forma, é possível garantir a representatividade da comunidade no conselho tutelar, não aderindo à exigência tecnicista e conservadora de nível superior; e, ao mesmo tempo, o suporte técnico necessário.

Nada garante, por exemplo, que um conselheiro tutelar com pós-doutorado possa promover melhor a democracia em seu país que um conselheiro com menor escolaridade. O que vai garantir sua atuação democrática, no caminho da promoção da justiça social, são os compromissos éticos e ideológicos pelo agente político assumidos e sua habilidade em articular a implementação de seus projetos.

2. Capacitação e assessoria técnica

No que concerne à capacitação e assessoria, embora seja conhecida a existência de diversos cursos de capacitação de conselheiros tutelares, ainda são pouco divulgadas informações a respeito da metodologia utilizada, conteúdos trabalhados, referencial teórico, entre outros. Conhecer a

POLÍTICA SOCIAL, FAMÍLIA E JUVENTUDE

255

forma como vem sendo conduzida a capacitação dos conselheiros tutelares pode constituir estratégia de identificação de experiências inovadoras e/ou estratégicas, bem como de aprimoramento daquelas que estejam sendo conduzidas de forma equivocada. Assim, a elaboração de um diagnóstico sobre as condições de capacitação dos conselheiros e a proposição de um documento com diretrizes para a realização de cursos de capacitação podem configurar caminhos para a condução dos cursos e para a efetivação do ECA.

Além da carência de dados sobre a capacitação dos conselheiros, outro desafio a ser enfrentado é a escassa produção teórica sobre os conselhos tutelares. É premente que se envidem esforços para a elaboração de textos que possam subsidiar a atuação dos conselheiros tutelares.

Outro aspecto dessa questão é a necessidade de existência de equipes técnicas nos conselhos tutelares para subsidiar as ações dos conselheiros. É importante frisar, nesse sentido, que os técnicos nos conselhos tutelares devem realizar o trabalho de assessoria, visto que o papel do órgão é zelar pela garantia de direitos, exigindo, por exemplo, que existam instituições capazes de atender à demanda de sua clientela, e não tentar oferecer esse atendimento. Assim procedendo, o órgão deixaria de cumprir o seu papel e, ao mesmo tempo, não conseguiria dar conta da demanda por atendimento, que geralmente é bastante volumosa.

3. O conselho tutelar como um órgão de fiscalização de direitos

Um problema fundante hoje na atuação dos conselhos tutelares refere-se a sua redução a centro de triagem dos atendimentos à infância e à adolescência nos municípios. Isto é, embora o ECA tenha criado o conselho tutelar com a função de fiscalizar a efetivação dos direitos da criança e do adolescente, atribuindo-lhe o papel de assessoria ao poder público municipal na elaboração da proposta orçamentária e a articulação com o Ministério Público e o CMDCA, os conselhos têm limitado sua ação à distribuição de sua clientela pela rede de atendimento. Esse fato não seria tão problemático, se não vivêssemos no Brasil, historicamente, uma situação de agravamento da pobreza e de redução da oferta de serviços sociais, dificultando as ações em torno das demandas da população aos conselhos, o que faz deles, muitas vezes, órgãos pouco resolutivos.

Seria necessário, então, que os conselhos lançassem mão de diferentes formas de mobilizar recursos, tais como a articulação com o CMDCA, com o Ministério Público e os movimentos sociais, a fim de pressionar o poder público pela oferta de políticas sociais. Para isto, é necessário que os conselheiros consigam articular um consenso interno em torno de um projeto comum. Como na maioria dos municípios os conselheiros não são eleitos por chapas, não há, a princípio, uma convergência ideológica entre os membros do conselho, por isto é necessária a habilidade de articular pontos em comum. Por outro lado, à medida que o conselho possui tanto a atribuição de encaminhar quanto a de exigir políticas sociais, muitas vezes ele acaba assumindo duplamente as responsabilidades pela sua ausência nos município. Isto é, torna-se uma espécie de bode expiatório para a ausência de políticas públicas (Mendes, 2002). É importante ressaltar ainda a existência de dois outros problemas.

O atendimento às reivindicações dos conselhos tutelares por políticas públicas depende ainda do respaldo e da parceria com órgãos como o CMDCA e o Ministério Público. Contudo, na maioria dos municípios não existe uma relação de parceria entre essas instituições. Outro problema é que a autonomia do conselho tutelar prevista pelo Estatuto é relativa, haja vista que todo o seu funcionamento depende do Poder Executivo municipal, desde a sua estrutura de funcionamento, a lotação de funcionários até a oferta de políticas sociais.

4. Legitimidade e representatividade

Outro item a ser apontado refere-se à legitimidade do conselho tutelar, a qual depende não só de um processo de escolha de amplo acesso e divulgação, como também da transparência das ações desenvolvidas pelo órgão. Nesse sentido, é importante que os conselheiros tutelares nunca percam de vista que são os representantes da comunidade. Por isso, é fundamental que utilizem estratégias de articulação com a sociedade, tanto para democratizar informações como para buscar aliados na defesa dos direitos das crianças e dos adolescentes. Consideramos que uma das estratégias pode ser a realização de plenárias periódicas, elaboração de informativos etc. Acreditamos que essa relação possibilitará maior vitalidade à ação do conselho tutelar nas suas diferentes lutas, como, por exemplo, a defesa de melhores condições de funcionamento do órgão.

Considerações finais

Apesar de comumente se ouvir que o ECA não foi implantado, a sua efetivação — sem sombra de dúvida — é um processo concreto em andamento. Se, por um lado, ainda não houve o reordenamento institucional que o ECA propõe, por outro a existência de organismos como os conselhos tutelares é uma realidade viva. Podemos afirmar que, em muitas cidades, onde nunca existiu um equipamento social ou mesmo em muitas onde o equipamento é insuficiente, são os conselhos tutelares as únicas instituições existentes de defesa dos direitos das crianças e dos adolescentes. Portanto, investir no fortalecimento dos conselhos tutelares é investir numa mola mestra de avanço para a efetivação do ECA. Ao fornecer subsídios aos novos sujeitos que entraram em cena (os já citados conselheiros tutelares e equipes administrativas e técnicas), serão colhidos dois frutos estratégicos: o primeiro será a efetivação de um órgão que busca garantir direitos. O segundo é a adesão crítica e qualitativa de novas forças sociais para adensar a luta pela democratização do Estado e da sociedade brasileiros.

A conjuntura, desde a implantação dos primeiros conselhos tutelares até o momento presente, tem sido adversa à implementação de projetos que visem à democracia. Vivemos consecutivos governos que buscaram fragilizar a mobilização dos trabalhadores, não efetivaram políticas sociais públicas, apelaram para uma ideologia da solidariedade interclasse, para uma criminalização da questão social, tendo como ponto central a busca incessante de desresponsabilização do Estado para com o social. Assim, a implementação do ECA atravessa dilemas comuns a todas as políticas sociais — desfinanciamento, focalização e desrespeito ao controle social. Esses dilemas se acirram quando estamos tratando de crianças e adolescentes, uma vez que são vistos historicamente como pessoas subordinadas a vontades alheias, portanto não são vistos como sujeitos.

Acreditamos que o fortalecimento dos conselhos tutelares é uma ação estratégica para a efetivação do ECA. Entretanto, vimos o quanto a realidade está distante disso. Mas a realidade é dinâmica e é possível a alteração desse quadro. Apostando nisso, sugerimos uma agenda, ainda que inconclusa, de debates para os conselhos tutelares. Obviamente a agenda não está fechada e nem se esgota em si, já que, como ressaltamos no decorrer do texto, o conselho tutelar é apenas um órgão numa construção que tem que ser coletiva.

Bibliografia

ACTERJ/Associação de Conselhos Tutelares do Estado do Rio de Janeiro. *Ata do 1º Congresso Estadual de Conselhos Tutelares do Rio de Janeiro.* Rio de Janeiro: ACTERJ, 2001.

_____. *Subsídios para Grupos de Trabalho do 1º Congresso Estadual de Conselhos Tutelares do Estado do Rio de Janeiro* (coletânea de textos). Rio de Janeiro: ACTERJ, 2001.

ANDERSON, Perry. "Balanço do neoliberalismo". In: SADER, Emir e GENTILLI, Pablo (orgs.). *Pós-neoliberalismo: as políticas sociais e o Estado democrático.* Rio de Janeiro: Paz e Terra, 1996.

ANDRADE, José Eduardo de. *Conselhos tutelares: sem ou cem caminhos?* São Paulo: Veras Editora, 2000.

BRASIL. *Lei nº 8.069/90. Estatuto da Criança e do Adolescente.* Brasília: Senado Federal, 1990.

CARVALHO, Maria do Carmo. Trabalhando conselhos tutelares. *Cadernos de Ação,* nº 2, 1992, pp. 9-51.

_____. "A priorização da família na agenda da política social". In: KALOUSTIAN, S. M. (org.). *Família brasileira: a base de tudo,* São Paulo/Brasília: Cortez/UNICEF, 1994, pp. 93-108.

CONANDA. *Parâmetros para criação e funcionamento dos conselhos tutelares.* Brasília: Ministério da Justiça, 2001.

IBAM. *Análise da situação de implantação e funcionamento dos conselhos de direitos municipais, dos conselhos tutelares e dos fundos municipais da criança e do adolescente.* Rio de Janeiro: IBAM, 1998.

JÚNIOR, Almir; BEZERRA, Jaerson; HERINGER, Rosana. *Os impasses da cidadania — Infância e adolescência no Brasil.* Rio de Janeiro: IBASE, 1992.

MENDES, Alessandra Gomes. *A inserção de crianças e adolescentes em abrigos e CIEPs-residência: a experiência do conselho tutelar de São Gonçalo.* Dissertação de mestrado. Rio de Janeiro: ENSP/FIOCRUZ, 2002.

MENDES, Alessandra; GOMES, Maria Bethânia; MATOS, Maurílio; MARTINS, Mônica. *Relatório de pesquisa: condições de trabalho dos conselhos tutelares no estado do Rio de Janeiro.* São Gonçalo, mimeo., 2001.

MENDONÇA, M. Helena Magalhães. *Crianças e adolescentes pobres (de direitos): a trajetória da política social dirigida à infância pobre no Brasil republicano.* Tese de doutorado. Rio de Janeiro: Instituto de Medicina Social, Universidade do Estado do Rio de Janeiro, 2000.

MNMMR/Movimento Nacional de Meninos e Meninas de Rua. *Conselhos tutelares no Brasil: perfil dos conselheiros e atuação no sistema de garantia de direitos de crianças e de adolescentes.* Rio de Janeiro: MNMMR, 1997.

NETTO, José Paulo. *Ditadura e serviço social*. São Paulo: Cortez, 1996.

OLIVEIRA, Antônio Carlos. *Infância, adolescência e políticas públicas: discutindo conselhos, fundos e abrigos*. Rio de Janeiro: Editora Nova, 1997.

PILOTTI, Francisco. "Crise e perspectivas da assistência à infância na América Latina". In: PILOTTI, F. e RIZZINI, I. (org.). *A arte de governar crianças: a história das políticas sociais, da legislação e da assistência à infância no Brasil*. Rio de Janeiro: Editora Universitária Santa Úrsula, 1995, pp. 11-46.

SEDA, Edson. *ABC do conselho tutelar*. São Paulo: AMESC, 1992.

SPOSATI, Aldaíza. "Os desafios da municipalização do atendimento à criança e ao adolescente: o convívio entre a LOAS e o ECA". *Serviço Social & Sociedade*, nº 46. São Paulo: Cortez, 1994.

TAVARES SOARES, Laura. *Ajuste neoliberal e desajuste social na América Latina*. Rio de Janeiro: Ed. da EEAN/UFRJ, 1999.

VOGEL, Arno. "Do Estado ao Estatuto: propostas e vicissitudes da política de atendimento à infância e à adolescência no Brasil contemporâneo". In: PILOTTI, F. e RIZZINI, I. (orgs.). *A arte de governar crianças: a história das políticas sociais, da legislação e da assistência à infância no Brasil*. Rio de Janeiro: Editora. Universitária Santa Úrsula, 1995, pp. 299-346.

Posfácio

Questão social, família e juventude: desafios do trabalho do assistente social na área sociojurídica[*]

Marilda Vilella Iamamoto[**]

> A criança e o adolescente têm direito à liberdade, ao respeito e à dignidade como pessoas humanas em processo de desenvolvimento e como sujeitos de direitos civis, humanos e sociais, garantidos na Constituição e nas leis.
>
> *Estatuto da Criança e do Adolescente (art. 15)*

Introdução

O trabalho do assistente social na esfera sociojurídica tem adquirido pouca visibilidade na literatura especializada e no debate profissional das

---

[*] Texto revisto da conferência de encerramento do seminário "Serviço Social e assistência sociojurídica na área da criança e do adolescente: demandas e fazer profissional", promovido pela base de pesquisa "Trabalho profissional e proteção social", sob a coordenação da profa. dra. Maria Célia Nicolau, do Departamento de Serviço Social da UFRN. O seminário foi realizado em Natal (RN), em março de 2002, coordenado pela profa. Maria Célia Nicolau, a quem agradeço o convite a mim dirigido.

[**] Na revisão deste texto para publicação contei com a colaboração de algumas colegas, assistentes sociais com experiência na área sociojurídica e no atendimento a crianças e adolescentes, às quais agradeço: à *Elisabete Borgianni*, pela revisão do texto, preciosas sugestões e estímulos

últimas décadas. Todavia, a atuação nessa área dispõe de larga tradição e representatividade no universo profissional. A presença do Serviço Social na área sociojurídica acompanha o processo de institucionalização da profissão no país. Assim, nos finais da década de 1930, já se constata a atuação do assistente social junto ao "Juízo de Menores" e serviços especializados no Poder Executivo, tanto no Estado de São Paulo quanto no Rio de Janeiro.[1] Na atualidade, a esfera sociojurídica absorve um amplo contingente de profissionais nos níveis estadual e municipal, e dispõe de destacada importância na efetivação dos direitos de cidadania.

A renovação crítica do Serviço Social brasileiro, incorporando os influxos do movimento de reconceituação latino-americano, aprofundou-se nas esteiras das lutas democráticas que impulsionaram a crise da ditadura militar e a abertura política. Esta se consolidou no novo ordenamento sociojurídico, expresso na Constituição Cidadã de 1988 e regulamentações respectivas. As conquistas legais se refletiram no espaço ocupacional do assistente social, em especial na esfera pública, permitindo inscrever o con-

---

à sua publicação; *profa. dra. Berenice Rojas Couto*, pela leitura generosa e procedentes indicações; à *Andréia Pequeno*, por viabilizar o acesso à regulamentação das atividades do assistente social na Corregedoria de Justiça do Estado do Rio de Janeiro; à *profa. dra. Eunice Fávero*, primeira-secretária da Associação dos Assistentes Sociais e Psicólogos do Tribunal de Justiça do Estado de São Paulo (AASPTJ-SP), que possibilitou o acesso a documentos legais e estudos referentes à regulamentação das atividades do assistente social e psicólogos na Corregedoria de Justiça do Estado de São Paulo. Sou grata ainda à dra. Eunice Fávero, pela autorização para publicar os resultados dos estudos realizados pela Associação, constantes em anexo deste trabalho; à *Joana Maria Matos Machado*, pelo envio de sua dissertação de mestrado intitulada: *O trabalho do assistente social como suporte às decisões judiciais: um estudo sobre a intervenção nos processos de destituição de pátrio poder*, defendida na UNESP, Franca (SP), em 2000. Finalmente, agradeço aos organizadores desta coletânea, pelas sugestões dirigidas ao aperfeiçoamento do texto.

1. Já em 1935, é criado o Departamento de Assistência Social do Estado de São Paulo (Lei nº 2.497, de 24/12/1935), subordinado à Secretaria de Justiça e Negócios Interiores, responsável pela estruturação dos Serviços Sociais de Menores, Desvalidos, Trabalhadores e Egressos de Reformatórios, Penitenciárias, Hospitais e da Consultoria Jurídica do Serviço Social. O Decreto Estadual nº 9.744, de 19/11/1938, que reorganiza o Serviço Social de Menores, institui como privativos de assistentes sociais os cargos de subdiretor de vigilância, de comissários de menores e monitores de educação. No Rio de Janeiro, então capital federal, em 1938, o Juízo de Menores toma a iniciativa de fundar a Escola Técnica de Serviço Social (cf. Iamamoto e Carvalho, 1982). No início da década de 1940 já se constatava a presença de assistentes sociais no Tribunal de Justiça do Estado de São Paulo, mas data de 1949 a instalação oficial do Serviço Social junto à Justiça da Infância e Juventude desse estado. O Tribunal de Justiça (SP) conta atualmente com um quadro de 750 assistentes sociais (AASPTJ-SP, 2003).

teúdo e direcionamento do trabalho profissional na órbita dos direitos sociais: em sua viabilização e no acesso aos meios de exercê-los. Nesse sentido, salienta-se o *redimensionamento da seguridade social* — saúde, assistência e previdência —, com especial destaque para a assistência social, regulamentada em 1993, através da Lei Orgânica da Assistência Social (LOAS). A assistência social, pela primeira vez, é alçada à condição de política pública de caráter não contributivo, dever do Estado e direito do cidadão. Outro destaque é o Estatuto da Criança e do Adolescente (ECA), de 1990, substituindo o Código de Menores, que reconhece a criança e o adolescente como sujeitos de direitos, dispondo sobre a sua proteção integral. Inclui o direito à vida, à saúde, à liberdade, ao respeito e à dignidade, à convivência familiar e comunitária, à educação, à cultura, ao esporte e ao lazer, à profissionalização e proteção ao trabalho. Direitos esses cuja efetivação é dever de a família, a comunidade, a sociedade em geral e o poder público assegurarem.

O Estatuto normatiza a política de atendimento à infância e à juventude, mediante uma articulação entre ações governamentais e não-governamentais da União, Estados, Distrito Federal e Municípios, determinando absoluta prioridade às crianças e aos adolescentes. Envolve as políticas sociais básicas, programas e políticas de assistência social em caráter supletivo, serviços especiais de prevenção, atendimento médico e apoio social às vítimas de negligência, exploração, maus-tratos, abuso, crueldade e opressão. E ainda, os serviços de localização e identificação dos pais e responsáveis desaparecidos, assim como a proteção jurídica e social por parte de entidades de defesa dos direitos da criança e do adolescente.

Todavia, os direitos sociais proclamados nos estatutos legais nem sempre são passíveis de serem efetivados, visto que dependem de vontade política e de decisões governamentais. Com Nogueira (2001), poder-se-ia afirmar que "são direitos que carecem desesperadamente de proteção política e cultura cívica. Para serem efetivamente usufruídos, requerem mudanças nos termos da convivência social", dentro de uma estratégia radicalmente democrática.

É nesse tenso terreno sociopolítico e legal que se inscreve o cotidiano do trabalho do assistente social na área sociojurídica, o qual tem sido silenciado na literatura especializada. Entretanto, recentes iniciativas têm contribuído para reverter esse quadro, trazendo a público os dilemas do Serviço Social na área sociojurídica e alargando o espectro do debate que certamente merece ser estimulado e cultivado, mediante o incentivo de pesquisas e intercâmbio de experiências.[2]

O caráter indispensável dessa intervenção profissional tem sido reafirmado na atuação tanto junto a *adolescentes em conflito com a lei e alvo de medidas socioeducativas* (advertência, obrigação de reparar o dano, prestação de serviços à comunidade, liberdade assistida, inserção em regime de semiliberdade e internação em ambiente educacional); quanto junto a *crianças e adolescentes em situação de risco social, com direito a medidas específicas de proteção*, entre as quais: encaminhamento aos pais e responsáveis, conforme termo de responsabilidade; orientação, apoio e acompanhamento temporários, freqüência obrigatória em estabelecimento oficial de ensino; inclusão em programas de auxílio, comunitários ou oficiais; requisição de tratamento médico, psicológico/psiquiátrico em regime hospitalar ou ambulatorial; inclusão em programas de tratamento de alcoólatras e toxicômanos; abrigo e colocação em família substituta.

Como alertou Fávero,[3] a vida cotidiana das crianças e adolescentes das classes subalternas — vitimados por uma ideologia de naturalização da pobreza e da violência social de um modelo concentrador de renda, propriedade e poder — não tem adquirido a devida visibilidade no espaço público. As notícias sobre o tema só chegam à mídia e à cena pública quando representam *risco pessoal e patrimonial*. São geralmente vistos como ameaça ao ordenamento social instituído, parte de um perverso processo de *criminalização da questão social* (Ianni,1992; Guimarães,1979; Iamamoto, 2002).

---

2. Registra-se, no campo da literatura, a recente publicação de pesquisas, dissertações e teses, como, por exemplo, os livros de Fávero (2000 e 2001) sobre o pátrio poder; a organização de um número da revista *Serviço Social & Sociedade*, n° 67, sobre o tema, datado de setembro de 2001. Merece registro a inclusão da área sociojurídica, pela primeira vez, na pauta temática do X Congresso Brasileiro de Assistentes Sociais, ocorrido no Rio de Janeiro, em 2001. O seminário realizado na UFRN supra-referido é parte do esforço de romper aquele silêncio, de modo a atribuir visibilidade ao debate profissional e acadêmico. A participação maciça nesse evento, as trocas de experiências e a apresentação de pesquisas demonstram a seriedade do trabalho que vem sendo desenvolvido. Verifica-se a preocupação com a sistematização das atividades, assim como estudos sobre as expressões da questão social que se condensam na vida dos sujeitos. Ali, como em outros eventos similares, é possível recolher um rico acervo de dados referentes aos programas desenvolvidos pelos assistentes sociais e equipes interprofissionais; ao conteúdo e formas assumidas pelo trabalho profissional; às relações e condições de trabalho que os circunscrevem; assim como as competências, atribuições e meios acionados para sua operacionalização.

3. Refiro-me ao pronunciamento da pesquisadora no referido seminário.

Portanto, um dos desafios é atribuir *visibilidade e transparência a esses sujeitos de direitos:* o seu modo de vida, cultura, padrões de sociabilidade, dilemas de identidade, suas necessidades, suas lutas pelo reconhecimento efetivo da cidadania, seus sonhos e esperanças, afirmando o direito de ser criança para aqueles que vivem a experiência de uma *infância negada* (Martins, 1993) e de uma *juventude desenraizada.* O desenraizamento pessoal e social a que são submetidos nega a sua condição de sujeitos de direitos. Como assinala Simone Weil (1979:17), o enraizamento é um direito humano esquecido: todo homem tem uma raiz de participação na coletividade, que conserva vivos os tesouros do passado e outros pertencentes ao futuro. E o desafio "nem sempre é buscar o que se perdeu, mas o que pode nascer numa terra de erosão". Assim se expressa a autora:

> "O enraizamento é talvez a necessidade mais importante e desconhecida da alma humana. É uma das mais difíceis de definir. O ser humano tem uma participação real, ativa e natural na existência de uma coletividade, que conserva vivos os tesouros do passado e outros pertencentes ao futuro. Participação natural, que vem automaticamente do lugar do nascimento, profissão, do ambiente. Cada ser humano precisa ter múltiplas raízes. Precisa receber quase que a totalidade de sua vida moral, intelectual e espiritual por intermédio dos meios ambientes de que faz parte" (Weil, 1979:349).

Os assistentes sociais são chamados a colaborar na reconstrução das raízes sociais da infância e juventude, na luta pela afirmação dos direitos sociais e humanos no cotidiano da vida social de um segmento que vem sendo efetivamente destituído de direitos e privado de condições para o exercício de sua cidadania. O enraizamento envolve o estreitamento dos laços de convívio familiar, de vizinhança, de grupos de amizade; a efetiva participação na vida coletiva, o reconhecimento das expressões culturais e das identidades, entre outras dimensões. Enfim, requer considerar as relações sociais que moldam um tipo de socialização, investindo no combate a todo tipo de preconceitos, violências e desigualdades impeditivas da afirmação da criança e do adolescente enquanto sujeitos de direitos.

Nesse sentido, é preciso salientar a importância da família como um "espaço de socialização, proteção, reprodução e formação dos indivíduos" (Sales, 2002:6). A capacidade da família de prover as necessidades de seus membros encontra-se estreitamente dependente da posição que ocupa nas relações de produção e no mercado de trabalho. Como atesta Sales, é a família responsável pelo cultivo da sociabilidade e das relações de reciprocidade, permitindo forjar identidades, projetos e histórias de vida. A fragilização dos laços familiares atinge importantes raízes da vida dos indivíduos sociais.

O grupo familiar é, também, o "núcleo em torno do qual as pessoas se unem, primordialmente por razões afetivas, dentro de um projeto de vida comum, em que compartilham um cotidiano e, no decorrer das trocas intersubjetivas, transmitem tradições, planejam seu futuro, acolhem-se, atendem idosos, formam crianças e adolescentes" (Szymanski, 2002:10). A despeito das definições oficiais, a noção de família hoje se amplia, podendo ser observados vários tipos de composição familiar:

"1) família nuclear, incluindo duas gerações, com filhos biológicos; 2) famílias extensas, incluindo três ou quatro gerações; 3) famílias adotivas temporárias; 4) famílias adotivas que podem ser bi-raciais ou multiculturais; 5) casais; 6) famílias monoparentais, chefiadas por pai ou mãe; 7) casais homossexuais com ou sem crianças; 8) famílias reconstituídas depois do divórcio; 9) várias pessoas vivendo juntas, sem laços legais, mas com forte compromisso mútuo" (Kaslov, 2001:37, apud Szymanski, 2002:10).

Incorporando e extrapolando os laços familiares, o conhecimento e reconhecimento dos sujeitos com os quais se trabalha é condição para um compromisso real com a efetivação dos direitos humanos e sociais, consoante princípios e valores democráticos.

É nesse panorama que se pretende destacar algumas reflexões sobre a questão social e as particularidades do trabalho do assistente social junto à infância e juventude na área sociojurídica. Trata-se de um esforço de síntese de um debate, cuja ênfase recai sobre o trabalho profissional. A preocupação é transitar da análise da profissão de Serviço Social ao seu efetivo exercício ou, em outros termos, analisar o trabalho do assistente social em seu processo de realização nessa área, com base nos princípios ético-políticos que norteiam o projeto profissional. Isto supõe considerar as condições e relações de trabalho que demarcam o nível de autonomia do profissional, em decorrência das exigências estabelecidas nos contratos de trabalho.

A referência à área *sociojurídica* merece considerações. Envolve, mas extrapola, o *Poder Judiciário*, abrangendo as políticas públicas formuladas e implementadas pelo *Poder Executivo* no cumprimento das medidas com-

POLÍTICA SOCIAL, FAMÍLIA E JUVENTUDE

pensatórias e protetoras de caráter socioeducativo e de sanções aplicadas pelo Poder Judiciário àqueles que descumprem as normas e as leis em vigor. Abrange desde questões relativas ao sistema penitenciário e aos direitos humanos, até instituições educacionais e assistenciais do campo da seguridade social envolvidas no atendimento aos direitos consubstanciados em medidas específicas de proteção à infância e juventude. Estas supõem uma articulação de iniciativas governamentais e não governamentais nos níveis da União, estados e municípios, que envolvem deveres do poder público, da família e da sociedade em geral. Aliás, o Estatuto da Criança e do Adolescente regulamenta tanto os *direitos das crianças e adolescentes,* quanto as *políticas de atendimento,* prevendo a sua municipalização e a criação de Conselhos de Direitos da Criança e do Adolescente nos níveis municipais, estaduais e nacional. Estes são órgãos deliberativos e de controle das ações em todos os níveis da federação, asseguradas a participação popular paritária por meio de organizações representativas e a manutenção de fundos, nos diferentes níveis de governo, vinculados aos respectivos conselhos. O texto legal estabelece ainda a integração operacional dos órgãos do Judiciário, Ministério Público, Defensoria, Segurança Pública e Assistência Social, para agilização do atendimento inicial ao adolescente a quem se atribua autoria de ato infracional. São de responsabilidade das entidades de atendimento — governamentais e não governamentais — a sua manutenção, assim como o planejamento e execução de programas de proteção e socioeducativos para crianças e adolescentes em regime de: orientação e apoio sociofamiliar, apoio socioeducativo em meio aberto, colocação familiar, abrigo, liberdade assistida, semiliberdade e internação. A fiscalização dessas entidades cabe ao Judiciário, ao Ministério Público e aos conselhos tutelares.

Como pensar as particularidades do trabalho do assistente social na área sociojurídica? O tema será desenvolvido abordando as relações entre questão social e trabalho profissional e indicando alguns desafios do trabalho do assistente social junto a crianças e adolescentes no marco do Poder Judiciário, nas Varas da Infância e Juventude.[4]

---

4. Assim, este texto não inclui a atuação do assistente social no conjunto da área sociojurídica. Esta envolve o complexo de questões relativas ao conjunto do Poder Judiciário e ao sistema penitenciário, sob a responsabilidade do Poder Executivo. No âmbito do Poder Judiciário, o texto está circunscrito fundamentalmente às situações regidas pelo Estatuto da Criança e do Adolescente, alvo das Varas da Infância e Juventude.

I. Questão social e trabalho profissional*

A questão social é indissociável da forma de organização da sociedade capitalista,[5] e diz respeito ao conjunto das expressões das desigualdades sociais nela engendradas, impensáveis sem a intermediação do Estado. Tem sua *gênese* no caráter coletivo da produção, contraposto à apropriação privada da própria atividade humana — o trabalho —, das condições necessárias à sua realização, assim como de seus frutos. É indissociável da emergência do "trabalhador livre", que depende da venda de sua força de trabalho como meio de satisfação de suas necessidades vitais. A questão social expressa, portanto, *desigualdades econômicas, políticas e culturais das classes sociais, mediatizadas por disparidades nas relações de gênero, características étnico-raciais e formações regionais,* colocando em causa amplos segmentos da sociedade civil no acesso aos bens da civilização. Dispondo de uma dimensão estrutural, ela atinge visceralmente a vida dos sujeitos numa *luta aberta e surda pela cidadania* (Ianni, 1992), no embate pelo *respeito aos direitos civis, sociais e políticos* e *aos direitos humanos.*

É importante ter presente que foram as lutas sociais que romperam o domínio privado nas relações entre capital e trabalho, extrapolando a questão social para a esfera pública. Ela passa a exigir a interferência do Estado no reconhecimento e na legalização de direitos e deveres dos sujeitos sociais envolvidos, consubstanciados nas políticas e serviços sociais. *É na tensão entre produção da desigualdade e produção da rebeldia e da resistência, que trabalham os assistentes sociais, situados em um terreno movido por interesses sociais distintos e contraditórios, dos quais não é possível abstrair ou deles fugir, porque tecem a vida em sociedade.*

Exatamente por isso, decifrar as *novas mediações,* através das quais se expressa a questão social hoje, é de fundamental importância para o Serviço Social, em uma *dupla perspectiva*: para que se possa tanto *apreender as várias expressões que assumem, na atualidade, as desigualdades sociais* — sua produção e reprodução ampliada — quanto projetar e forjar *formas de resis-*

---

* Recolho, neste item, alguns extratos do texto, de minha autoria, "Projeto profissional, espaços ocupacionais e trabalho do (a) assistente social". In: CFESS. *Atribuições privativas do assistente social em questão.* Brasília (DF), fevereiro de 2002, pp. 13-50.

5. Em outra ocasião, analisei os fundamentos da gênese da "questão social" na dinâmica capitalista. Cf. Iamamoto, 2001.

tência e de defesa da vida. Formas de resistência já presentes, por vezes de forma parcialmente ocultas, no cotidiano dos segmentos majoritários da população que dependem do trabalho para a sua sobrevivência. Assim, apreender a questão social é também captar as múltiplas formas de pressão social, de *invenção e de re-invenção da vida construídas no cotidiano* e no presente, por meio das quais são recriadas formas novas de viver, que apontam para um futuro que está sendo germinado.

Se a questão social é uma velha questão social, inscrita na própria natureza das relações sociais capitalistas, ela também tem novas *roupagens, novas expressões, em decorrência dos processos históricos que a redimensionam na atualidade,* aprofundando suas contradições. *Alteram-se as bases históricas em que ocorre a sua produção e reprodução* na *periferia dos centros mundiais, em um contexto de globalização da produção, dos mercados, da política e da cultura, sob a égide do capital financeiro, as quais são acompanhadas por lutas veladas e abertas nitidamente desiguais.*

Como sustenta Salama (1999), *a lógica financeira do regime de acumulação tende a provocar crises que se projetam no mundo, gerando recessão, e se encontram na raiz da radicalização da questão social. É resultante dessa lógica a volatividade do crescimento, que redunda em maior concentração de renda, da propriedade e aumento da pobreza. Atinge não apenas as periferias dos centros mundiais, mas os recônditos mais sagrados do capitalismo mundial.* A abertura abrupta da economia dos países da periferia dos centros mundiais, conforme orientação dos organismos multilaterais, vem redundando em uma ampliação do *déficit* da balança comercial, no fechamento de empresas nacionais, na elevação das taxas de juros e no ingresso maciço de capitais especulativos. A economia passa a se mover entre a reestruturação de sua indústria e a destruição de parte do aparato industrial, que não resiste à competitividade dos grandes oligopólios e à grande expansão das exportações e importações. Cresce a necessidade de financiamento externo e, com ele, a dívida interna e externa e os serviços da dívida — os pagamento de juros —, ampliando o *déficit* comercial. As exigências de pagamento dos serviços da dívida, aliadas a elevadas taxas de juros, geram escassez de recursos para investimento e custeio. Favorecem os *investimentos especulativos em detrimento da produção,* o que se encontra na raiz da redução dos níveis de emprego, do agravamento da "questão social" e da regressão das políticas sociais públicas.

Na esfera da *produção,* a "flexibilidade" sintetiza a orientação desse momento econômico, afetando os processos de trabalho, as formas de gestão da força de trabalho, o mercado e os direitos trabalhistas, os padrões de consumo etc. Atinge visceralmente as lutas sociais e sindicais em um quadro de recessão e desemprego. Estabelece-se uma ampla competitividade no cenário internacional e a qualidade dos produtos é erigida como requisito para enfrentar a concorrência. *A exigência é reduzir custos e ampliar as taxas de lucratividade. Nesta lógica, o rebaixamento dos custos do chamado "fator trabalho" tem peso importante, envolvendo o embate contra a organização e as lutas sindicais, os cortes de salário e na contratação, além dos direitos conquistados.* Esse processo atinge o conjunto dos trabalhadores, inclusive os assistentes sociais. A necessidade de redução de custos para o capital redunda na figura do trabalhador polivalente, em um amplo enxugamento das empresas, com a terceirização dos serviços e a decorrente redução do quadro de pessoal, tanto na esfera privada quanto governamental, ampliando o desemprego e a pobreza. A concorrência entre os capitais estimula um acelerado desenvolvimento científico e tecnológico, que revoluciona a produção de bens e serviços. Apoiada na robótica, na microeletrônica, na informática, dentre outros avanços científicos, a reestruturação produtiva afeta radicalmente a produção de bens e serviços, a organização e gestão do trabalho, as condições e relações de trabalho, assim como o conteúdo do próprio trabalho. Verificam-se, em decorrência, mudanças nas formas de organizar a produção e consumir a força de trabalho, envolvendo ampla redução dos postos de trabalho e a precarização das condições de trabalho. É reforçada a tendência do capital de reduzir a demanda de trabalho vivo frente ao trabalho passado, incorporado nos meios de produção, potenciando os níveis de produtividade do trabalho, cuja contrapartida é o aumento da população excedente para as necessidades médias do capital, ampliando o processo de pauperização relativa de enormes segmentos trabalhadores em proporção aos crescentes níveis de concentração e centralização do capital, inerentes à acumulação capitalista, sob inéditas condições históricas.

Entretanto, é importante relembrar que a reestruturação produtiva convive, no país, com um fordismo incompleto e com formas tradicionais e arcaicas de exploração da força de trabalho, sedimentadas na formação econômica e política da sociedade brasileira: o trabalho clandestino, o trabalho escravo, as grilagens de terra, as invasões de territórios e nações indígenas etc.

Complementam esse quadro dos novos determinantes históricos da "questão social" radicais mudanças nas relações Estado/sociedade civil,

POLÍTICA SOCIAL, FAMÍLIA E JUVENTUDE   271

segundo as políticas de ajuste recomendadas pelos organismos internacionais, sob a inspiração neoliberal. Por *meio de uma vigorosa intervenção estatal a serviço dos interesses privados articulados no bloco do poder, contraditoriamente, conclama-se a necessidade de reduzir a ação do Estado ante a questão social, mediante a restrição de gastos sociais, justificada a partir da crise fiscal do Estado*. O resultante é *um amplo processo de privatização da coisa pública:* um Estado cada vez mais submetido aos interesses econômicos e políticos dominantes no cenário internacional e nacional, renunciando a dimensões importantes da soberania da nação, em nome dos interesses do grande capital financeiro e de honrar os compromissos morais com as dívidas interna e externa. Segundo a orientação política neoliberal, os serviços públicos, organizados à base de princípios de universalidade e gratuidade, superdimensionam o gasto estatal. A proposta é, pois, reduzir despesas (e, em especial, os gastos sociais), diminuir atendimentos, restringir meios financeiros, materiais e humanos para implementação dos projetos. *E o assistente social, que é chamado a implementar e viabilizar direitos sociais e os meios de exercê-los, vê-se tolhido em suas ações, que dependem de recursos, condições e meios de trabalho cada vez mais escassos para operar as políticas e serviços sociais públicos.*

Tais processos atingem não só a economia e a política, mas afetam *as formas de sociabilidade*. A lógica pragmática e produtivista transforma a competitividade, a rentabilidade, a eficácia e eficiência em critérios para referenciar as análises sobre a vida em sociedade. Forja-se, assim, uma *mentalidade utilitária* que reforça o individualismo, em que cada um é chamado a "se virar" no mercado. Ao lado da naturalização da sociedade, ativam-se os apelos morais à solidariedade, no verso da crescente degradação das condições de vida das grandes maiorias. Esse cenário, de nítido teor conservador, atinge as formas culturais, a subjetividade, a sociabilidade, as identidades coletivas, erodindo projetos e utopias. Estimula um clima de incertezas e desesperanças. A debilitação das redes de sociabilidade e sua subordinação às leis mercantis estimulam atitudes e condutas centradas no indivíduo isolado, em que cada um "é livre" para assumir os riscos, opções e responsabilidades por seus atos em uma sociedade de desiguais.

Nesse contexto, é fundamental o rumo ético-político do projeto profissional, estimulando uma cultura democrática, o apreço à coisa pública, atentando à dimensão cultural do trabalho cotidiano do assistente social. Esse projeto contrapõe-se à difusão dos valores liberais que geram desesperança e encobrem a efetiva apreensão da dimensão coletiva das situações sociais presentes na vida dos indivíduos e grupos das diferentes classes sociais, embora não eliminem sua existência objetiva.

As configurações assumidas pela "questão social" são condicionadas pela formação política brasileira, em que os trabalhadores foram historicamente tratados como súditos receptores de benefícios e favores, e não como cidadãos portadores de direitos. A análise macroscópica da questão social, tal como indicada acima, não é apenas um pano de fundo de suas características estruturais, mas expressa uma realidade que conforma a vida dos sujeitos individuais e coletivos. O assistente social *não trabalha com fragmentos da vida social, mas com indivíduos sociais que se constituem na vida em sociedade e condensam em si a vida social.* As situações singulares vivenciadas pelos indivíduos são portadoras de dimensões universais e particulares das expressões da questão social, condensadas na história de vida de cada um deles. O conhecimento das condições de vida dos sujeitos permite ao assistente social dispor de um conjunto de informações que, iluminadas por uma perspectiva teórica crítica, possibilitam apreender e revelar as novas faces e os novos meandros da questão social, que desafia a cada momento o desempenho profissional: a falta de atendimento às suas necessidades na esfera da saúde, da habitação, da assistência; nas precárias condições de vida das famílias; na situação das crianças de rua; no trabalho infantil; na violência doméstica, entre inúmeros outros exemplos.

As estratégias para fazer frente à questão social têm sido tensionadas por projetos sociais distintos, que convivem em luta no seu interior, os quais presidem a estruturação e a implementação das políticas sociais públicas e dos serviços sociais referentes aos direitos legais atinentes aos poderes do Estado — Legislativo, Executivo e Judiciário. Vive-se uma tensão entre a defesa dos direitos sociais e a privatização/mercantilização do atendimento às necessidades sociais, com claras implicações nas condições e relações de trabalho do assistente social.

De um lado, tem-se um projeto, de *caráter universalista e democrático,* que informa a concepção da seguridade na Constituição Federativa de 1988, que nos norteia e do qual somos parte. Aposta no avanço da democracia, fundado nos princípios da participação e do controle popular, da universalização dos direitos, garantindo a gratuidade no acesso aos serviços, a integralidade das ações voltadas à defesa da cidadania de todos na perspectiva da eqüidade. Afirma a primazia do Estado — enquanto instância fundamental à sua universalização — na condução das políticas públicas, o respeito ao pacto federativo, estimulando a descentralização e a democratização das políticas sociais no atendimento às necessidades das maiorias. Implica partilha e deslocamento de poder, além de uma nova concepção de gestão. Não a gestão meramente burocrática, mas aquela que politiza a participação, ao reconhecer uma arena de interesses a serem negociados em espaços públicos de representação, combinando instrumentos de democracia representativa e democracia direta.

Esse projeto é respaldado na legalidade democrática e enraizado nas forças sociais progressistas em luta pela hegemonia na arena social. No Brasil, no âmbito governamental, é da maior importância o trabalho realizado pelos assistentes sociais nesse campo, merecendo destaque a atuação junto aos conselhos de saúde e de assistência social, nas esferas nacional, estadual e municipal, além dos conselhos tutelares e conselhos de direitos — responsáveis pela formulação de políticas públicas para a terceira idade, pessoas portadoras de necessidades especiais e para a criança e o adolescente.

Faz-se necessário, portanto, reforçar uma *permanente articulação política no âmbito da sociedade civil organizada, para definir propostas e estratégias comuns ao campo democrático.* Esse projeto requer ações voltadas *ao fortalecimento dos sujeitos coletivos, dos direitos sociais, e a necessidade de organização para a sua defesa,* construindo alianças com os usuários dos serviços, com suas organizações, para efetivação dos mesmos.

Esse primeiro projeto, que tem bases históricas reais, é sustentado por forças vivas da sociedade — por isso não é uma ilusão, mas uma possibilidade real —, é tensionado por um outro tipo de requisição, de inspiração neoliberal, que *subordina os direitos sociais à lógica orçamentária; a política social à política econômica, em especial às dotações orçamentárias; e,* no Brasil, *subverte o preceito constitucional.* Observa-se uma inversão e uma subversão: ao invés do direito constitucional impor e orientar a distribuição das verbas orçamentárias, o dever legal passa a ser submetido à disponibilidade de recursos. São as definições orçamentárias que se tornam parâmetros para a implementação dos direitos sociais, justificando as prioridades governamentais. A leitura dos orçamentos governamentais, apreendidos como uma peça técnica, silencia sobre os critérios políticos que norteiam a eleição das prioridades nos gastos, estabelecidas pelo bloco do poder. *A elaboração e interpretação dos orçamentos passam a ser efetuadas segundo os parâmetros empresariais de custo/benefício, eficácia/inoperância, produtividade/rentabilidade. O resultado é a subordina-*

ção da resposta às necessidades sociais à mecânica técnica e contábil do orçamento público orientadas por uma racionalidade instrumental. A democracia vê-se reduzida a um "modelo de gestão", desaparecendo os sujeitos e a arena pública em que expressam e defendem os seus interesses.

Assim, as condições e relações de trabalho em que estão inscritos os assistentes sociais são indissociáveis da "Reforma do Estado", que redimensiona as relações entre o Estado e a sociedade, e atinge as políticas e/ou ações voltadas à questão social. Na ótica oficial, é necessário ultrapassar a administração pública tradicional, centralizada e burocrática. Considera-se que o Estado deva permanecer na retaguarda, na condição de promotor e regulador do desenvolvimento econômico e social.

Observa-se uma clara tendência de deslocamento das ações governamentais públicas — de abrangência universal — no trato das necessidades sociais em favor de sua privatização, instituindo critérios de seletividade no atendimento aos diretos sociais. Esse *deslocamento da satisfação de necessidades da esfera pública para a esfera privada ocorre em detrimento das lutas e de conquistas sociais e políticas extensivas a todos. É exatamente o legado de direitos conquistados nos últimos séculos que hoje está sendo desmontado nos governos de orientação neoliberal, em uma nítida regressão da cidadania, que tende a ser reduzida às suas dimensões civil e política, erodindo a cidadania social.* Transfere-se para distintos segmentos da sociedade civil significativa parcela da prestação de serviços sociais, afetando diretamente o espaço ocupacional de várias categorias profissionais, dentre as quais os assistentes sociais.

Esse processo expressa-se em uma dupla via: de um lado, na transferência de responsabilidades governamentais para "organizações da sociedade civil de interesse público" e, de outro lado, em uma *crescente mercantilização do atendimento às necessidades sociais*, o que é evidente no campo da saúde, da educação, entre muitos outros. Ambos expressam a forma despolitizada de abordagem da questão social.[6]

---

6. Nessa proposta merece destaque a noção de *sociedade civil*, a qual, por um malabarismo ideológico, tende a ser reduzida ao terceiro setor e com ele identificada. No marco legal do terceiro setor, são incluídas entidades de natureza as mais variadas, que estabelecem um termo de parceria entre entidades de fins públicos de origem diversa (estatal e social) e de natureza distinta (pública ou privada). Engloba, sob o mesmo título, as tradicionais instituições filantrópicas; o voluntariado e organizações não governamentais: desde aquelas combativas, que emergiram no campo dos movimentos sociais, àquelas com filiações político-ideológicas as mais distintas, além da denominada "filantropia empresarial". Chama atenção a tendência de estabelecer uma identi-

A universalidade no acesso aos programas e projetos sociais — o que significa serem abertos a todos os cidadãos —, só é possível no âmbito do Estado. Este, ainda que seja um Estado de classe, dispõe de uma dimensão pública que expressa a luta pelos interesses da coletividade. Projetos levados a efeito por organizações privadas apresentam uma característica básica que os diferencia: não se movem pelo interesse público e sim pelo interesse privado de certos grupos e segmentos sociais, reforçando a seletividade no atendimento, segundo critérios estabelecidos pelos mantenedores e não fruto de uma negociação coletiva. A decisão quanto ao acesso ou não aos serviços, ao passar da esfera pública para a esfera privada, deixa de ser um direito resguardado por lei e passível de ser defendido na justiça.

Uma outra tendência é a *progressiva mercantilização do atendimento das necessidades sociais*, que acompanha a privatização das políticas sociais. Os serviços sociais deixam de expressar direitos sociais, metamorfoseando-se em atividade de *outra natureza*, inscrita no circuito de compra e venda de mercadorias, em detrimento dos direitos sociais de cidadania, que, em sua necessária dimensão de universalidade, requer a ingerência do Estado. Os substitutivos são *os direitos atinentes à condição de consumidor* (cf. Mota, 1995). Quem julga a pertinência e qualidade dos serviços prestados são os que, através do consumo, renovam sua necessidade social. O dinheiro aparece em cena como meio de circulação, intermediando a compra e venda de serviços, em cujo âmbito se inscreve o assistente social. O grande capital, ao investir nos serviços sociais, passa a demonstrar uma "preocupação humanitária", coadjuvante da ampliação dos níveis de rentabilidade das empresas, moralizando sua imagem social. Trata-se, ainda, de um reforço à necessidade de transformar propósitos de classes e grupos sociais específi-

---

dade entre terceiro setor e sociedade civil. Esta passa a ser reduzida a um conjunto de organizações — as chamadas entidades civis sem fins lucrativos —, sendo dela excluídos os órgãos de representação política, como sindicatos e partidos, dentro de um amplo processo de despolitização. A sociedade civil tende a ser interpretada como um conjunto de organizações distintas e "complementares", destituída dos conflitos e tensões de classe, em que prevalecem os laços de solidariedade. Os antagonismos desaparecem nessa interpretação, pois na teoria é fácil eliminá-los por meio de um malabarismo ideológico, ainda que continuem a ser produzidos e reproduzidos na vida social real. A coesão social é salientada, acompanhada de um forte apelo moral ao "bem comum", discurso esse que corre paralelo à reprodução ampliada das desigualdades, da pobreza e violência. Estas tendem a ser naturalizadas, onde o horizonte é a redução de seus índices mais alarmantes. Na contrapartida, colocar a questão social como matéria do Serviço Social é afirmar o reconhecimento da sociedade de classes.

cos em propósitos de toda a sociedade: velha artimanha, historicamente assumida pelo Estado e que hoje tem a mídia como importante aliada nesse empreendimento.

Os assistentes sociais trabalham com as mais diversas expressões da questão social, esclarecendo a população sobre seus direitos sociais e os meios de ter acesso aos mesmos. O significado desse trabalho muda radicalmente, ao se voltar aos direitos e deveres referentes às operações de compra e de venda. Enquanto os direitos sociais são fruto de lutas sociais e negociações com o bloco do poder para o seu reconhecimento legal, a compra e a venda de serviços no atendimento a necessidades sociais de educação, saúde, habitação, assistência social etc. pertencem a outro domínio — o do mercado —, mediação necessária à realização do valor e, eventualmente, da mais-valia, decorrente da industrialização dos serviços.

Historicamente, os assistentes sociais dedicaram-se à implementação de políticas públicas, localizados na linha de frente das relações entre população e instituição. Embora este seja ainda o perfil predominante, não é mais exclusivo, sendo abertas outras possibilidades.

O processo de descentralização das políticas sociais públicas com ênfase na sua municipalização requer dos assistentes sociais — na esfera do Poder Executivo — novas *funções e competências*. O profissional deve dispor de competências para *atuar na esfera da formulação e avaliação de políticas, assim como do planejamento e gestão, inscritos em equipes interdisciplinares que tensionam a identidade profissional*. Amplia-se o espaço ocupacional para atividades relacionadas à implantação e orientação de conselhos de políticas públicas, à capacitação de conselheiros, à elaboração de planos de assistência social, acompanhamento e avaliação de programas e projetos. Tais inserções são acompanhadas de novas exigências de qualificação, tais como o domínio de conhecimentos para realizar diagnósticos socioeconômicos de municípios e para a leitura e análise dos orçamentos públicos, identificando recursos disponíveis para projetar ações; o domínio do processo de planejamento; a competência no gerenciamento e avaliação de programas e projetos sociais; a capacidade de negociação; o conhecimento e o *know-how* na área de recursos humanos e relações no trabalho, entre outras. Somam-se possibilidades de trabalho nos níveis de *assessoria e consultoria* para profissionais mais experientes e qualificados. Registram-se, ainda, requisições no campo da pesquisa, de estudos e planejamento, dentre outras funções.

A reestruturação dos processos de trabalho e das formas de gestão não incide apenas na esfera empresarial, mas afeta os organismos estatais e privados, estabelecendo novas formas de organização do trabalho coletivo na produção de bens e prestação de serviços. Alteram-se as demandas e, conseqüentemente, os assistentes sociais passam a executar funções que, muitas vezes, não são por eles reconhecidas como *atribuições privativas*, tal como estabelecidas tradicionalmente. Passam a ser requisitados a atuar nos níveis de planejamento, assessoria, coordenação, representação, analistas de recursos humanos etc. A forma anterior de estruturar os serviços por meio de Departamentos, Setores e Coordenações tende a se extinguir, sendo substituída por coordenações de programas e projetos, níveis de assessoria, consultoria, coordenação e gestão, em geral de caráter interprofissional. Configura-se ampla mutação dos espaços ocupacionais em função das mudanças macroscópicas consideradas.

O fato de se atribuir centralidade às expressões da questão social como matéria do Serviço Social, sem menosprezar a mediação fundamental das políticas sociais no exercício profissional, *permite considerar as inserções profissionais nos poderes Legislativo e Judiciário, os quais, dada a sua própria natureza, não têm a atribuição de implementar diretamente políticas sociais públicas.*

É de suma importância para a consolidação do projeto ético-político profissional impulsionar um conhecimento criterioso do modo de vida e de trabalho — e correspondentes expressões culturais — dos segmentos populacionais atendidos, criando um acervo de dados sobre as expressões da questão social nos diferentes espaços ocupacionais do assistente social. A aproximação à população é uma das condições para impulsionar ações inovadoras no sentido de reconhecer e atender às efetivas necessidades dos segmentos subalternizados. Caso contrário, o assistente social poderá dispor de um discurso de compromisso ético-político com a população sobreposto a uma *relação de estranhamento* perante essa população, reeditando programas e projetos alheios às suas necessidades, ainda que em nome do compromisso. Para um compromisso com o usuário, é necessário romper as rotinas e a burocracia estéreis; potenciar as coletas de informações nos atendimentos, pensar a reorganização dos planos de trabalho, tendo em vista as reais condições de vida dos usuários; e articular as ações profissionais com as formas de representação coletivas dos usuários e com os recursos institucionais disponíveis.

Em outros termos, identificar como a questão social vem forjando a vida material, a cultura, a sociabilidade, afetando a dignidade da população atendida. Enfim, é o conhecimento criterioso dos processos sociais e sua vivência pelos indivíduos sociais que poderá alimentar propostas inovadoras, capazes de propiciar o reconhecimento e atendimento às efetivas necessidades sociais dos segmentos subalternizados, alvos das ações institucionais. Aquele conhecimento é pré-requisito para impulsionar a consciência crítica e uma cultura pública democrática para além das mistificações difundidas pela mídia. Exige também estratégias técnicas e políticas na área da comunicação social — no emprego da linguagem escrita, oral e midiática —, para o desencadeamento de ações coletivas que viabilizem propostas profissionais capazes de ir além das demandas instituídas.

II. Particularidades e desafios do trabalho do assistente social junto a crianças e adolescentes no Poder Judiciário

1. O primeiro a considerar são alguns traços determinantes da *instituição judiciária*. Atravessado pela tradição do *positivismo jurídico*, o direito busca afirmar a sua "pureza científica e metodológica", autonomizado das demais disciplinas e da dinâmica das desigualdades da vida real, a serviço de um ilusório interesse geral. Alia-se a esse componente uma cultura organizacional, com fortes traços de *superioridade e comando, pouco sensível à incorporação dos influxos oriundos do processo de democratização*. O Poder Judiciário sofre os impactos das novas formas de organização econômica e configurações do Estado, no universo da mundialização do capital, da reestruturação produtiva e das políticas neoliberais, que vêm estabelecendo parâmetros para a "reforma do Estado" (cf. Faria, 2001), com refrações na reforma do Poder Judiciário.

Toda sociedade, para preservação de suas atividades econômico-sociais, exige um conjunto de normas, "valores" e princípios jurídicos. Na sociedade capitalista, *o reino da mercadoria desdobra-se no circuito das relações contratuais*, exigindo um conjunto de códigos que formalizam e institucionalizam as relações de propriedade inerentes às relações de produção que dão vida a essa sociedade.[7] É a relação de equivalência envolvida nas tro-

---

7. "Porque a troca de mercadorias à escala da sociedade no seu pleno desabrochar, favorecida notadamente pela concessão de empréstimos e de créditos, engendrava complexas relações

POLÍTICA SOCIAL, FAMÍLIA E JUVENTUDE

cas mercantis que funda a idéia de equivalência jurídica. Ou em outros termos, a *forma jurídica* — inerente à relação contratual entre livres proprietários privados de mercadorias equivalentes — só se constitui quando as relações mercantis se generalizam:

> "Para vincular essas coisas entre si como mercadorias, os guardiões das mesmas devem relacionar-se mutuamente como *personas*, cuja *vontade* reside em tais objetos, de tal modo que um só com a anuência da vontade do outro, ou seja, mediante um ato de vontade comum a ambos, apropria-se da mercadoria alheia e aliena a sua própria. Os dois devem reconhecer-se como *proprietários privados*. Essa *relação jurídica*, cuja forma é o *contrato* — legalmente formulado ou não — é uma *relação entre vontades* na qual se reflete a relação econômica. O *conteúdo* de tal *relação jurídica ou entre vontades é dado pela relação econômica mesma*. Aqui as pessoas só existem umas para as outras como representantes da mercadoria e por fim como possuidores de mercadorias" (Marx, 1985:104-105 — grifos no original).

O direito, como *forma* das relações sociais,[8] é mais durável que as próprias relações de produção, como ilustra o direito romano. Na sociedade burguesa, em decorrência da expansão da divisão do trabalho e da propriedade privada capitalista — e conflitos de interesses a ela inerentes —, o código tem uma importância fundamental no estabelecimento de uma *coerência formal* das desigualdades de interesses privados e conflitos entre os indivíduos atomizados. Entretanto, *os esforços de formalização para atribuir coerência ao caos das iniciativas individuais não podem eliminar as contradições presentes nas relações sociais*. Todavia, lhes impõem uma norma, por meio da qual os conflitos são abafados e atenuados. Assim, na sociedade capitalista, as relações jurídicas codificadas — que dispõem de certa elasticidade e ca-

---

contratuais. E exigia, por isso, regras de validade geral, que não podiam ser editadas senão pela coletividade — normas jurídicas fixadas pelo Estado. Imaginava-se que essas normas jurídicas não tinham por origem fatos econômicos, mas que era a sua codificação formal pelo Estado que as fazia nascer. E porque a concorrência, que é a forma fundamental das relações entre livres produtores de mercadorias, é a maior niveladora que existe, a igualdade diante da lei tornou-se o grande grito de guerra da burguesia. A luta da classe ascendente contra os senhores feudais e a monarquia absoluta que então os protegia, devia necessariamente, como toda luta de classes, ser uma luta política, uma luta pela posse do Estado. E era, necessariamente, uma luta para a satisfação de reivindicações jurídicas; fato que contribuiu para consolidar a concepção jurídica do mundo" (Engels, 1980:1).

8. Cf. Naves (2000) e Naves e Barros (1980).

pacidade de adaptação — só se justificam pelo caráter essencialmente desigual da sociedade de classes ou, nos termos de Lefèbvre (1979:83), *a justiça do direito é o corolário da injustiça.*

Na sociedade brasileira, a tensão entre cidadania e classe, igualdade jurídica e desigualdade econômica adquire tonalidades mais fortes e particulares em decorrência da formação histórica do país. No Brasil, a cidadania social só tardiamente expandiu-se ao conjunto das classes subalternas em termos de cobertura legal. Foi com a reforma constitucional de 1988 que os direitos sociais e trabalhistas atingiram a totalidade dos trabalhadores urbanos e rurais. A nossa história traz fortes marcas do escravismo colonial e de uma cultura política brasileira atravessada pelo patrimonialismo, pela herança dos "coronelismos" e "populismos". Sedimentou, pois, uma cultura política em que os subalternos foram historicamente tratados como súditos e não como cidadãos dotados de direitos reclamáveis juridicamente. Nesse quadro histórico, o Poder Judiciário dispõe, na atualidade, de uma importância especial na luta pela afirmação e reconhecimento do estatuto de cidadania de parte daqueles que dela foram alijados em nossa história, colaborando na sua afirmação enquanto sujeitos de direitos.

Todavia, o Poder Judiciário, enquanto parte do poder de Estado, também carrega fortes marcas do *saber burocrático*, próprio dos aparelhos estatais, o que se espraia na cultura das repartições públicas e de seus agentes e que pode impregnar os profissionais que aí atuam. Lefèbvre (1979:104-107) sustenta que o *saber burocrático*, que erige a burocracia em critério de verdade, esforça-se por se constituir como um "saber sistemático", manifesto *no segredo e na competência das repartições públicas e, em geral, dos peritos que aí se encontram.* Traduz, de fato, por uma *hierarquia do saber,* em que os inferiores acreditam ser a "cabeça superior" capaz de compreender o racional, o geral — *o saber sagrado* —, em contraposição ao saber profano civil (empírico, prático, obtido no trabalho e na divisão do trabalho).

Entretanto, é o jogo das relações entre as classes e grupos sociais que explica as "representações", isto é, sua maneira de se verem e se compreenderem. A divisão do trabalho e as relações sociais dela derivadas, assentadas na propriedade privada capitalista, atribuem à burocracia sua base, qual seja, a *separação entre os interesses particulares e o interesse geral*: cisão no interior do humano entre o privado e o público. Ao buscar organizar formalmente esse conteúdo, a burocracia torna-se *formalismo* e, como tal, se pretende "consciência superior" e "vontade" do Estado, isto é, poder do

Estado. No tratamento burocrático dos homens e das coisas, que envolve atos, poderes e vontades, os seres reais são tratados de *modo invertido*, ou seja, não como são na realidade, mas de acordo com sua imagem no mundo da burocracia. Assim, a racionalidade burocrática adquire uma significação contrária à que se autoproclama — portadora do interesse geral, de toda a sociedade — e se revela como irrealidade de um mundo invertido.[9]

O espírito da burocracia é o segredo de sua *competência, guardada pela hierarquia, pelo caráter fechado da corporação burocrática*. Inserida entre o Estado e a opinião pública, a burocracia propõe-se a impedir a profanação do Estado, tido como espírito supremo, coroa da cabeça burocrática. O princípio efetivo da burocracia é o *culto à autoridade*, que constitui a mentalidade burocrática por excelência, em contradição com o sistema de saber. A representação idealizada das altas esferas se materializa no reclamo à sórdida obediência passiva aos mecanismos da atividade fixada em formas e rotinas (Lefebvre, 1979).[10] Esse *ethos* da burocracia impregna também a atuação dos profissionais de Serviço Social.

Junto às imposições do saber burocrático, no trato com as classes subalternas, o Poder Judiciário vive a tensão entre dois papéis contraditórios, que se expressa nas Varas da Infância e Juventude:

---

9. "Justamente porque os indivíduos procuram apenas o interesse particular, que para eles não coincide com o seu interesse coletivo (o geral é, de fato, a forma ilusória de coletividade) este interesse comum faz-se valer como um interesse 'estranho' aos indivíduos, 'independente' deles, como um interesse 'geral' especial e peculiar; ou têm que enfrentar-se com este conflito, tal como na democracia. Por outro lado, a luta *prática* destes interesses particulares, que constantemente e de modo *real* chocam-se com os interesses coletivos e ilusoriamente tidos como coletivos, torna necessários o controle e a intervenção *prática* através do ilusório interesse geral como Estado" (Marx e Engels, 1977:47).

10. Vazquez (1968), na apresentação da obra de Marx, *Crítica da Filosofia do Direito de Hegel*, referenda essa análise. Para Marx, a burocracia, longe de assegurar o interesse geral, introduz o interesse particular na esfera mesma do Estado. A burocracia, ainda que se identifique formalmente como os fins do Estado, na realidade não faz mais que identificar os fins do Estado com os seus próprios, assumindo-o como sua propriedade privada. Assim, tem que excluir tudo o que implica controle e publicidade. Por isto, "o espírito geral da burocracia é o segredo, os mistérios do Estado guardados em seu seio pela hierarquia, e para fora, por seu caráter de corporação fechada. O espírito do Estado, ao ser conhecido por todos, como também a opinião pública, aparecem ante a burocracia como uma traição ao seu mistério. A autoridade é, em conseqüência, o princípio da sua sabedoria, e a idolatria da autoridade constitui seu sentimento" (Marx, apud Vazquez, 1968:8).

"Um, de *natureza essencialmente punitiva*, aplicável aos segmentos marginalizados; outro, de *natureza eminentemente distributiva*, o que implica, além da coragem e determinação política, a adoção de critérios compensatórios e protetores a favor desses mesmos segmentos, tendo em vista a instituição de padrões mínimos de eqüidade, integração e coesão sociais" (Faria, 2001:17).

Por outro lado, a fixidez da normatização legal choca-se com a dinâmica societária, uma vez que as relações interpessoais e intersubjetivas, em seus componentes históricos e sociais, são datadas e dinâmicas. Ocorre amiúde uma *defasagem temporal e sócio-histórica entre as normas legais e a dinâmica societária*. Além disso, observa-se, ainda, a *coexistência de textos legais de diferentes épocas*, a exemplo do Código Civil, de 1916, e o Estatuto da Criança e do Adolescente (ECA) (Lei nº 8.069, de 13/7/1990). O Novo Código Civil (Lei nº 10.406, de 10/1/2002) só entrou em vigor em janeiro de 2003,[11] o que impõe a sua apropriação para identificar as *incidências no trabalho profissional*.

2. A essas características do Poder Judiciário e da burocracia, alia-se o *tradicionalismo do Serviço Social*, com forte presença na área sociojurídica, como destaca Fávero.[12] Verifica-se o predomínio do "modelo" clássico do *Serviço Social de Casos*, em suas bases teóricas e mecanismos de operacionalização. Este se pauta na distinção entre o *normal* e o *patológico*, conforme os cânones funcionalistas, apoiado em procedimentos descritivos da realidade social, como se ela fosse dotada de transparência. *Induz uma atuação profissional na linha de "adaptação" ou "integração" a uma ordem social tida como natural e imutável, ainda que moralmente injusta.*

Conforme atestado pela pesquisadora, em seu estudo sobre o rompimento dos vínculos do pátrio poder, o trabalho da equipe de especialistas pode também contribuir para o controle e o disciplinamento, culpabilizando as pessoas individualmente pelas condições socioeconômicas precárias em que vivem:

"A culpabilização pode traduzir-se, em alguns casos, em interpretações como negligência, abandono, violação de direitos, dentre outros, deixando submerso

---

11. Cf. Pimentel (2002:26-44).

12. Pronunciamento no seminário "Serviço Social e assistência sociojurídica na área da criança e do adolescente: demandas e fazer profissional". Natal, março de 2002.

o conhecimento de determinações estruturais ou conjunturais, de cunho político e econômico, que condicionam a vivência na pobreza por parte de alguns sujeitos envolvidos com esses supostos atos" (Fávero, 2001:161).

Essa linha de atuação convive com práticas inovadoras e representativas, que apontam para a renovação do trabalho profissional na viabilização dos direitos civis, políticos e sociais para todos segundo princípios e valores democráticos, os quais norteiam, hegemonicamente, o trabalho do assistente social na atualidade. Certamente o desafio está em que esse horizonte impregne a condução do trabalho cotidiano nas distintas inserções profissionais, erodindo as heranças do passado e fazendo frente às tendências neoconservadoras que também buscam sedimentar-se no universo do Serviço Social na atualidade.

3. Os assistentes sociais no Poder Judiciário trabalham com *situações-limite* que *condensam a radicalidade das expressões da questão social em sua vivência pelos sujeitos,* uma vez que a busca da proteção judicial tem lugar quando todos os demais recursos são exauridos.[13] Só então as famílias requisitam a presença de um agente "externo" na intermediação do acesso aos seus direitos e na indicação de alternativas possíveis frente aos limites materiais ou na dinâmica conflituosa das relações familiares.

---

13. O ECA, no Cap. VII — *Da Proteção Judicial dos Interesses Individuais, Difusos e Coletivos,* Art. 208, reza:

"Regem-se pela disposições desta Lei as ações de responsabilidade por ofensa aos direitos assegurados à criança e ao adolescente, referentes ao não oferecimento ou oferta irregular:

I — do ensino obrigatório;

II — de atendimento educacional especializado aos portadores de deficiência;

III — de atendimento em creche e pré-escola às crianças de zero a seis anos de idade;

IV — de ensino noturno regular, adequando às condições do educando;

V — de programas suplementares de oferta de material didático-escolar, transporte e assistência à saúde do educando do ensino fundamental;

VI — de serviço de assistência social visando à proteção à família, à maternidade, à infância e à adolescência, bem como de amparo às crianças e adolescentes que dele necessitem;

VII —de acesso às ações e serviços de saúde;

VIII — de escolarização e profissionalização dos adolescentes privados de liberdade.

Parágrafo único: As hipóteses previstas neste artigo não excluem da proteção judicial outros interesses individuais, difusos ou coletivos, próprios da infância e da adolescência, protegidos pela Constituição e pela lei".

O assistente social atua na *intermediação das demandas da população usuária e do acesso aos serviços sociais e jurídicos*, o que o coloca na *linha de intersecção das esferas pública e privada*. Por exemplo, nas Varas de Família e da Infância e Juventude, esse profissional é um dos agentes por meio dos quais o Estado intervém no espaço doméstico dos conflitos, presentes no cotidiano das relações sociais. Tem-se aí uma dupla possibilidade. De um lado, a atuação do(a) assistente social pode representar uma *invasão da privatividade*, através de condutas autoritárias e burocráticas, como extensão do braço coercitivo do Estado. *De outro lado, ao desvelar a vida dos indivíduos, pode, em contrapartida, oferecer ao Juiz importantes subsídios às decisões que lhe são privativas, no sentido de abrir possibilidades para o acesso das famílias aos seus direitos, além de acumular um conjunto de informações sobre as expressões contemporâneas da "questão social" pela via do estudo social.* Salientam-se as implicações de ordem ética na conduta dos profissionais, afirmando e materializando nas ações profissionais cotidianas os princípios que norteiam o Código de Ética do Assistente Social (CFESS, 2000).

Como o trabalho do assistente social objetiva-se na interseção entre o público e o privado, faz-se necessário aprofundar *o significado da esfera pública*. Esta é entendida como:

> "espaço de publicização de interesses heterogêneos, de confrontos de práticas sociais contraditórias e de luta pela hegemonia político-cultural em torno de projetos societários. Assim concebida, a esfera pública envolve, necessariamente, a organização de segmentos da sociedade civil ante projetos políticos e, portanto, a representação de interesses coletivos de grupos e classes sociais contrapostos" (Raichelis, 1998:82).

Nessa concepção, o processo de publicização é um movimento que impregna todo o tecido social, que depende da correlação de forças políticas e "permite tornar visíveis os conflitos e viabilizar consensos" (Raichelis, 1998:27). Está voltado à criação de uma ordem democrática que envolve a representação dos interesses coletivos na cena pública, de modo que possam ser confrontados e negociados, reconhecendo e explicitando os conflitos presentes nas relações sociais capitalistas.

Nessa análise, o público não se reduz ao estatal e nem o privado ao mercado. A esfera pública envolve *visibilidade*, ou seja, transparência nas ações e discursos dos sujeitos; *controle social*, à medida que supõe o acesso dos usuários aos processos que informam as decisões no âmbito da socie-

POLÍTICA SOCIAL, FAMÍLIA E JUVENTUDE   285

dade política, com capacidade de interferência nas regras que conduzem as negociações e arbitragem dos interesses em jogo; *representação de interesses coletivos* e ampliação dos fóruns de decisão, para além dos condutos vigentes de representação na perspectiva da *democratização*. Requer ainda o cultivo de uma *cultura pública*, em contraposição ao autoritarismo à "cultura privatista" (Raichelis, 1998:40-41).

Em contrapartida, a reiteração de procedimentos profissionais rotineiros e burocráticos na relação com os sujeitos — em especial, famílias, crianças e adolescentes — pode resultar na *invasão de um estranho no seu ambiente privado*, muitas vezes aliada a uma atitude *de tolerância com a violência que tem lugar nos aparatos burocráticos do Estado*.

4. O assistente social dispõe de uma contribuição fundamental na viabilização do acesso aos direitos, pela via da *socialização das informações, por meio das diversas atividades que envolvem relações com os sujeitos, preservadas as prescrições éticas do sigilo profissional*.

A socialização de informações quanto aos direitos é mais que mero repasse de dados sobre as normas legais, mais do que uma explicação fria do texto da lei. É uma informação de qualidade diferenciada, transmitida na ótica do direito social, em que os sujeitos individuais e coletivos são reconhecidos nas suas demandas legítimas e necessidades coletivas, considerando a realidade macrossocial de que os indivíduos sociais são parte e expressão. Envolve uma relação democrática entre o profissional e os sujeitos que demandam seus direitos e os serviços correspondentes, aberta à reflexão e à crítica, sem ofuscar os distintos papéis que desempenham na relação.[14] A socialização de informações procura, pois, tornar transparente ao sujeito que busca os serviços o real significado social e implicações de suas demandas — para além das aparências e dos dados imediatos —, assim como os meios e condições de ter acesso aos direitos. Nesse sentido, extrapola uma abordagem com um foco exclusivamente individual — ainda que, por vezes, realizada junto a um único indivíduo —, à medida que considera a realidade dos sujeitos como parte de uma coletividade. A so-

---

14. Cf. sobre o tema o importante trabalho realizado pelos assistentes sociais do INSS: *Matriz teórico-metodológica do Serviço Social na Previdência Social*. Brasília, Divisão de Serviço Social, 1994, 32 p. Este documento foi publicado em 1994, pelo então Ministério da Previdência e Assistência Social — MPAS. Ver, também, Silva (2000).

cialização de informações impulsiona, assim, a abertura de canais para a articulação do indivíduo com grupos e/ou entidades de representação, capazes de afirmar e negociar interesses comuns na esfera pública, como é o caso dos conselhos de direitos, de políticas e dos conselhos tutelares, entre outros órgãos de representação.

Cabe, aqui, o alerta de Guimarães Rosa, em *Estas Estórias*: "Das coisas que a gente vê, a gente nunca percebe explicação. Cada caso, tudo, tem *mais antes* do que *em ponto*".

5. *A atitude investigativa e a pesquisa são dimensões constitutivas do trabalho do assistente social, o qual supõe conhecimento da realidade que se pretende alterar, mais além de sua "fotografia descritiva".* O trabalho profissional exige captar e reconstruir os processos sociais desencadeadores das situações vividas em nível individual e/ou familiar, nas suas múltiplas relações e determinações, permitindo sua interpretação crítica. Abrange o conhecimento das trajetórias de vida e trabalho dos sujeitos, suas experiências e privações sociais, a formação cultural de que são portadores e a rede de sociabilidade de que participam. Exige articular a vida dos indivíduos singulares com as dimensões estruturais e conjunturais que a conformam, desafio que requer uma formação teórico-metodológica que permita conduzir a análise na perspectiva da totalidade.

O suposto é que o trabalho com indivíduos e famílias não incide sobre fragmentos isolados da vida social, mas as situações individuais e/ou familiares condensam dimensões, simultaneamente, universais, particulares e singulares da vida em sociedade. Exige, portanto, um redimensionamento da compreensão das relações entre indivíduo e sociedade, distinta da tradicional abordagem dualista das relações entre "homem" e "meio social", com fortes influxos liberais, partindo do ângulo do indivíduo isolado para a leitura da sociedade, em detrimento das múltiplas relações e determinações que tornam possível a afirmação de sua individualidade.

6. O assistente social no Poder Judiciário *não opera imediatamente a elaboração e/ou implementação de políticas sociais, dada a natureza mesma desse poder, ainda que o profissional disponha de uma dimensão "prático-interventiva" junto aos sujeitos de direitos com os quais trabalha. A implementação da política de atendimento aos direitos da criança e do adolescente, prevista no ECA, requer a articulação com outros poderes do Estado, em especial o Poder Executivo, a quem cabe a*

estruturação de políticas de atenção à família, à maternidade, à criança e ao adolescente. Assim, na esfera do Poder Judiciário, o assistente social trabalha com inúmeras expressões da "questão social", que afetam crianças, adolescentes e suas famílias. A título de ilustração, dentre as expressões da questão social mais correntes enfrentadas pelos assistentes nas Varas de Infância e Juventude, pode-se citar: o trabalho precoce, a delinqüência infantil, o abuso e exploração sexual, a violência contra crianças e adolescentes, a dependência química. O trato com tais situações requer uma capacitação continuada e permanente nas questões abordadas e, por vezes, uma formação especializada para sua interpretação e para a qualificação do trabalho profissional.

As desigualdades sociais condensadas na pobreza afetam as condições materiais e subjetivas de vida, os vínculos sociais, as formas de pertencimento, a moralidade e dignidade dos sujeitos que passam a enfrentar a violência social, da qual aquelas desigualdades são portadoras. Ante os conflitos sociais que os sujeitos condensam em suas vidas — materializados nos resultantes da pobreza —, o inconformismo, o mal-estar, a revolta e a esperança são forças reivindicativas e, ao mesmo tempo, reivindicações corrosivas, porquanto expressam contradições do processo de reprodução do capital, que necessitam ser canalizadas para mecanismos sociais de representação. Assim, as lutas sociais contra a pobreza tendem a se desenvolver em torno das *necessidades sociais radicais*, nos termos de Lefèbvre, que derivam de contradições subjetivamente insuportáveis, cuja solução requisita mudanças fundamentais e profundas, de responsabilidade de todos. Envolve ruptura com as relações sociais instituídas, redirecionando-as às necessidades da emancipação humana em contraposição às conveniências do capital (cf. Martins, 1977).

Como lembra Yazbek (2001), o pensamento liberal não admite os direitos sociais, uma vez que os metamorfoseia em *dever moral*. Opera uma profunda despolitização da "questão social", ao desqualificá-la como *questão pública, questão política e questão nacional*. É nesse sentido que, segundo a autora, a atual desregulamentação das políticas públicas e dos direitos sociais desloca a atenção à pobreza para a iniciativa privada ou individual, impulsionada por motivações solidárias e benemerentes, submetidas ao arbítrio do indivíduo isolado e não à responsabilidade pública do Estado. As conseqüências do trânsito da atenção à pobreza da esfera pública dos direitos para a dimensão privada do dever moral são: a ruptura da universalidade dos direitos e da possibilidade de sua reclamação judicial, a dissolução de continuidade da prestação dos serviços submetidos à decisão privada, tendentes a aprofundar o traço histórico assistencialista e a regressão dos direitos sociais. De acordo com hipótese de Yazbek, as políticas públicas na área social, no país e na América Latina, tendem a reforçar "os traços de improvisação e inoperância, o funcionamento ambíguo e sua impotência na universalização do acesso aos serviços dela derivados. Permanecerão políticas casuísticas e fragmentadas, sem regras estáveis e operando em redes públicas obsoletas e deterioradas" (Yazbek, 2001:37).

7. Ainda que não dispondo de poder decisório legal no julgamento das situações enfrentadas — prerrogativa do juiz —, o assistente social na condição de especialista exerce, no Poder Judiciário, dentre outras funções, a de *perito*, ou seja, de um *assessor*, como parte de uma equipe interprofissional, contribuindo para a informação dos processos. Embora subordinado legal e institucionalmente ao juiz, essa condição não significa subalternidade profissional. Dispõe de autonomia técnica e ética no exercício de suas atribuições, privativas ou não, regulamentadas legalmente (Lei nº 8.662, de 7/6/1993), o que exige condições de trabalho que assegurem o sigilo profissional. Impõe afirmação de sua competência, *uma competência que não se reduz e nem se confunde com o discurso competente*, permitido e autorizado pela burocracia da organização, subjugada à linguagem oficial. Aí a competência tecnocrática aparece como estratégia de ocultação do real, ou seja, forja uma representação imaginária a serviço da dominação, redundando em uma nítida ideologização da competência. De maneira distinta, o que se propugna é a *competência crítica*, que vá à raiz e desvende a trama submersa dos conhecimentos que explica as estratégias de ação:

> "A crítica não é apenas mera recusa ou mera denúncia do instituído, do dado. Supõe um diálogo íntimo com as fontes inspiradoras do conhecimento e busca elucidar seus vínculos sócio-históricos, localizando as perspectivas e os pontos de vista de classes através dos quais são construídos os discursos: suas bases históricas, a maneira de pensar e interpretar a vida social das classes (ou segmentos de classe) que apresentam esse discurso como dotado de universalidade, identificando novas lacunas e omissões" (Iamamoto, 1992:184).

Esse discurso crítico contribui para desvelar os traços conservantistas ou tecnocráticos do discurso oficial, recusa o papel de tutela das classes subalternas para envolvê-las nas teias do poder econômico, político e cultural (cf. Chaui, 1972). Requer contestar e erradicar o caráter "policialesco" ou o tom repressivo que historicamente impregnou os inquéritos sociais, no suposto de que a vítima é, a princípio, suspeita e/ou culpada, alimentado por um nítido preconceito ante as classes subalternas.

No Poder Judiciário o assistente social é amplamente reconhecido como um *perito social*. Na área do Serviço Social, a perícia social "pode ser considerada como um processo através do qual um especialista, no caso o assistente social, realiza um exame de situações sociais com a finalidade de emitir um parecer sobre a mesma" (Mioto, 2001:146). Como esclarece a autora, no Judiciário, a perícia social tem a finalidade de conhecer, analisar e emitir parecer sobre situações conflituosas no âmbito de litígios legais — em especial no campo dos conflitos familiares —, tendo em vista subsidiar os juízes em suas decisões. Portanto, a perícia social na área de Serviço Social é um processo que envolve o *estudo social, o laudo social e o parecer social*, atividades essas que não se restringem ao campo sociojurídico, visto que são competências privativas do assistente social, preservadas na lei da regulamentação da profissão, que exigem uma base técnica, teórico-metodológica e compromisso ético.

Assim *perícia social* não se confunde com o estudo social, ainda que o englobe. O estudo social é um momento fundamental, visto que sustenta a formulação do laudo social e a emissão do parecer técnico final. Configura-se como um processo investigativo que se propõe ao conhecimento criterioso de uma determinada situação vivenciada, identificando as múltiplas condições e relações sociais que a constituem, devendo ser desenvolvido em conformidade com os princípios éticos, na perspectiva do atendimento e defesa dos direitos dos sujeitos envolvidos. Sua efetivação requer clareza quanto à finalidade almejada, o conhecimento da matéria em questão e a eleição do conjunto de recursos para a operacionalização do trabalho profissional, como a entrevista, a visita familiar, observação, o contato com recursos da comunidade, estudos bibliográficos, análise de documentos e documentação técnica, que preserve o registro da ação profissional nos vários momentos do processo.

Já o *laudo social* é um documento que expressa a *elaboração conclusiva* do estudo social, ou seja, os seus resultados, apresentados de forma enxuta, precisa e clara. O *laudo pode constituir um meio de prova*, enquanto uma declaração técnica, o que coloca em relevo a responsabilidade ético-profissional dos agentes signatários. Ele fornece subsídios à decisão judicial, podendo facilitar os encaminhamentos para execução dos atendimentos definidos pelo juiz. No contexto da perícia, o parecer social, "é uma opinião fundamentada que o assistente social emite sobre a situação estudada" (Mioto, 2001:155), de caráter conclusivo dos estudos e análises efetuados, voltado para subsidiar ação de outrem.

Como alerta Guindani (2002:45), o laudo social requer um conhecimento teórico-prático, que vai além da mera "classificação" ou "enquadramento" das situações e sujeitos identificados, o que exige consistência teórica e solidez de argumentação sobre as expressões da questão social expressas na vida dos sujeitos. Supõe reconhecer o direito dos sujeitos de participarem ativamente no processo de estudo, resguardando-se o sigilo profissional.

Um caminho nessa direção é integrar, na perícia social, os dados da história de vida dos sujeitos aos seus determinantes conjunturais e estruturais, de forma a evitar a precipitada *vitimização e/ou culpabilização* dos indivíduos envolvidos, dissociando suas ações e situações de vida das múltiplas relações sociais que as explicam e as determinam. Para tanto, supõe considerar: a inserção das famílias no processo produtivo, atribuindo visibilidade às relações de trabalho e aos meios de sua sobrevivência circunscritos no tempo e no espaço; as relações intrafamiliares, que envolvem afetividade, apoio, construção de vínculos, assim como possíveis conflitos, abandonos, rejeições e atos de violência, presentes no núcleo familiar; as redes sociais de apoio tanto no nível das instituições como de relações e convívio interpessoais; o processo de construção de identidades e as representações socioculturais, que contribuem para o estabelecimento de um padrão de sociabilidade. Tais elementos, submetidos a análise, resultam nas conclusões e proposições técnico-profissionais (cf. Guindani, 2001).

Deve-se lembrar que a *linguagem escrita e verbal* é um instrumento básico de trabalho do assistente social. É necessário assegurar o uso adequado da linguagem científica e técnica concernente à matéria em questão ou objeto de estudo, demonstrando coerência teórico-metodológica, o que exige um tratamento analítico rigoroso e não se confunde com o senso comum.

O trabalho do assistente social envolve também *a articulação de recursos sociais no campo da política de atendimento à criança e ao adolescente (o que pressupõe o seu cadastramento)*, que lhe forneça uma retaguarda aos encami-

POLÍTICA SOCIAL, FAMÍLIA E JUVENTUDE

nhamentos sociais, e a articulação do trabalho com as forças organizadas da sociedade civil.

8. A atuação junto à família, infância e juventude na área sociojurídica vem se desenvolvendo cada vez mais com o concurso de *equipes interprofissionais*, contando com a presença de assistentes sociais, psicólogos, pedagogos, médicos, advogados, profissionais de artes, dentre outros. Cabe ao Poder Judiciário prever recursos orçamentários para a manutenção da equipe destinada a "assessorar a Justiça da Infância e da Juventude" (Art. 150 — ECA). À equipe compete fornecer subsídios por escrito, mediante laudos, ou verbalmente em audiências, ao juiz e desenvolver trabalhos de aconselhamento, orientação, encaminhamento, prevenção e outros, "sob imediata subordinação à autoridade judiciária, assegurada a livre manifestação do ponto de vista técnico" (Art. 151 — ECA).

É necessário desmistificar a idéia de que a equipe, ao desenvolver ações coordenadas, cria uma identidade entre seus participantes que leva à diluição das particularidades profissionais. São as diferenças de especializações que permitem atribuir unidade à equipe, enriquecendo-a e, ao mesmo tempo, preservando aquelas diferenças. Em outros termos, *a equipe condensa uma unidade de diversidades.*

Nos termos de Mello e Almeida (2000:235), a interdisciplinaridade não pode prescindir de certa dose de disciplinaridade, devendo o profissional funcionar em um movimento pendular, ou seja, "encontrar no trabalho com outros agentes, elementos para a (re)discussão do seu lugar e encontrar, nas discussões atualizadas pertinentes ao seu âmbito interventivo, os conteúdos possíveis de uma atuação interdisciplinar".

O assistente social, mesmo realizando atividades partilhadas com outros profissionais, dispõe de ângulos particulares de observação na interpretação dos mesmos processos sociais e uma competência também distinta para o encaminhamento das ações, que o diferencia do médico, sociólogo, psicólogo e pedagogo. Cada um desses especialistas, em decorrência de sua formação e das situações com que se defronta na sua história social e profissional, desenvolve capacitação teórico-metodológica e acuidade para identificar nexos e relações presentes nas expressões da questão social com as quais trabalha; e distintas capacidades e habilidades para desempenhar as ações propostas. Portanto, o trabalho coletivo não impõe a diluição de competências e atribuições profissionais. Ao contrário, exige maior clareza no trato das mesmas e o cultivo da identidade profissional, como condição de potenciar o trabalho conjunto. A atuação em equipe requer que o assistente social mantenha o compromisso ético e o respeito às prescrições da lei de regulamentação da profissão.

A condução do trabalho nessa direção requer *competência teórico-metodológica que forneça um ângulo de leitura dos processos sociais*, competência técnica *no uso dos instrumentos operativos adequados à situação, afirmação da autonomia profissional e compromisso ético* (Mioto, 2000). Nessa perspectiva, o núcleo dos dilemas enfrentados pelo assistente social extrapola e subordina a mera operacionalização — o *como fazer* —, ao abranger fundamentalmente o conteúdo e significado a ser atribuído ao trabalho —, *que supõe clareza quanto ao que conhecer, o que fazer e para quê* —, o que tem como premissa o conhecimento da matéria investigada, das normas e das relações de poder institucional e das atribuições profissionais.

9. *As condições e relações de trabalho que circunscrevem o exercício profissional condicionam as atribuições, o conteúdo e a qualidade do trabalho realizado, assim como os procedimentos técnicos.* Os requisitos de produtividade, eficiência, as pressões dos prazos e das rotinas a serem observadas tendem a comprometer a qualidade impressa ao conteúdo do trabalho e dos procedimentos utilizados na sua realização. Exercendo a função de assessoria à autoridade judiciária e a ela subordinada, a equipe depende de sua solicitação para grande parte do atendimento realizado.

Outrossim, as atribuições do cargo de assistente social são objeto de normatização pública, variando em cada estado da Federação. Em alguns estados ainda mantém-se a terminologia "menor" ao referir-se à criança e ao adolescente — como é o caso da normatização vigente no Poder Judiciário do Mato Grosso do Sul (cf. Anexo), além de se constatar atribuições com claro caráter repressivo, o que entra em choque com a legislação profissional e os compromissos éticos do assistente social. Outras regulamentações das atribuições profissionais são mais próximas ao perfil contemporâneo do Serviço Social, como ilustram os casos do Poder Judiciário no estado de Minas Gerais e Rio de Janeiro (cf. Anexo).

No estado do Rio de Janeiro, os assistentes sociais estão presentes nas Varas da Infância e Juventude, Família, Órfãos e Sucessores e Execuções Penais. Além da normatização geral das atribuições de assistentes sociais e psicólogos (Resolução nº 01/2000, da Consolidação Normativa da

Corregedoria-Geral da Justiça do Estado do Rio de Janeiro), na Vara da Infância e Juventude, o Tribunal de Justiça do Estado padronizou o processamento do trabalho das equipes interprofissionais definindo as atribuições, procedimentos e rotinas a serem observados pelos seus membros (cf. Anexo).

As normas em vigência da *Corregedoria de Justiça do Estado de São Paulo* — estabelecidas pelo Provimento 06/91, que regulamenta as competências dos assistentes sociais e psicólogos — apresentam uma clara ênfase na sua alocação administrativa e no controle disciplinar, não abrangendo o conjunto das atividades efetivamente desenvolvidas por esses profissionais em diferentes espaços do Tribunal de Justiça, na capital e interior.

Assim, é digna de destaque a iniciativa de parte da Associação dos Assistentes Sociais e Psicólogos do Tribunal de Justiça de São Paulo (AASPTJ-SP), no sentido de elaborar uma proposta que descreve o conjunto de atribuições dos assistentes sociais naquele tribunal, já apresentada às autoridades competentes e, até o momento, sem resposta oficial (cf. Anexo nº 1). Respaldada no conjunto de leis e diretrizes que uniformizam o projeto de profissão, a proposta citada reconhece que "esse profissional atua fundamentalmente na garantia, defesa e ampliação dos direitos dos sujeitos sociais com os quais trabalha, no âmbito das relações sociais e políticas sociais. Seu papel central no meio institucional delineia-se pela mediação que desenvolve entre instituição e usuário, na direção do compromisso com a democratização de informações e acesso aos direitos" (AASPTJ-SP, 2003).

No Poder Judiciário do estado de São Paulo, o assistente social atua também em serviços de atendimento e benefícios, vocacional e de saúde mental dos servidores, nas seguintes áreas: Varas da Infância e Juventude; Varas Especiais da Infância e Juventude; Vara da Família e das Sucessões; Varas Cíveis, em ações relacionadas à Justiça da Família e Sucessões; Serviço de Atendimento Psicossocial aos Magistrados e Funcionários do Tribunal da Justiça do Estado de São Paulo; Serviço Social Psicossocial Vocacional; Seção de Benefícios e Programa Creche-Escola; Grupo de Apoio Técnico e Administrativo; Seção Técnica de Reavaliação Funcional; Seção Técnica de Treinamento e Desenvolvimento (AASPTJ-SP, 2003).

Certamente esse conjunto de inserções e atribuições profissionais, cujo registro encontra-se anexo, merece uma análise mais cuidadosa, sendo revelador de concepções distintas de Serviço Social no Poder Judiciário, o que, entretanto, ultrapassa os propósitos deste ensaio.

10. Na afirmação do projeto ético-político profissional, que vem sendo construído coletivamente pelos assistentes sociais brasileiros nas últimas décadas, *é preciso atentar às possibilidades reais* — expressas em forças sociais presentes na cena pública, portadoras de distintos projetos societários — *de se atribuir nova condução ao trabalho no sistema sociojurídico,* e, em particular, com crianças e adolescentes no Poder Judiciário. Sugestões recolhidas de profissionais da área (Gomes e Rezende, 2001) apontam várias possibilidades inovadoras de trabalho, como a criação de *mecanismos passíveis* de *desburocratizar as relações com os sujeitos* que reivindicam direitos e serviços, melhorando a qualidade do atendimento; e o *reforço da socialização das informações sobre os direitos sociais.* Informações que contemplem: as normas jurídicas, as rotinas institucionais, os procedimentos para o acesso aos serviços, a rede de atendimento, os organismos de representação coletiva que possam acolher e reforçar as demandas, as atribuições e competências da equipe interprofissional. Outro elemento importante é a *articulação com as redes interinstitucionais de serviços* — em particular com o Poder Executivo —, nas esferas estadual e municipal, integrando programas e projetos a serem executados por órgãos competentes, de modo a contribuir para a efetivação da proteção integral à criança e ao adolescente. *Os assistentes sociais dispõem de um manancial de denúncias sobre violação dos direitos humanos e sociais. Desde que não firam o sigilo profissional, devem ser publicizadas.* Nesse sentido, mostra-se como recurso fundamental a articulação com os conselhos de políticas e de direitos, e, em especial, com os conselhos tutelares.

É necessário extrapolar o universo jurídico para melhor entendê-lo como um braço do poder de Estado, que tem a função de codificar as relações sociais e arbitrar conflitos, mas cuja elucidação é tributária da compreensão da trama da vida em sociedade, fonte dos reclamos e terreno sobre o qual se materializa o atendimento efetuado no âmbito do Poder Judiciário.

O trabalho profissional na esfera sociojurídica norteia-se na defesa da esfera pública, experimenta o desafio de tornar os espaços de trabalho do assistente social espaços de fato públicos, enfrentando a herança histórica da sociedade brasileira, que afirma "o máximo de Estado para o mínimo de esfera pública, ou o máximo de aparência de Estado para o máximo de privatização do social" (Oliveira, 1994:43). Tais elementos adquirem especial importância em nossa sociedade, que se constrói no reverso do imaginário igualitário da modernidade; uma sociedade que repõe cotidianamente, e de forma ampliada, privilégios, violência, discriminações de renda, poder, gênero, etnias e gerações, alargando o fosso das desigualdades no panorama diversificado das manifestações da questão social.

Tais indicações são apoiadas na certeza de que é na dinâmica conflituosa da vida social que se ancoram as possibilidades de universalização da cidadania, a instauração de um outro padrão de sociabilidade regido por valores democráticos, que exige a redefinição das relações entre o Estado e a sociedade, a economia e a sociedade, mediante um crescente protagonismo da sociedade civil organizada.

Orientar o trabalho nos rumos aludidos requisita um perfil profissional culto, crítico e capaz de formular, recriar e avaliar propostas que apontem para a progressiva democratização das relações sociais. Exige-se, para tanto, uma competência teórico-metodológica que se traduza na apropriação de uma lógica de explicação da dinâmica da vida social na sociedade capitalista, aliada à pesquisa da realidade que permita decifrar situações particulares com que se defronta o assistente social no seu trabalho, conectando-as aos processos sociais macroscópicos que as geram e as modificam. Mas, também, um profissional versado no instrumental técnico-operativo capaz de potencializar as ações nos níveis de assessoria, planejamento, negociação, pesquisa e ação direta, estimuladora da participação dos sujeitos nas decisões que lhes dizem respeito, na defesa de seus direitos e no acesso aos meios de exercê-los.

Bibliografia

AASPTJ-SP — Associação dos Assistentes Sociais e Psicólogos do Tribunal de Justiça do Estado de São Paulo. *Descrição das funções exercidas pelos assistentes sociais no âmbito do Tribunal de Justiça do Estado de São Paulo.* (Proposta elaborada e encaminhada pela AASPTJ-SP ao TJSP, junho de 2003.)

CFESS. "Código de Ética do Assistente Social". In: CRESS-7ª Região. *Assistente Social: ética e direitos. Coletânea de Leis e Resoluções.* Rio de Janeiro, CRESS-7ª Região, Ed. Lidador, 2000.

CHAUI, M. *Cultura e democracia. (O discurso competente e outras falas).* 3ª ed. São Paulo: Moderna, 1972.

DIÁRIO OFICIAL DO ESTADO DO RIO DE JANEIRO. Poder Judiciário, Seção I — Estadual. *Provimento nº 08/03,* de 31/1/2003. Rio de Janeiro, 3 de fevereiro de 2003, ano XXIX, nº 23, pp. 105.

ENGELS, F. "Socialismo dos Juristas". In: NAVES, M. B. e BARROS, J. M. A. (orgs.). *Crítica do Direito*, n° 1. São Paulo: Livraria Ciências Humanas, 1980.

ESTATUTO DA CRIANÇA E DO ADOLESCENTE (ECA). In: CRESS-7ª Região. *Assistente Social: ética e direitos. Coletânea de Leis e Resoluções*. Rio de Janeiro: Ed. Lidador, 2000.

FARIA, J. E. "O Poder Judiciário nos universos jurídico e social: esboço para uma discussão de política judicial comparada". *Serviço Social & Sociedade*, n° 67. São Paulo: Cortez, set. 2001, pp. 7-17.

FÁVERO, E. T. (org.). *Perda do pátrio poder: aproximações a um estudo sócio-econômico*. São Paulo: Fundação Orsa/Veras Ed., 2000.

_____. *Rompimento dos vínculos do pátrio poder. Condicionantes sócio-econômicos e familiares*. São Paulo: Veras Ed., 2001.

GOMES, B. S. R e REZENDE, R. A. "Serviço Social e Poder Judiciário: desafios para a efetivação dos direitos sociais". *Libertas*, n° 1, v. I. Juiz de Fora: UFJF, Faculdade de Serviço Social, jan.-jun. 2001, pp. 123-141.

GUIMARÃES, A. P. *A crise agrária*. Rio de Janeiro: Paz e Terra, 1979.

GUINDANI, M. K. "Tratamento penal: a dialética do instituído e do instituinte". *Serviço Social & Sociedade*, n° 67. São Paulo: Cortez, set. 2001, pp. 38-52.

IAMAMOTO, M. V. "A questão social no capitalismo". *Temporalis*, n° 3, ano III, jan.-jun. 2001, pp. 9-32.

_____. *Renovação e conservadorismo no Serviço Social. Ensaios críticos*. São Paulo: Cortez, 1992.

_____. "Projeto profissional, espaços ocupacionais e trabalho do (a) assistente social na atualidade" In: CFESS. *Atribuições privativas do assistente social em questão*. Brasília, CFESS, fev. 2002, pp. 13-50.

IAMAMOTO, M. V. e CARVALHO, R. *Relações sociais e Serviço Social*. São Paulo: Cortez, 1982.

IANNI, O. "A questão social" In: *A idéia de Brasil moderno*. São Paulo: Brasiliense, 1992, pp. 87-109.

INSS. *Matriz teórico-metodológica do Serviço Social na Previdência Social*. Brasília: Ministério da Previdência e Assistência Social (MPAS). Divisão de Serviço Social, 1994.

LEFÈBVRE, H. *Sociologia de Marx*. 2ª ed. Rio de Janeiro: Forense-Universitária, 1979.

MACHADO, J. M. M. *O trabalho do assistente social como suporte às decisões judiciais: um estudo sobre a intervenção nos processos de destituição de pátrio poder*. Dissertação de mestrado. Franca: UNESP, 2000.

MARTINS, J. S. "O falso problema da exclusão social e o problema da inclusão marginal". In: *Exclusão social e a nova desigualdade*. São Paulo: Paulus, 1977, pp. 25-38.

POLÍTICA SOCIAL, FAMÍLIA E JUVENTUDE

MARTINS, J. S. (org.). *Massacre dos inocentes: a criança sem infância no Brasil*. 2ª ed. São Paulo: HUCITEC, 1993.

MARX, K. *El capital. Crítica de la economia política*. Tomo I. Libro primero. El proceso de reproducción del capital. México: Siglo XXI, 1985.

MARX, K. e ENGELS, F. *A ideologia alemã (Feuerbach)*. São Paulo: Grijalbo, 1977.

MELLO, A. I. S. C e ALMEIDA, G. E. S. "Interdisciplinaridade: possibilidades e desafios para o trabalho profissional". In: *Capacitação em Serviço Social e Política Social*. Módulo IV: O trabalho do assistente social e as políticas sociais. Brasília: UnB/CEAD, 2000, pp. 225-239.

MIOTO, R. C. T. "Cuidados sociais dirigidos à família e segmentos vulneráveis". In: *Capacitação em Serviço Social e política social*. Módulo IV: O trabalho do assistente social e as políticas sociais. Brasília: UNB/CEAD, 2000, pp. 216-224.

_____. "Perícia social: proposta de um percurso operativo". *Serviço Social & Sociedade*, nº 67. São Paulo: Cortez, set. 2001, pp. 145-158.

MOTA, A. E. *Cultura da crise e seguridade social*. São Paulo: Cortez, 1995.

NAVES, M. B. *Marxismo e direito: um estudo sobre Pachukanis*. São Paulo: Boitempo, 2000.

NAVES, M. B. e BARROS, J. M. de A. (orgs). *Crítica do Direito*, nº 1. São Paulo: Livraria Ciências Humanas, 1980.

NETTO, J. P. "A construção do projeto ético-político do Serviço Social frente à crise contemporânea". In: *Capacitação em Serviço Social e política social*. Módulo I. Crise contemporânea, questão social e Serviço Social. Brasília: UNB-CEAD, 1999, pp. 91-110.

NICOLAU, M. C. C. "O aprender a fazer (Representações sociais de assistentes sociais sobre seu fazer profissional). *Temporalis*, nº 4. Brasília: ABEPSS/Grafline, 2001, pp. 43-74.

NOGUEIRA, M. A. *Em defesa da política*. São Paulo: Ed. SENAC, 2001.

OLIVEIRA, F. "Da dádiva aos direitos; a dialética da cidadania". *Revista Brasileira de Ciências Sociais*, nº 25. São Paulo: ANPOCS, jun.1994.

PIMENTEL, S. "Perspectivas jurídicas da família: o Novo Código Civil e a violência familiar". *Serviço Social & Sociedade*, nº 71. São Paulo: Cortez, 2002, pp. 26-44.

PODER JUDICIÁRIO DO ESTADO DO RIO DE JANEIRO. *Consolidação Normativa da Corregedoria-Geral da Justiça do Estado do Rio de Janeiro. Resolução nº 1/2000*. (Texto atualizado até 25/11/2002.) Rio de Janeiro: Espaço Jurídico, 2003, pp. 113-114.

RAICHELIS, R. *Esfera pública e conselhos de assistência social: caminhos de construção democrática*. São Paulo: Cortez, 1998.

REVISTA *SERVIÇO SOCIAL & SOCIEDADE*, nº 67. São Paulo: Cortez, 2002.

SALAMA, P. *Pobreza e exploração do trabalho na América Latina*. São Paulo: Boitempo, 1999.

SALES, M. A. *Cidadania das famílias, direitos de crianças e adolescentes: o desafio da assistência social*. Brasília: CFESS, 2002.

SILVA, M. L. L. "Um novo fazer profissional". In: *Capacitação em Serviço Social e política social*. Módulo IV: O trabalho do assistente social e as políticas sociais. Brasília: UnB/CEAD, 2000, pp. 111-124.

SZYMANSKI, H. "Viver em família como experiência de cuidado mútuo: desafios de um mundo em mudança". *Serviço Social & Sociedade*, nº 71. São Paulo: Cortez, 2002, pp. 9-25.

VAZQUEZ, A. S. "Marx y su crítica de la filosofía política de Hegel. Prólogo". In: *Crítica de la filosofía del Estado de Hegel*. México: Editorial Grijalbo, 1968, pp. 5-10.

WEIL, S. *A condição operária e outros estudos sobre a opressão*. Seleção e apresentação de Ecléa Bosi. Rio de Janeiro: Paz e Terra, 1979.

_____. "Pobreza e exclusão social: expressões da questão social". *Temporalis*, nº 3. Brasília: ABEPSS, jan.-jun. 2001, pp. 33-40.

YAZBEK, M. C. "Globalização, precarização das relações de trabalho e seguridade social" *Serviço Social & Sociedade*, nº 56. São Paulo: Cortez, mar. 1998, pp. 50-59.

ANEXO

Atribuições do Assistente Social no Poder Judiciário

I. Atribuições do Assistente Social no Poder Judiciário do Estado do Mato Grosso do Sul

O *Manual de Atribuições dos Cargos e Empregos Públicos* (2000) do Poder Judiciário do Estado do Mato Grosso do Sul foi concebido como um instrumento dinâmico, pronto a acompanhar as transformações societárias e, portanto, capaz de se adequar à evolução do Poder Judiciário. Apesar da intencionalidade declarada, atribui à atuação profissional um caráter repressor, em tensão com o Estatuto da Criança e do Adolescente, com os compromissos éticos profissionais e com as diretrizes curriculares da formação universitária.

As atribuições do cargo de assistente social são, assim, estabelecidas:

1) atender ao público por determinação do Juiz;

2) realizar estudo social das situações referentes à família e à execução penal sugerindo medidas necessárias em cada caso;

3) realizar estudos prévios e acompanhar a colocação e permanência do menor em lar substituto, orientando e acompanhando a família a que este tenha sido entregue;

4) proceder estudos para selecionar e orientar os interessados na adoção de menores em situação irregular;

5) acompanhar casos de menores com conduta anti-social em regime de liberdade assistida e colocado em casa de semiliberdade;

6) acompanhar casos de menores em situação irregular, internos em estabelecimentos educacional, ocupacional, psicopedagógico, hospitalar, psiquiátrico, ou outros similares;

7) apresentar aos juízes relatório social solicitados pelos mesmos;

8) promover o entrosamento dos serviços do juízo de menores com obras, serviços e estabelecimentos que atendam o menor em situação irregular;

9) realizar entrevistas e aconselhamentos;

10) fazer acompanhamento social em adoções internacionais, com elaboração de relatório e parecer conclusivo;

11) realizar estudos sociais para habilitação de candidatos a adoção nacional, emitindo parecer;

12) fazer acompanhamento processual e controle de menores que se encontram abrigados;

13) proceder busca e apreensão de menores;

14) participar da audiência de menores;

15) elaborar laudo técnico pericial em ação de tutela, adoção, guarda de menores, interdição, alimentos, reconhecimento de paternidade, busca e apreensão de menor, suprimento de idade;

16) realizar intercâmbio e parceria com entidades que atendam crianças e adolescentes com vistas a obter dados para laudos e aprimoramento técnico;

17) efetuar diligências em veículo oficial e com autorização prévia do Juiz, sendo que as horas de trabalho poderão ser compensadas mediante justificação escrita;

18) evitar, no local das visitas realizadas, pessoas estranhas à família dos menores e zelar para que o menor esteja acompanhado por quem o tenha por guarda judicial;

19) exercer outras atribuições que lhe forem determinadas pelo Juiz de Direito Diretor do Foro.

[*Fonte: Manual de Atribuições dos Cargos ou Empregos Públicos* (2000:36-37). Apud Machado, 2000:49-51]

POLÍTICA SOCIAL, FAMÍLIA E JUVENTUDE   301

II. Atribuições do Assistente Social no Poder Judiciário do Estado do Rio de Janeiro

De acordo com a *Consolidação Normativa da Corregedoria-Geral de Justiça do Estado do Rio de Janeiro*, as atribuições do assistente social e do psicólogo estão regulamentadas na Resolução n° 01/2000, Cap. II — dos Auxiliares do Juízo — Seção X, artigos 367, 368, e 369. O texto é o seguinte:

"Seção X — Do Assistente Social e do Psicólogo

Art. 367. Os Assistentes Sociais e Psicólogos são hierarquicamente subordinados ao Juiz de Direito e tecnicamente orientados pelas coordenadorias respectivas.

Art. 368. O juiz ou chefia especializada de Serviço Social e Psicologia, onde houver, comunicará a freqüência mensal ao departamento de Pessoal até o dia 5 (cinco) do mês subseqüente.

Art. 369. Incumbe ao Assistente Social e ao Psicólogo:

I — assessorar os órgãos judiciais e administrativos na esfera de sua competência profissional, nas questões próprias da disciplina de cada profissional;

II — elaborar laudos e relatórios sobre aspectos sociais/psicológicos dos juridiscionados, os quais deverão ser apresentados à autoridade judicial;

III — prestar orientação e acompanhamento ao jurisdicionado, articulando recursos da comunidade que possam contribuir para o encaminhamento de situações sociais/psicológicas a ele referentes, nos limites do processo;

IV — participar, quando solicitado, das audiências, a fim de esclarecer aspectos técnicos em Assistência Social e Psicologia;

V — empreender ações junto a problemas sociais/psicológicos evidenciados, utilizando metodologia específica das áreas de atuação;

VI — desenvolver trabalhos de intervenção, tais como: apoio, mediação, aconselhamento, orientação, encaminhamento e prevenção, próprios aos seus contextos de trabalho;

VII — realizar e colaborar com pesquisas, programas e atividades relacionadas à prática profissional dos Assistentes Sociais/Psicólogos, no âmbito do Poder Judiciário, objetivando seus aperfeiçoamentos técnicos e a produção de conhecimentos;

VIII — supervisionar os estagiários de Serviço Social/Psicologia, na forma regulamentar;

IX — organizar e manter registros de documentos de forma a resguardar o sigilo profissional;

X — participar de reuniões inter e intraprofissionais;

XI — observar o plano geral de atuação proposto pelas Coordenadorias de Serviço Social e Psicologia com aprovação do Corregedor-Geral de Justiça;

XII — participar de eventos relativos ao Serviço Social e Psicologia, tais como congressos, jornadas, seminários e cursos de pós-graduação, cujos temas e horários sejam compatíveis com interesse da administração judiciária, a critério desta;

XIII — apresentar relatórios semestrais às respectivas Coordenações".

[*Fonte: Consolidação Normativa da Corregedoria-Geral da Justiça do Estado do Rio de Janeiro.* (Texto atualizado até 25/11/2002.) Rio de Janeiro, Ed. Espaço Jurídico, 2003]

Na Vara da Infância e Juventude, o Tribunal de Justiça do Estado, por meio do *Provimento nº 08/03*, padronizou o modelo de processamento integrado em equipes, definindo suas atribuições, procedimentos e rotinas a serem observados pelas Serventias. A equipe interprofissional, formada pelos Comissários de Justiça, Colaboradores Voluntários, Assistentes Sociais e Psicólogos, tem como principais atividades: orientar a elaboração dos projetos e atividades técnicas do Juizado, propor mecanismos voltados para a racionalização do trabalho, além das elencadas nos artigos 367 a 369 da Consolidação Normativa da Corregedoria-Geral de Justiça (Art. 3º, item VI, do *Provimento nº 08/03*). O referido texto legal estabelece as principais atividades dos Assistentes Sociais na Vara da Criança e do Adolescente nos termos que se seguem:

"Dos Assistentes sociais

Suas principais atividades são:

a) Emitir parecer técnico sobre matéria que lhe seja submetida;

b) Promover socialmente o adolescente e sua família, fornecendo-lhes orientação e inserindo-os, se necessário, em programa oficial ou comunitário de auxílio e assistência social;

POLÍTICA SOCIAL, FAMÍLIA E JUVENTUDE   303

c) Supervisionar a freqüência e aproveitamento escolar do adolescente, promovendo, inclusive, sua matrícula;

d) Diligenciar no sentido da profissionalização do adolescente e de sua inserção no mercado de trabalho;

e) Elaborar propostas de organização e desenvolvimento do aspecto técnico do Serviço Social;

f) Manter cadastro atualizado dos Conselhos Tutelares do estado do RJ, Abrigos e instituições públicas de atendimento;

g) Controlar os estudos de casos transmitindo aos diversos setores resultados exarados nas sentenças".

[*Fonte: Diário Oficial do Estado do Rio de Janeiro,* de 3/2/2001, Poder Judiciário, Seção I — Estadual, ano XXIX, nº 23, Parte III, p. 105]

III. Atribuições do Assistente Social no Tribunal de Justiça do Estado de Minas Gerais

As atribuições do assistente social no Tribunal de Justiça do Estado de Minas Gerais de 1992 a 1995 sofreram profundas alterações e foram assim estabelecidas:

• "assessorar Juízes de Direito no atendimento às partes, quando solicitado, nas questões relativas aos fenômenos econômicos e familiares;

• realizar estudos para compreensão dos elementos componentes da dinâmica familiar, as relações interpessoais e intragrupais e as condições econômicas, analisando os processos interativos detectados nos ambientes em que vivem as partes;

• planejar, executar e avaliar projetos que possam contribuir para a operacionalização das atividades inerentes ao trabalho do Serviço Social;

• contribuir para a criação de mecanismos que venham agilizar e melhorar os serviços prestados pelo Serviço Social;

• conhecer e relacionar a rede de recursos sociais existentes para orientar indivíduos e grupos a identificar e a fazer uso dos mesmos no atendimento e defesa de seus interesses e objetivos;

• atender as partes processuais individualmente ou em grupos, conforme necessidade técnica considerada pelo profissional;

- trabalho ao nível de acompanhamento, orientação, encaminhamentos de indivíduos e/ou famílias, quando necessário, sob imediata subordinação à autoridade judicial;
- utilizar procedimentos de visitas domiciliares e/ou institucionais como instrumentos de verificação 'in loco' da realidade social das partes processuais, objetivando parecer técnico;
- realizar estudos sociais e apresentar laudo técnico visando fornecer subsídios que facilitem a adoção de medidas pertinentes às exigências de cada caso;
- assessorar autoridades judiciais na realização de exame criminológico, previsto na Lei de Execução Penal;
- executar atividades afins, identificadas pelo superior imediato".

[*Fonte: Diário Oficial do Estado de Minas Gerais, de 28/11/1995* (Apud Machado 2000:54-55)]

IV. Atribuições do Assistente Social na Corregedoria de Justiça do Estado de São Paulo

O *Provimento nº 06/91*, ora em vigência, incluído nas Normas da Corregedoria de Justiça do Estado de São Paulo, Capítulo XI — Dos Ofícios da Infância e Juventude e dos Serviços Auxiliares — Seção IV, dos Serviços Auxiliares (Serviço Social, Psicologia e Comissariado de Menores Voluntários), estabelece as funções dos assistentes sociais e psicólogos, com clara ênfase na sua alocação administrativa e disciplinar. A normatização vigente é a seguinte:

"Na Subseção I — Do Serviço Social e de Psicologia:
24. Os assistentes sociais e psicólogos executarão suas atividades profissionais junto às Varas da Infância e da Juventude onde estiverem lotados, e nas Varas de Família e das Sucessões e Foros correspondentes, Central e Regionais cumulativamente.

24.1 Compete à equipe interprofissional fornecer subsídios por escrito mediante laudos, ou verbalmente, na audiência, e bem assim desenvolver trabalhos de aconselhamento, orientação, encaminhamento, prevenção e outros, tudo sob a imediata subordinação à autoridade judiciária, assegurada a livre manifestação do ponto de vista técnico;

24.2 Pelos atos praticados nos processos, os assistentes sociais e psicólogos responderão perante o juiz do feito. Ficarão, porém, disciplinarmente subordinados ao Juiz Corregedor da Vara da Infância e Juventude do respectivo Foro;

24.3 Os serviços atinentes às questões de família, a cumprir mediante cartas precatórias, serão atendidos pelos técnicos com postos de trabalho nos Juízos para onde forem distribuídas;

24.4 Os técnicos assinarão ponto diariamente nas Varas da Infância e da Juventude em que estiverem lotados;

24.5 Os assistentes sociais e psicólogos das Comarcas e Distritais do interior do Estado terão como postos de trabalho as Varas da Infância e Juventude onde houver Vara especializada, e a Diretoria ou seção de Administração Geral, nas demais Comarcas e Distritais".

> **Proposta da Associação dos Assistentes Sociais e Psicólogos do Tribunal de Justiça de São Paulo — AASPTJ-SP (2003)**

Descrição das Funções do Assistente Social Judiciário nas Varas da Infância e Juventude, Varas Especiais da Infância e Juventude e Varas da Família e das Sucessões:

- Atender determinações judiciais relativas à prática do Serviço Social, sempre em conformidade com a Lei nº 8.662, de 7 de junho de 1993, que regulamenta a profissão, e a Resolução nº 273/93, de 13/3/93, do Conselho Federal do Serviço Social — CFESS (Código de Ética Profissional);

- Desenvolver trabalho profissional mediante compromisso ético-profissional, assessorando o Magistrado, quando solicitado, nas questões relativas aos fenômenos sócio-econômico-culturais, interpessoais e familiares que envolvem os sujeitos de ações judiciais;

- Atender os casos de competência das Varas da Infância e Juventude, das Varas Especiais da Infância e Juventude (especializada na avaliação e acompanhamento de adolescentes e jovens em conflito com a lei, que se encontram sob medida socioeducativa) e da Justiça da Família e das Sucessões, realizando estudo social. Para tal, tem competência para escolha de procedimentos técnicos necessários a cada caso, em consonância com o referencial teórico-metodológico da profissão como: entrevista, visita domiciliar, observação técnica, avaliação e análise de casos, contatos com recursos da comunidade, análise de documentos e de informações, e estudos bibliográficos, gerais e específicos, quando necessário;

- Realizar estudo social, analisando os elementos componentes da dinâmica familiar, as relações interpessoais e intragrupais e as condições sócio-econômico-culturais dos sujeitos envolvidos nas situações pertinentes à Vara da Infância e Juventude, Varas Especiais da Infância e Juventude e Varas da Família e das Sucessões;

- Fornecer subsídios por escrito ou verbalmente, em audiência, emitir laudos técnicos, pareceres e respostas a quesitos dos casos a ele submetidos, desde que em conformidade com suas competências e atribuições profissionais;

- Garantir o acesso às informações por parte daqueles que estão envolvidos em ações nessas instâncias da Justiça, bem como orientá-los e esclarecê-los quanto às medidas legais em questão, viabilizando a que compreendam seu significado e conseqüências nas suas vidas;

- Realizar acompanhamento e reavaliação das situações atendidas nas Varas da Infância e Juventude, sempre que se fizer necessário;

- Desenvolver atividades específicas junto ao cadastro de adoção nas Varas da Infância e Juventude, CEJA e CEJAI;

- Estabelecer e aplicar procedimentos técnicos de mediação junto ao grupo familiar em situação de conflito;

- Buscar articulação com a rede de atendimento à infância, juventude e famílias, visando o melhor encaminhamento das situações que não se encerram no atendimento das instâncias do Judiciário;

- Promover orientação técnica específica de Serviço Social e encaminhamentos pertinentes no atendimento aos sujeitos que procuram espontaneamente a Justiça da Infância e Juventude, bem como a da Família. É indicado, sempre que possível, que esse serviço seja realizado em conjunto com psicólogos, nas Comarcas da capital e interior que contarem com o profissional no quadro funcional;

POLÍTICA SOCIAL, FAMÍLIA E JUVENTUDE

- Acompanhar visitas de pais às crianças, em casos de disputa e/ou de regulamentação de guarda, em situações excepcionais (ou seja, após esgotadas as possibilidades de equacionamento de realização de visitas com o apoio da rede familiar), e enquanto parte de procedimentos técnicos pertinentes à profissão; preferencialmente essas visitas devem ocorrer nas dependências do próprio Foro, no horário de expediente do Fórum, em ambiente adequado ao bem-estar das crianças, do ponto de vista técnico;

- Proceder ao estudo da estrutura jurídica, administrativa e operacional das entidades de atendimento à infância e juventude, através de visitas às instituições e entrevistas com membros dos órgãos diretivos e técnicos. Verificar as condições de vida dos assistidos, caracterizando a situação constatada, apresentando relatórios pormenorizados e intervindo, se necessário, em cumprimento à determinação da autoridade judiciária e com base na Lei nº 8.069/90-ECA;

- Fiscalizar, mediante determinação judicial, unidades e/ou Programas de atendimento a adolescentes autores de ato infracional, apresentando relatórios pormemorizados das inspeções realizadas, desde que exista equipe interdisciplinar destinada para tal fim;

- Desenvolver atividades em conjunto com o Setor de Psicologia, com vistas a realizar trabalho interdisciplinar e atender a solicitação de estudo psicossocial;

- Elaborar relatório estatístico quantitativo e qualitativo, mensal e anual, sobre as atividades desenvolvidas, para controle, reflexão e proposições, com vistas a manter e melhorar a qualidade do trabalho interno e subsidiar políticas públicas relacionadas à área social;

- Participar do planejamento, execução e avaliação de projetos que possam contribuir para a operacionalização de atividades inerentes ao Serviço Social no Judiciário, e com vistas à criação de mecanismos que venham a agilizar e aprimorar a prestação dos serviços, bem como o estabelecimento e implementação de políticas sociais, objetivando a garantia de direitos e a ampliação de serviços e programas de atendimento, previstos na legislação;

- Desenvolver contatos, reuniões, assessorias, pesquisas com vistas à integração e articulação das ações dessa área de trabalho com políticas sociais, nos âmbitos municipal, estadual e federal, de forma a contribuir para o trabalho em rede e conseqüente prevenção de que situações decorrentes de expressões da questão social se transformem em ações judiciais;

- Contribuir para o entrosamento do Judiciário com instituições que desenvolvam programas na área social, proferindo palestras, aulas, conferências, em atendimento à solicitação da autoridade judiciária ou da comunidade, objetivando divulgar e interpretar a atuação dos setores profissionais que atuam nas Varas da Infância e Juventude, Varas Especiais da Infância e Juventude e Varas da Família e das Sucessões, assim como nos temas relacionados às especificidades do Serviço Social;

- Atuar em programas de treinamento de Juízes e servidores, como Coordenador, Monitor e Palestrante, promovido pelo TJSP, ou a convite oficial de entidades afins, levando conhecimentos acerca das atribuições, competências e especificidades do Serviço Social junto às Varas da Infância e Juventude, Varas Especiais da Infância e Juventude e Varas da Família;

- Elaborar pesquisas e estudos, ampliando o conhecimento do Serviço Social na área do exercício profissional no âmbito do Judiciário, com vistas à execução de atividades e programas, tendo como referência os fundamentos teórico-metodológicos, éticos e o instrumental da profissão, adequados ao contexto sociojurídico;

- Contribuir para a sistematização de práticas profissionais na instituição judiciária, que sejam facilitadoras de garantia dos direitos de crianças, adolescentes e famílias;

- Buscar reciclagem e capacitação, participando de cursos e congressos, semanas de estudos, painéis, seminários, em âmbito nacional e/ou internacional, apresentando trabalhos e colhendo informações, visando a capacitação e o aprimoramento técnico profissional, com o apoio do TJSP. O Serviço Social no Judiciário deverá, por meio de seus profissionais, estar em constante atualização de conhecimentos e de práticas, objetivando atuar sempre com elevado nível de qualidade e em consonância não apenas com os objetivos de modernidade dos serviços judiciários, sobretudo com o compromisso ético-político da profissão.

POLÍTICA SOCIAL, FAMÍLIA E JUVENTUDE

- Supervisionar estágio de alunos do curso regular de Serviço Social e atuar em programas de capacitação e treinamento de Assistentes Sociais Judiciários e dos demais componentes da equipe interdisciplinar;

- Orientar atividades administrativas referentes ao Setor Técnico, como: organização de arquivos, pastas, impressos etc.;

- Chefiar todo e qualquer serviço no interior dessas áreas de trabalho no TJSP, que desenvolvam atividades profissionais pertinentes ao Serviço Social ou de caráter interdisciplinar;

- O Assistente Social Judiciário, com base na legislação pertinente que regula a profissão, nos princípios éticos que norteiam sua ação e nas diretrizes curriculares de sua formação profissional, não deverá realizar atividades ou exercer funções incompatíveis com esses princípios e diretrizes, dentre elas a participação na busca e apreensão de crianças (anexo VI) e ações de competência de poder executivo local, como elaboração de laudos para benefícios previdenciários e acompanhamento de medidas sócio-educativas como Liberdade Assistida e Prestação de Serviços à Comunidade;

- O Assistente Social poderá vir a realizar intervenções no âmbito da justiça criminal, desde que específicas e de responsabilidade da instituição judiciária e não paralelas ou sobrepostas às previstas na Lei de Execuções Penais, de responsabilidade do Poder Executivo, sendo imprescindível que seja capacitado para tal.

Descrição das Funções do Assistente Social Judiciário no atendimento aos Magistrados, Funcionários e Servidores do Tribunal de Justiça do Estado de São Paulo:

"As funções aqui descritas dizem respeito ao trabalho realizado pelo assistente social junto aos seguintes serviços do TJSP: Serviço de Atendimento Psicossocial aos Magistrados e Servidores, Serviço Psicossocial Vocacional, Seção de Benefícios e Programa Creche-Escola, Seção Técnica de Reavaliação Funcional, Seção Técnica de Treinamento e Desenvolvimento, Grupo de Apoio Técnico e Administrativo" (AASPTJ-SP:2003:1).

O trabalho realizado junto a esses serviços é norteado pelas diretrizes teórico-metodológicas e princípios éticos que regulam a profissão, bem como obedecem a diretrizes institucionais e especificidades de conhecimentos, relacionadas às peculiaridades da intervenção em cada uma dessas áreas, no contexto do Tribunal de Justiça.

Assim, ao assistente social que atua nesses serviços cabe, de maneira geral:

- Atuar sempre em conformidade com a Lei n° 8.662, de 7 de junho de 1993, que regulamenta a profissão, e a resolução n° 273/93, de 13/3/93, que dispõe sobre o Código de Ética Profissional;

- Elaborar, implementar, coordenar, executar e avaliar planos e políticas sociais, programas e projetos que sejam do âmbito de atuação de Serviço Social, de acordo com as diretrizes da E. Presidência junto à comunidade judiciária, no contexto específico dos serviços nos quais atua;

- Elaborar pesquisas e estudos, ampliando o conhecimento do Serviço Social na área do exercício profissional no âmbito do Judiciário, com vistas à execução de atividades e programas, tendo como referência os fundamentos teórico-metodológicos e éticos e o instrumental operativo da profissão, adequados ao contexto sociojurídico;

- Buscar reciclagem e capacitação, participando de cursos e congressos, semanas de estudos, painéis, seminários em âmbito nacional e/ou internacional, apresentando trabalhos e colhendo informações, visando a capacitação e o aprimoramento técnico-profissional, com o apoio do TJSP. O Serviço Social no Judiciário deverá, por meio de seus profissionais, estar em constante atualização de conhecimentos e de práticas, objetivando atuar sempre com elevado nível de qualidade e em consonância não apenas com os objetivos de modernidade dos serviços judiciários, mas, sobretudo, com o compromisso ético-político da profissão;

- Chefiar todo e qualquer serviço no interior dessas áreas de trabalho no TJSP, que desenvolvam atividades profissionais pertinentes ao Serviço Social ou de caráter interdisciplinar;

- Atuar em programas de treinamentos de juízes e servidores, como Coordenador, Monitor e Palestrante, promovido pelo TJSP, ou a convite oficial de entidades afins, levando conhecimentos acerca das atribuições, competências, especificidades e peculiaridades do Serviço Social em suas áreas de trabalho nesta instituição.

POLÍTICA SOCIAL, FAMÍLIA E JUVENTUDE

Especificamente, aos assistentes sociais que atuam na Seção de Atendimento Psicossocial aos Magistrados e Servidores, criado pela Portaria n° 2.839/95, cabe:

- Realizar estudos de casos com os servidores, através de triagem e avaliação, e realizar tratamento em matéria de Serviço Social, na área da saúde mental, garantido o sigilo profissional;

- Contribuir para a viabilização da participação efetiva dos servidores na orientação e tratamento propostos e para que os resultados dos atendimentos interdisciplinares prestados a eles possam ter os efeitos desejados;

- Prestar orientação social a indivíduos, casais, famílias e grupos de servidores, assim como levá-los a identificar recursos da comunidade, no sentido de utilizarem-se dos mesmos no atendimento de seus interesses e objetivos;

- Esclarecer os servidores sobre as normas, os objetivos, os critérios e a amplitude da ação interdisciplinar dos Serviços de Atendimento, no sentido de que estes possam usá-los para o fortalecimento de seus interesses, bem-estar e qualidade de vida.

Especificamente aos assistentes sociais que atuam no Serviço Psicossocial Vocacional, cabe:

- Oferecer, por meio de laudos psicossociais, elaborados em conjunto com psicólogos, subsídios à Banca Examinadora e à Corregedoria, em concursos de ingresso à Magistratura e de outorga de delegação para cartórios extrajudiciais, bem como no acompanhamento e reavaliação de juízes em estágio probatório;

- Contribuir para o desenvolvimento da identidade vocacional de filhos e netos dos servidores, através de avaliação, orientação e/ou acompanhamento psicossocial. Na consecução dessas atribuições, compete ao Assistente Social: conhecer as influências sócio-econômico-culturais e conjunturais que interferem na sociabilidade dos sujeitos e, conseqüentemente, em sua escolha ocupacional; avaliar sua concepção de questões sociais e possível reflexo das mesmas em seu futuro fazer profissional.

Especificamente aos assistentes sociais que atuam junto à Seção Técnica de Reavaliação Funcional e Seção Técnica de Treinamento e Desenvolvimento, cabe:

- Realizar estudos de casos com os servidores que apresentem problemas de ordem social, bem como aqueles licenciados por motivo de saúde, relatando e diagnosticando situações sociais que interferem no desempenho profissional do servidor ou grupo de servidores;

- Oferecer subsídios aos diversos setores do TJSP, quando solicitado, através de pareceres técnicos no âmbito específico de Serviço Social, nos casos de servidores com dificuldades no desempenho de suas atribuições, garantido o sigilo profissional conforme disposto no Código de Ética Profissional;

- Orientar, preparar e acompanhar funcionários quando da reassunção ou readaptação;

- Promover estudo, planejamento e intervenção sobre as condições de trabalho, dirigidos à saúde do servidor;

- Manter entendimentos e troca de informações entre as Unidades de Serviços afins, visando unicidade no atendimento aos servidores;

- Colaborar com o desenvolvimento, elaboração, implantação e discussão de projetos, visando à melhoria e modernização de recursos humanos;

- Planejar, coordenar e executar ações ou programas, visando o treinamento e desenvolvimento dos funcionários;

- Estudar sobre assuntos afins, tais como: dinâmica do trabalho, recursos humanos, conhecimentos diversos na área da saúde mental, visando à aplicação desses conhecimentos em seu desempenho profissional.

Especificamente aos assistentes sociais que atuam na seção de Benefícios e Programa Creche-Escola, cabe:

- Estudar e avaliar a situação socioeconômica do funcionário, tendo em vista o direito ao benefício Creche-Escola;

- Acompanhar e controlar o trabalho realizado pelas associações conveniadas com o TJSP, bem como realizar eventuais vistorias nas es-

POLÍTICA SOCIAL, FAMÍLIA E JUVENTUDE

colas por elas contratadas, com vistas ao uso adequado do benefício Creche-Escola;

- Planejar e organizar a distribuição do benefício Creche-Escola ao conjunto dos servidores que a ele têm direito.

Especificamente aos assistentes sociais que atuam junto ao GATJ — Grupo de Apoio Técnico e Administrativo, cabe:

- Realizar estudo e avaliação social nos processos administrativos que objetivam a dispensa do servidor, sindicâncias e recursos envolvendo funcionários e servidores;
- Atendimento de demanda espontânea de servidores e funcionários, em situações diversas, ou a pedido de superiores hierárquicos.

Fontes Consultadas

Lei nº 8.662, de 7/6/93 — Lei de Regulamentação da Profissão

Resolução nº 273/93 — Código de Ética Profissional

Assistente social: ética e direitos — Coletânea de Leis e Resoluções — CRESS 7ª Região. Rio de Janeiro, 2001

Estatuto da Criança e do Adolescente

Provimento do TJSP nº 6/91

Regulamento Interno dos Servidores do Tribunal de Justiça do Estado de São Paulo

Manual de Procedimento Técnico do Serviço Social na Vara Central da Infância e Juventude — SP

Contribuição dos Técnicos da Região de Mogi das Cruzes

Contribuição da Equipe Técnica do Fórum da Comarca de São José dos Campos

Contribuição da Equipe Técnica do Fórum da Comarca de Franca

Contribuição da Equipe Técnica do Fórum da Comarca de Guarulhos

Contribuição de Assistentes Sociais das Diversas Áreas de Trabalho no TJSP, em Varas e em Serviços junto a Servidores

Site = www.aasptjsp.org/br/areas

Funções do Psicólogo Judiciário no TJSP

Proposta do Departamento Técnico de Serviço Social Judiciário e de Psicologia Judiciária (elaborada e encaminhada ao TJSP pela AASPTJ-SP)

Anteprojeto do Plano de Cargos, Carreiras, Salários e Vencimentos, encaminhado pelas associações representativas dos servidores ao TJSP

Plano de Carreira dos Servidores Efetivos dos Quadros de Pessoal da Secretaria do Tribunal de Justiça e da Justiça de 1ª Instância do Estado de Minas Gerais — abril/2001

Código de Divisão e Organização Judiciárias — Tribunal de Justiça do Estado de Santa Catarina — 2001/Atribuições dos Assistentes Sociais

Atribuições dos Assistentes Sociais do Poder Judiciário do Rio Grande do Sul

Autores

POTYARA AMAZONEIDA PEREIRA-PEREIRA — Assistente social, advogada, mestre e doutora em Sociologia, e pós-doutora em Política Social (Universidade de Manchester/Inglaterra). Pesquisadora no Núcleo de Estudos e Pesquisas em Política Social (NEPPUS), do Centro de Estudos Avançados Multidisciplinares (CEAM) da Universidade de Brasília (UnB). Foi professora visitante da Faculdade de Serviço Social da Universidade do Estado do Rio de Janeiro (UERJ), de 2000 a 2002.

REGINA CÉLIA TAMASO MIOTO — Assistente social e doutora em Saúde Mental (UNICAMP). Professora do Departamento de Serviço Social da Universidade Federal de Santa Catarina (UFSC).

MÔNICA MARIA TORRES DE ALENCAR — Assistente social, mestre e doutoranda em Serviço Social (UFRJ). Professora assistente da Faculdade de Serviço Social da UERJ e pesquisadora do Programa de Estudos e Pesquisas sobre a Infância e Adolescência no Rio de Janeiro (PIARJ).

PAULO CÉSAR PONTES FRAGA — Sociólogo, mestre em Planejamento Urbano e Regional (IPPUR/UFRJ), doutorando em Sociologia (USP), desenvolvendo tese dobre a reincidência criminal de adolescentes que passaram por instituições socioeducativas. É pesquisador do CNPq. Foi professor visitante da UFJF e pesquisador visitante do CLAVES/ENSP/FIOCRUZ. Organizou o livro *Jovens em tempo real* (DP&A, 2003); é co-autor dos livros *Fala galera* (Garamond, 1999); *Narcotráfico e violência no campo* (DP&A, 2000) e *Jovens, narconegócio e violência* (no prelo, DP&A).

BELMIRO FREITAS DE SALLES FILHO — Médico, psicanalista e sanitarista. Mestre em Antropologia Social (Museu Nacional/UFRJ) e mestre em

Teoria Psicanalítica (Instituto de Psicologia/UFRJ). Doutor em Saúde Pública (ENSP/FIOCRUZ). De 1998 a 1999, foi professor, supervisor e diretor de ensino da Sociedade de Psicoterapia Analítica de Grupos do Rio de Janeiro (SPAG-RJ). Atualmente é coordenador do Programa de Pesquisa em Saúde do CNPq.

TATIANE ALVES BAPTISTA — Assistente social, professora da Faculdade de Serviço Social da UERJ, mestre e doutoranda em Serviço Social (UFRJ).

MARIA CRISTINA LEAL — Mestre em Ciência Política (IUPERJ), doutora em Educação Brasileira (UFRJ), professora titular aposentada da Universidade Federal Fluminense, professora visitante da Faculdade de Serviço Social da Universidade do Estado do Rio de Janeiro, coordenadora e pesquisadora do Programa sobre Infância e Adolescência do Estado do Rio de Janeiro (PIARJ).

RODRIANE DE OLIVEIRA SOUZA — Mestre em Serviço Social (UFRJ). Assistente social do Instituto Municipal de Medicina Física e Reabilitação Oscar Clark (SMS/RJ). Pesquisadora do Projeto "Políticas Públicas de Saúde: O Potencial dos Conselhos da Região Metropolitana do Rio de Janeiro". Foi coordenadora técnica dos Conselhos Municipais da área da Assistência Social (SMAS/Niterói), no período 2001-2002. Professora dos cursos de Serviço Social do Centro Universitário Augusto Motta (UNISUAM) e da Universidade Veiga de Almeida (UVA).

ALINE DE CARVALHO MARTINS — Assistente social, pesquisadora e mestre em Serviço Social (UERJ). Participou de pesquisas sobre história do serviço social, conselhos de direitos e crianças em situação de rua. Trabalhou na Coordenação de Estudos e Pesquisas sobre a Infância (CESPI/USU), lecionou na Faculdade de Serviço Social da UERJ e atualmente trabalha no Instituto Fernandes Figueira/Fiocruz.

MIONE APOLINARIO SALES — Assistente social, mestre em Serviço Social (UFRJ), doutoranda em Sociologia (USP), professora assistente da Faculdade de Serviço Social da UERJ, pesquisadora do Programa de Estudos e Pesquisas sobre a Infância e Adolescência no Rio de Janeiro (PIARJ). Foi conselheira do Conselho Federal de Serviço Social (CFESS) (1993-96 e 1996-99), representando-o como membro do Secretariado do Fórum Nacional Permanente de Entidades de Defesa dos Direitos da Criança e do Adoles-

POLÍTICA SOCIAL, FAMÍLIA E JUVENTUDE

cente/Fórum DCA (1997-99) e como conselheira do Conselho Nacional dos Direitos da Criança e do Adolescente (CONANDA) (1999).

ALESSANDRA GOMES MENDES — Mestre em Saúde Pública (ENSP/FIOCRUZ). Assistente social da Secretaria Municipal de Saúde de Duque de Caxias/RJ e do Conselho Tutelar de São Gonçalo/RJ, entre 1998 e 2003. Atualmente leciona como professora substituta na Escola de Serviço Social da UFRJ.

MAURÍLIO CASTRO DE MATOS — Mestre em Serviço Social (UFRJ). Assistente social da Secretaria Municipal de Saúde de Duque de Caxias/RJ. Assistente social do Conselho Tutelar de São Gonçalo/RJ, entre 1998 e 2002. Professor assistente da Faculdade de Serviço Social da UERJ. Pesquisador do Programa de Estudos e Pesquisas sobre a Infância e Adolescência no Rio de Janeiro (PIARJ).

MARILDA VILELLA IAMAMOTO — Assistente social, mestre em Sociologia Rural (ESALQ/USP), doutora em Ciências Sociais (PUC/São Paulo), professora titular da Escola de Serviço Social da UFRJ (aposentada) e professora visitante da Faculdade de Serviço Social da UERJ.